Sun Young Publishing Co.

선영사
Sun Young Publishing Co.

세상에서 가장 오래 된 이야기

Th. H. 가스터 지음 / 설영환 옮김

세상에서 가장 오래 된 이야기

1999년 12월 20일 1판 1쇄

지은이／Th. H. 가스터, 옮긴이／설영환, 펴낸이／김영길
펴낸곳／도서출판 선영사
본사／부산시 중구 중앙동 4가 37-11, 전화／(051)247-8806
서울사무소／서울시 마포구 서교동 480-1
전화／(02)338-8231, (02)338-8232, 팩시밀리／(02)338-8233
등록／1983년 6월29일 제 카1-51호

ⓒ Korea Sun-Young Publishing Co., 1999
잘못된 책은 바꾸어 드립니다.

ISBN 89-7558-086-5   03210

머리말

사람들은 세계의 여러 곳과 여러 시대의 설화를 이야기해 왔다. 그리고 대다수의 그 설화들이 우리의 문화적 전승의 중요한 부분을 이루고 있다. 신데렐라라든가, 백설 공주, 또는 오디세우스의 모험담은 누구나 알고 있는 것이다.

그러나 참으로 이상 야릇한 일은, 그리스 로마의 신화나, 인도의 수많은 신들의 이야기나, 아이슬란드의 영웅 전설 등은 마치 일상적인 상투어처럼 사람들의 입에 자주 오르내리고 있는데도, 그런 것들보다 가장 오래 된 설화가 사실상 전혀 알려져 있지 않다는 점이다.

이 설화들은 대부분 4000년 전에 근동 지방의 민족들에 의해서 전해진 것들이며, 점토판(粘土板)에 기록된 것이 그들의 오래 된 도시들의 유적에서 발견되고 있다. 그런데 지금까지 잘 알려지지 않은 가장 큰 이유는, 이 설화들이 비교적 최근에 발견되었기 때문에, 아직 학자들의 독점에서 벗어나지 못했기 때문이라고 할 수 있다.

따라서 이 책의 발간 목적은 '일반 독자들'이 접근할 수 있게 하

여, 그것이 문학과 민속학에서 정당한 위치를 차지할 수 있도록 하
는 데 있다.

그러나 이것은 공적이고 기계적 번역도 아니며, 적당히 만들어진
것도 아니다. 모든 설화라는 것은, 어느 경우에도 이야기되는 내용과
같은 정도로 의도된 내용에 의거하고 있는 것이다. 그래서 비교할
수 있는 재료의 도움을 받아서, 설화가 갖는 본래 목적에 의해 청중
의 마음 깊숙이 그 뜻을 불러일으키고, 공적인 말의 뼈대에 옷을 입
히는 일을 하는 관념이나 대체적인 연상을 되찾아 보려고 시도했다.

그리고 설화가 불완전한 것으로만 전해진 경우에는 잊혀진 부분을
보완하려고 노력했는데, 그것은 때로는 힌트나 단서에 근거하고, 때
로는 다른 나라의 유사한 설화에 근거하고 있다. 물론 그런 첨가가
반드시 옳다는 말은 아니다. 그것은 고대의 모습의 복원 부분과 같
은 서열에 놓여야 하는 것이며, 그 모습의 토르소〔torso ; 머리·손·
발이 없는 소상(塑像)〕 밖에 남아 있지 않은 경우에 해당하는 것이다.

이 책에 들어 있는 설화는 모두 필자에 의하여 원문에서 번역된
것들이다. 가나안과 하티의 몇 가지 설화의 직역은, 나의 저서《테스
피스(Thespig : 생물 연대 미상, 기원전 6세기에 그리스 극을 창시하였으
며, 무대·배우·연극용 가면을 창조함)…… 고대 근동의 의식과 신화
와 연극》에 들어 있다. 다른 전문석인 번역분은, 그 중에서《구약
성서 관계의 고대 근동의 문서》에 수록돼 있다.《사냥꾼 케시》와
《착한이와 악한이》(본문 참조)는 이 책에서 처음으로 영어로 나온
것이다.

수록돼 있는 도판(圖版)은 본래 이 설화들을 이야기하고 들은 사
람들에 의하여 지어진, 봉인(封印)의 조각물이나 암벽에 새겨진 조각

에서 가져온 것들이다. 그러므로 이 책은 가장 오래 된 예술가들에 의하여, 도판이 들어 있는 세상에서 가장 오래 된 설화집이라고 보아도 좋은 것이다.

마지막으로 고유 명사에 관해서 한마디하겠다. 가나안 말은 완전히 자음만의 글자로 기록돼 있다. 그렇기 때문에 대개의 경우, 정확한 발음을 알 수 없다. 여기서 채택하고 있는 것〔예를 들면 아크하트(Aqhat)나 파빌(Pabil)〕등은 단순히 편의적인 임시 변통에 불과하다. 그리고 셈어족 중에는 특종 자모를 사용하지 않고는 명확하게 라틴 글자로 표시할 수 없는 몇 개의 음이 있다. 그런 경우, 나는 관용 철자를 사용하기로 했다.

그러나 다음과 같은 점을 유의하기 바란다. 엘후아(Elhua)와 같은 이름에 있어서의 'h'는 스코트어 'loch'의 'ch'에 해당하는 음가(독일어의 ch와 같은 강한 h음)를 가지며, Yassib는 야씨브로 발음된다. 성서의 이삭은 본래는 헤브루어의 이츠학(Yitzkhaq)에 근거한 것임을 생각하면, 이 책의 대략적이고 임시 변통적인 전자법(轉字法 ; 위치가 거꾸로 된 글자의 방식)도 너그럽게 볼 수 있을 것이다.

저자　T. H. 가스터

차 례

차 례

하티의 설화

차 례

프랑스어 서문

3년 전, T. H. 가스터 교수는 《테스피스…… 고대 근동의 의식과 신화와 연극》이라는 제목의 지극히 학문적인 저서를 내놓았는데, 그 내용의 반 이상이 가나안·하티·이집트 및 헤브라이의 텍스트와 그 역주를 포함한 것들이었다.

이 훌륭한 노작(勞作)은 고대 근동의 의식이나 신화의 기능을 해석하는 대담한 시도를 하고 있다. 여기서 저자가 재구성하려고 노력한 것은, 역사 초기의 오리엔트와 지중해의 모든 민족이 공통으로 가지고 있는 우주 제례(祭禮)의 '체계'의 각 분절(分節)이었다.

이 제례라는 것은 라스 샤무라의 신화 텍스트나 바빌로니아의 천지 창조 시(詩) 〈에누마 엘리슈〉나, 텔레피스와 용(龍) 일양카슈의 하티 신화, 또는 천지 창조와 파라오의 대관(戴冠)에 관한 이집트의 텍스트라든가, 구약 성서 〈시편〉의 어느 것이든가, 에우리피데스(E-uripides 전 5세기의 그리스 3대 비극 시인의 한 사람)의 〈바쿠스 합창〉의 어느 것 중에 있으며, 지금도 해명을 기다리는 것들이다.

《테스피스……》는 광범위한 방증(傍證)을 인용한 노작이며, 고대 오리엔트 텍스트의 번역에다가 지극히 학식 깊은 문헌학적 주석을 달고 있기 때문에, 이 칭찬할 만한 책을 일반인은 접근하기 어려운 결과가 됐다. 가스터 교수가 《세상에서 가장 오래 된 설화》를 쓴 것은, 이런 일반인을 향한 것이다.

그는 태고의 문서를 번역하는 것만으로는 만족하지 못하고, 이것을 압축하여 분량을 줄이고, 텍스트가 흩어져서 빠져 있는 경우에는 다른 나라의 유사한 설화를 의지하고, 때로는 자기의 직관에 근거해서 이것을 보완하고 있다. 물론 그런 첨가가 반드시 옳다는 것은 아니다. 그것들은 고대의 모습을 복원하는 부분과 같은 서열에 놓여야 하며, 그런 모습의 토르소밖에는 남아 있지 않은 경우에 해당하는 것이다.

요컨대 가스터 교수는 전문가가 아닌 일반 대중에게, 근동의 가장 오래 된 신화나 전설 몇 가지를 다시 이야기하는 일을 떠맡은 것이다. 그의 성공이 얼마나 완전한 것인지는, 길가메시의 모험이나 텔레피스의 이야기 모습을 감춘 신, 또는 쿠마르비와 사냥꾼 케시의 신화, 마지막의 가나안의 설화 등을 오늘날 비로소 통독할 수 있는, 이어진 텍스트의 형태를 보여주는 것이다.

라스 샤무라의 발견이 가나안의 수많은 신화 텍스트를 백일하에 들어낸 것은 알려져 있으나, 그 연구와 번역은 아직도 완성이 멀다. 몇 가지 번역은 불가결한 주석을 달아서 전문 잡지에 발표됐지만, 많은 대중은 알지 못한 채 있다. 게다가 그들의 역사나 종교에 대한 관심은 별도로 치고라도, 이 가나안의 신화와 전설들은 유례가 없는 아름다움을 갖춘 것들이다.

가스터 교수가 이토록 순수하며, 이토록 절묘한 형태를 가지고, 30세기 이상이나 잊혀져 있던 신화와 문학적 보물에 접근이 가능하게 해 준 데 대해서 독자는 감사하는 마음을 가질 것이다.

왜냐 하면 이 책의 큰 공은 단지 과학적이라는 것뿐만이 아니기 때문이다. 폭넓고 정확한 과학인 이상으로, 저자의 휴매니즘과 문학적인 능력도 칭찬해야 한다. 더욱이 가스터 교수는 최상급의 문서를 골라서 이 신화와 전설들을 나무랄 데 없는 풍취를 가지고 이야기하는 데 성공하고 있으며, 그리고 그러한 정신을 왜곡하지 않도록 노력하고 있다.

저자가 서문에서 말하는 것처럼, 이것들은 '거의 4000년이나 전에 근동의 민중들에 의하여 이야기됐던 것이며, 점토판 위에 새겨진 것이 그들의 도시 유적에서 발견된 것들이다.' 그런 의미에서 이것들은 '세상에서 가장 오래 된 설화'라고 할 수 있다. 다시 말해서, 이 이야기들을 우리에게 전해 준 텍스트는 성서나 호메로스(Homeros ; 생몰 연대 미상, 기원전 8세기경의 고대 그리스 시인으로서 가장 오래 되고 긴 서사시인 《일리아스》와 《오디세이아》의 작가. 영어명은 호머)나 인도 서사시의 텍스트보다도 오래 된 것이다.

고대 근동의 신화나 설화의 대부분은 상당히 발달한 문명의 모든 요소들(농업·야금술·왕권·도시 생활 등)을 중시하고 있다. 오스트레일리아나 부시맨의 신화나 전설(이 곳에는 아직 구석기 단계의 인간의 사고 방식이 남아 있다)과 비교하면, 길가메시나 바알이나 텔레피스의 모험은 훨씬 세련된 복잡성을 가지고 있는 것이 명백하며, 다음과 같은 것을 추측할 수 있다.

즉 장기간의 선사 시대가 그것들에 선행했을 것이라는 것, 그 전체 또는 부분을 형성하고 있는 신화는 오스트레일리아나 부시맨이나 푸에고인의 것과 같은 오래 된 신화는 아니었다는 것이 그것이다.

다른 한편, 고대 근동의 이 신화나 전설들은 모두 그것을 우리에게 전해 준 텍스트 자체보다도 오래 된 것이다. 그것들이 기록된 연대는 대체로는 추측할 수 있을지 모르지만, 그것들이 창작된 연대는 알 수 없다.

왜냐 하면 이 이야기들은 모두 실질상으로 신화였으며, 신화의 '기원'을 연대학적으로 확정하는 것은 실제로 불가능한 일이기 때문이다. 할 수 있는 일이라면 기껏해서 우리가 이용하는 가장 오래 된 텍스트에 나타나 있는 이러저러한 신화의 암시나 상이점을 시술하는 정도일 것이다.

번역을 하는 텍스트의 신화적인 구조를 드러내고 고대 근동의 제례나 의식과 그 관계를 강조한다고는 하지만, 가스터 교수는 이들 바빌로니아 · 하티 · 가나안의 텍스트를 '이야기'라고 이름 붙이는 방법을 택하여, 거기에 주석을 다는 일을 할 때에는, 전세계적인 민속학의 도움도 사양하지 않는다. 적어도 이들 고대 오리엔트 신화의 어느 것은, 결국 '설화'로서 이야기하게 된 것은 부정할 수 없다. 다시 말해서 그것들은 본래의 종교적인 맥락에서 단절되어 '문학적 주제' '민속학적 모티브'가 된 것이다.

신화와 민속학과의 관계에 관한 한 연구에서, 가스터 교수는 최근에 이 과제의 어려움에 주의를 촉구하고 있다. 그러나 신화와 민속학의 차이는 너무 과장되고 있는 것 같다.

그 소재들은 대부분이 같은 것이며, '정황'은 같은 것이다('시간'과 '공간'이 같은 사고 방식, 같은 상징 양식, 같은 인물과 같은 행동형 같은 초자연의 형태 등). 신화와 민속학의 큰 차이는 신화의 제례적인 맥락 안에서 찾아야 한다.

신화는 보통 제례에 의존하고 있던가, 또는 그 서술 자체가 효과 있는 행위, 즉 제례적인 행위를 하고 있는 데 반해서, 이야기나 설화 는 우주적인 비적(祕蹟)과는 직접 관계하지 않고, 따라서 더 '자유롭 게' 이야기할 수 있는 것이다.

그러나 가장 '세속적인' 이야기라 해도, 마술적이고 기원과 구조를 갖는다는 것을 잊지 않아야 한다. 다시 말해서 오늘의 아프리카인 이나 인도네시아인이 의식적으로 그들이 믿고 있는 신화(왜냐 하면 그들에게는 진실이니까)와 그들이 믿지는 않고 즐기기만 하는 '이야기' 에 불과한 것을 구별하게 돼 있다 해도 이 구별은 그들의 의식의 표 면적인 기반에만 가치가 있는 것이다.

그들의 심오한 정신 생활에 있어서 이야기는 힘을 잃은 신화가 아 니라, 원초적인 신화의 힘을 완전히 되찾는다. 이 경우, 이것은 무의 미한 일이 아니라, 그 이야기들은 인간 전체를 향하고 있는 것이며, 단지 그의 의식이나 그의 명석함만을 향하고 있는 것이 아니다. 이 야기로 '기분 전환'을 함으로써 사람들은 그 마력에 몸을 맡기고, 그 심벌리즘에 이하여 감동을 받는다. 의식상으로는 요정이나 부적이나 영웅을 믿는 것을 훨씬 전에 그만뒀어도 여전히 그런 것이다.

미르차 엘리아데

설화의 탄생과 이해

이 책에서 이야기되는 설화는 세계에서 가장 오래 된, 예컨데 성서의 어느 설화보다도, 호메로스보다도, 또는 인도의 서사시보다도 오래 된 것들이다. 그런데도 기껏해야 전세기인 19세기가 돼서야, 어느 경우에는 20세기 중엽이 돼서야 겨우 지금의 사람들이 이것을 조금씩 알기 시작한 데 불과하다. 이 설화들은 대략 4000년 이전에 근동 지방에 살고 있던 사람들에 의하여 만들어지고, 옛 도시 등의 폐허에서 되살아 나온 것들이다.

누가 설화를 썼는가

이 설화를 쓴 것은 바빌로니아인·하티인, 그리고 가나안인 들이다. 바빌로니아인과 아시리아인은 메소포타미아에 살고 있었다. 그들은 제각기 이 땅의 남부와 북구에 살았으며, 헤브루어나 아라비아어와 비슷한 말, 즉 셈어족의 말을 사용하고 있었다. 그들의 문학 작품 중에서 우리가 알고 있는 것 대부분은 기원전 7세기에 통치하고 있던 아슈르바니팔(Ashur banipal ; 생물 연대 미상. 고대 아시리아 제국 말기의 왕. 니네베에 설형 문자 문서의 대도서관을 세운 재위 B. C. 668~627) 왕의 서고(書庫)를 위해서 특별히 만들어진 사본(寫本)들과 간행본(刊行本)에서 나온 것들이다.

이 서고는 19세기 중엽에 쿠윤직에서 발견된 것인데, 이 지방은 아시리아 후기의 수도였던 옛 니네베의 유적지이며, 설화가 기록된 서판(書板)들은 지금은 대영 박물관에 소장되어 있다. 그러나 극히 최근의 아슐(Acheul ; 프랑스 북부, 산타슐에 있는 전기 구석기 시대 제3단계 아슐 문화의 대표적 유적지)과 그 밖의 더 오래 된 도시의 발굴은, 이보다도 1000년 정도 오래 된 몇 개의 사본을 세상에 내놓고 있다.

하티인은 소아시아에 살고 있었다. 그들은 범어(梵語 ; 고대 인도의 문장어, 산스크리트)·그리스어·라틴어와 비슷한 말, 즉 인도-유럽어족의 말은 쓰고 있던 그들이 원래 어디서 왔는가 하는 점은 지금도 알지 못한다.

그러나 그들은 기원전 2000년대 초두의 어느 시기에 이 나라에 밀려온 것 같다. 그들은 토착인들 앞에 군림했지만, 많은 토착 종교나 문화를 흡수하여, 그들이 우리에게 남겨준 설화도 주고 그들 중의 두 민족, 즉 하티와 후루리인에게서 나온 것이다. 후자는 구약 성서의 호리인이다. 설화가 기록된 서판은 자그마치 기원전 1600년에서 1250년 사이의 날짜를 갖는 것으로 생각된다.

이것들은 국립 서고에서 나온 것이며, 수도 하투샤스에 놓여 있었다. 이것은 현재의 터키땅인 앙칼라에서 서쪽으로 약 70마일 떨어진

보아즈교이이다. 이 서판들은 1906년에 독일의 고고학 탐사대에 의하여 발견되었고, 지금은 베를린의 국립 박물관에 있다. 이 중의 몇 가지 텍스트는 거의 40년이 지나서 간행됐다.

'가나안인'이라는 것은, 기원전 13세기에 이스라엘인이 밀려오기 전에 팔레스티나와 시리아에 살고 있던 셈족을 대체적으로 부르던 이름이다.

그들이 사용하고 있던 말은 초기 헤브루어였으며, 구약 성서의 말과의 관계는 현대 영어와 초서 영어와의 관계와 같았다. 가나안의 설화는 우가리트(Llgarit ; 도시 국가로서 번영한 시리아 지중해 연안에 있던 도시)라는 도시의 신전 서고에서 나온 것이며, 이 도시는 기원전 13~14세기에 번영했다.

이것은 시리아의 북부 연안에 있는 라스 샤무라〔회향곶(茴香岬)〕의 작은 언덕 아래 묻혀 있었다. 이 곳이 바로 키프로스 섬의 곶과 마주보고 있다. 이것은 1929년 이래 프랑스의 고고학자들에 의하여 발굴되고 있다. 현재 루브르에 있는 서판은 기원전 1400년경에 기록된 것이며, 그 내용은 전승적인 것일 뿐만 아니라 더욱 오래 된 것이다.

설화는 어떻게 보존되었는가

이 오래 된 문서들은 모두 불에 구은 점토판(粘土板) 위에, 이른바 쐐기꼴 글자〔설형 문자(楔形文字)〕로 기록되어 있다. 이것은 점토판이 굳기 전에, 끝이 모가 난 쐐기꼴 막대기로 여러 형태의 기호를 찍어서 글자를 새긴 다음 말려서 구은 것이다.

바빌로니아·아시리아 및 하티에서 사용한 이 글자의 양식으로는, 보통 각 글자가 레터(단음 문자)가 아니라 실러블(음절 문자·복음 문자)로 돼 있다. 그러나 어떤 기호는 한 개념을 완전히 나타내는 것이며, 이디오그램(뜻글자)으로 알려져 있다.

이러한 조직은 셈족이 도래하기 전에 메소포타미아에 살고 있던 유력한 민족인 수메르인에게서 나온 것이며, 원래는 엉성한 그림이었던 것을 관용화한 것이다.

가나안인이 사용한 쐐기꼴 글자는 모양이 달랐다. 이것은 29개로 된 글자이며, 그것은 실러블이 아니라 단음 글자였다. 그렇기 때문에 이것은 이제까지 알려진 가장 오래 된 알파벳이다.

이것이 어디서 왔는지는 아직 확실하지 않다. 어떤 사람은 까다롭기 짝이 없는 실러블 글자의 관용적인 단순화에 불과하다고 말한다. 다른 사람은 이 글자에서 이른바 알파벳이 쐐기꼴 글자에 어떻게 응용되었는지는 알아보려고 한다. 전자는 훨씬 잘 알려져 있는 페니키아 글자와, 그리고 그리스와 이탈리아계 글자를 통해서 현재의 알파벳의 원형이 된 것이다.

설화는 어떻게 읽혀지고 번역되었는가

글자와 말이 어떻게 해독되었는가 하는 것은, 그 자체가 하나의 로망이다. 바빌로니아와 아시리아의 신비를 풀기 위해서 초기에 시도한 이야기는 몇 번이나 자세하게 이야기했으므로, 여기서는 다시 반복하지 않겠다. 독자는 G. A. 버튼이 《고고학과 성서》에서, 그리고 E. 키엘러가 《점토에 기록된 역사》에서 말한 명석한 설명을 읽어보는 것이 좋다. 그러나 하티어와 가나안의 해독은 훨씬 근년의 일이기 때문에 한마디 말해 두어야 하겠다.

이미 말한 것처럼, 하티인은 바빌로니아인 및 아시리아인과 같은 형식의 글자를 사용했다. 그렇기 때문에 이것을 읽는 데는 아무런 어려움이 없다. 문제는 그 말을 찾아내는 일이며, 이것은 1916년에 체코의 학자 베드지프 프로즈니에 의하여 풀린 것이다.

약 10년 전에 독일인들이 보아즈교이에서 발굴한 서판을 조사하다가 프로즈니는 그 중의 다음과 같은 수수께끼 같은 한 구절을 포함하고 있는 것을 알았다. nu NINDA‑an ezzateni, water‑ma ekuteni. 이 구절에서 알고 있는 유일한 단어는 NINDA이며, 이것은 공통된 쐐기꼴 글자의 기호로서 '빵'을 나타내는 것이었다. 프로즈니는 다음과 같이 논증했다.

ezzateni와 ekuteni라는 단어가 둘 다 같은 어미를 가지고 있으며, 이 어미는 인도‑유럽어 동사의 제2인칭 복수의 어미와 대응하기 때문에, 이것들은 서로 보충적인 의미를 갖는 동사가 틀림없다고 말한다. 그리고 '빵'과 관련된 동사는 아마 '먹는다'를 뜻할 것이라고 생각된다. 그래서 ezza‑에 가정으로 이 뜻이 주어지는데, 이 가정은 이번에는 사실에 의하여 지지된다. 만약 이 말이 인도‑유럽어족에 속하는 것이라면, 이 단어는 곧바로 라틴어의 edo나 독일어의 essen 이라고 하는, 바로 그 의미를 갖는 단어와 관련이 지어진다.

이렇게 해서 최초의 구절은 '자, 너는 빵을 먹는다(또는 먹게 한다)'

를 나타낸다. 그 보충이 되는 것은, 아마 마시는 것을 말하고 있을 것이라고 프로즈니는 생각했다. 그리고 watar는 곧바로 물(water)을 생각한다. 이 경우 ekuteni는 '너는 마신다(또는 마시게 한다)'를 뜻할 것이다. 그리고 확실히 인도-유럽어의 ek - 라는 동사는 이 뜻을 가지고 있는 것이다.

이렇게 해서 프로즈니는 이 말이 인도 - 유럽어였다는 것을 명확히 했다. 남은 일은 문법을 상세하게 그려내는 것과, 자매어의 도움으로 어휘를 밝히는 것뿐이었다.

그 결과, 오늘의 하티어는 비교적 쉽게 읽을 수 있게 돼 있다. 아직 많은 단어, 특히 소아시아의 고대 말에서 받아들여진 것으로 의미가 확실하지 않은 것이 있는 것은 확실하다.

가나안어의 해독은 훨씬 어려운 작업이다. 이 경우의 글자는 하나도 알지 못하고 있기 때문이다. 그럼에도 불구하고 이 난문제도 몇 달 안에 두 학자에 의하여 차례차례로 풀렸다. 할레(Halle ; 독일 남서쪽 잘레강 우안에 있는 상공업 도시)의 한스 바우엘과 당시 예루살렘에 있던 에두아르 도름 두 사람이며, 그들은 서로 독립해서 연구하고 있었던 것이다.

그 출발점은 다음과 같은 사실을 인정한 데 있다. 29개의 글자꼴밖에 없는데서, 이 글자는 아마 알파벳 식일 것이라는 것, 그리고 우가리트 도시는 가나안 땅에 있기 때문에, 그 말은 반드시 셈어계일 것이라는 점이 그것이다.

라스 샤무라·우가리트가 발견한 것 중에는, 짧은 명문(銘文)을 새긴 도끼 날이 있었다. 이 새겨진 글을 임시 ABC로 표시해 두자. 바우엘과 도름은 다음과 같은 것에 주목했다.

같은 유적지에서 처음 발견한 한 점토판에 정확하게 같은 글자꼴의 결합이 반복되고 있는데, 이것에는 또 다른 기호가 머리에 붙어 있으므로 이것은 X로 표시해 두자. 이 사실에 두 사람은, 이 점토판은 도끼의 주인에게 보낸 편지이며, 도끼의 명문은 그의 이름이나 칭호에 틀림없다고 추정했다.

그런데 셈어족의 서간은 통상적으로 '아무개에게'라는 일정한 말투로 시작하고 있다(실제로는 영어의 To so - and - so와 같이 '에게'에 해당하는 말이 앞에 놓인다). 거기서 수수께끼 같은 글자의 최초의 글자는 '에게'를 나타내는 것이 되는데, 가나안어에서는 이것이 접두어 L - 로 표시되고 있는 것을 알고 있었다. 이렇게 해서 글자 전체 중의 한 자, 즉 L이 판독된 것이다.

이것만으로는 진전될 전망도 없는 것 같았으나, 바우엘과 도룸은 다음에는 몇 가지 단어가 어미에 붙은 다른 기호를 갖거나 갖지 않거나 하면서 나타나고, 이 다른 기호는 다른 것으로 바뀔 수도 있다는 것을 알았다.

거기서 두 사람은, 이들 덧붙는 글자는 이미 아는 셈어의 명사와 동사의 어미가 틀림없다고 결론을 짓고, 이것은 가능한 검증의 범위를 훨씬 좁혔다. 이 글자들 중의 하나에 그들은 임시적으로 M의 음가, 명사의 남성 복수의 어미를 맞춰 보았다. 그러자 M - L - ?라고 읽을 수 있는 그룹이 발견되고, 그 밖에 또 M - L - ? - M으로 읽을 수 있는 것도 발견했다. 이것은 M - L - K - (왕)과 M - L - K - M(왕들)을 나타내는 것이 틀림없다고 생각하고, 이렇게 해서 K가 이미 아는 음가에 넣어졌다.

다음으로 그들은 각각 ? - L - ?과 ? - L - ? - M으로 읽을 수 있는 두 그룹을 발견했는데, 이 경우 모르는 제1과 제3의 글자는 같은 것이었다. 그런데 이 글자는 접두사나 접미사로서는 나타나지 않기 때문에 여러 가지 음가가 자동적을 배제되고, 셈어의 사용어 중에서 단 두 개밖에 필요 조건을 채우는 것이 남지 않는 것이 됐다. TH-L-TH(3)과 (30)이 그것이다. 이렇게 해서 TH가 구해졌다. 이런 기준에 의하여 계속 다른 모든 글자가 확증되고, 그 말의 정체, 즉 헤브라이어의 초기 형태도 당장 밝혀졌다.

이 말을 밝히기 위해서 도움이 된 것은 비교 언어학이다. 단어의 대다수는 이미 헤브라이어 성서에 의하여 친숙한 것이었기 때문에 당장 번역할 수 있었다. 그리고 다른 단어는 아시리아·바빌로니아어(아카드어)나 아라비아어, 또는 다른 셈어 방언과 친근 관계에 있었기 때문에 면밀한 비교와 이어붙이기로써 그 의미를 알아낼 수 있었다. 그러나 아직 해명되지 않은 소수의 단어가 있으며, 이것이 가나안의 설화의 어느 장구(章句)가 명확하지 못한 한 가지 이유이다.

그러나 글자 전체를 판독할 수 있고 말이 번역돼도, 이러한 고대 문서의 해석자는 또 다른 난관에 봉착한다. 그것들이 기록돼 있는 대다수의 점토판은 깨어졌거나 떨어져 있어서 어느 설화나 처음부터 끝까지 완전한 형태로 남아 있는 것은 없다. 게다가 각 설화는 대개 몇 개의 서판에 이어져서 기록돼 있기 때문에, 이어지는 것에 일부밖에는 복원하지 못한 것도 드문 일이 아니다.

그 결과 이야기의 연결에 큰 갭이 생기고, 복원된 것의 정확한 순서가 자주 의심스럽게 된다. 또 때로는 몇 개의 학술 단체가 '발굴'을 추진하기 위해서 자금을 공동 출자하는 경우, 발견된 유물은 그들 사이에서 분배돼 버리기 때문에, 설화의 첫머리는 어느 박물관이나 컬렉션에 있고, 그 계속은 다른 곳에 있는 수가 있다.

한편 지방 사람들에 의하여 몰래 도굴된 서판은 어떤 개인의 사유물이 되기도 한다. 이것은 전체를 정리하는 일을 대단히 어렵게 하는 것은 말할 것도 없지만, 서판을 손에 넣은 뒤에 그것을 간행하기까지 여러 해가 걸리는 경우는 특히 그렇다. 앞으로의 과제는 마치 많은 부분이 없는 집짓기 토막을 쌓아 올리는 일과 같다.

설화의 형식과 문체

설화는 읽기보다 귀로 듣도록 지어진 것이다. 쐐기꼴 글자의 까다로움 때문에 '책'은 그리 쉽게 널리 퍼지지 못했다. 글을 읽는다는 것은 숙련을 요하는 기술이었다.

서판은 오직 승려나 학식 있는 사람이 읽어서 그 내용만을 민중에게 말해 주기 위한 것이었다. 물론 그것을 읽은 사람은 자기에게서 듣는 사람에게 맞도록 이야기를 고쳐서 말했다. 마음대로 덧붙이거나 생략해서 싫증나지 않도록, 적당한 사이사이에 노래를 끼어 넣기도 했다.

이런 과정에 의해서 유일한 작자라는 것이 없어지기 쉬웠으며, 이야기는 무명의 민중 문화재라는 성격을 급속히 획득해 갔다. 이러한 형태로 이 이야기들은 우리에게까지 전해진 것이다.

그것들이 읽혀졌다기보다 이야기됐다는 사실은, 동시에 그것들의 문학적 형식과 문체를 형성하는 것이 되었다. 바빌로니아와 가나안의 설화는 시 형태로 기록되어 있다. 같은 말을 하티에 관해서도 할 수 있는지는 결정할 수가 없다. 하티어는 쓴 대로 발음되는지 어떤지를 알지 못하기 때문이며, 그래서 우리는 하티어를 음절로 나눠서 읽을 수 없는 것이다.

태고의 설화가 시 형태로 기록됐다는 것은 물론 놀랄 것이 없다. 시 형태는 산문보다 기억하기가 쉽기 때문이다. 그러나 셈어의 시 형태는 고전 문학이나 영문학에서 친숙해진 것과는 다르다. 그것은 글줄의 실러블 수로 결정되거나, 모음의 장단으로 결정되는 것이 아니고, 두 개의 다른 요인에 의한 것이다. 그 첫째는, 장구(章句)의 병행성(倂行性)이라고 할 수 있는 것이다. 각 구(句)는 보통 두 개의 짧은 글로 이루어져 있고, 그것들이 실제로는 같은 것을 다른 말로 표현하고 있는 것이다.

예를 들면,

모든 하늘은 하느님의 영광을 알리고
또 창공은 그 솜씨를 보여준다.　　　　　〈시편〉 19 : 1

그러나 때로는 제2의 문절이 제1쪽을 보충한다. 글뜻을 잡고 이것을 확대하는 것이다.

예를 들면,

누가 제 허물을 알리요
나를 숨은 죄에서 풀어 주소서　　　　　〈시편〉 19 : 12

제2의 요인은 강조이다. 각 글줄이 상당히 많은 강조나 악센트가 붙은 실러블로 이루어져 있다. 바빌로니아의 '신들의 전쟁'을 예로 들면, 한 줄에 네 개의 악센트가 있고, 제2의 강조를 내포한 단어 다음에 구획이나 단락이 있는 것이 보통이다.

하늘이라 부르는 것의 위에 없을 때
또 땅이라는 이름의 것의 아래에 없을 때　　　〈첫째 서판〉 1 : 2

가나안과 구약 성서의 시구(詩句)는, 이와 반대로 글줄은 대개 세 가지 강조를 가진 두 부분으로 나뉘어 있다.

나의 구원 나의 도피처이신 주여
나의 하나님 더디하지 마소서　　　　　　〈시편〉 40 : 17

물론 색다른 것도 있다. 도량이 좁으면 좋은 시인이 아니다. 예를 들면 '열 띤' 구에 이르면 시구가 급전하여 스타카트(단음)적 효과를 가져온다.

바알이 쓰러지면 다음에는 모토이고
바알이 이기면 다음에는 모토다　　　〈바알의 설화〉 Ⅰ vi21 - 22

같은 만가(挽歌)나 애가(哀歌)에서도, 글줄의 후반부는 단 두 개의 강조의 강조만을 가지고 있어서, 상당히 나약한 효과를 내고 있다.

길바닥에 쓰러졌다

젊은이도 늙은이도
이 나라의 처녀 총각들이
칼에 맞아 쓰러졌다   〈애가〉 2 : 21

　이런 예로 명백해진 것처럼, 셈어족의 시가는 운율(韻律) 형식보다
도 리듬과 억양에 지배되고 있다. 물론 이것은 셈어족의 시가 처음
에는 읊기 위해서 만들어졌기 때문이다.

　이러한 민화(民話)의 또 다른 문학적 특징은, 그것들이 보통 현재
의 시제(時制)로 이야기되고 있다는 것이다. 가나안의 문서류의 경우
에는 특별히 '강조적인' 형체가 빈번히 사용되고 있으며, 그것들의
일반적인 효과라고 하는 것은 예를 들면, "보라, 그가 왔노라"라든
가, "오, 그가 말하기를" 하는 식으로 쓰는 방법에서 나온 것이다.
이 착상은 말할 것도 없이 극적인 효과를 증가시키기 위한 지극히
확실한 방법이며, 미국 소설의 모든 독자는 이 목적을 위해서 데몬
라논이 얼마나 효과적으로 사용했는지를 기억할 수 있을 것이다.

　그러나 이것은 더 미개한 시대에까지 소급할 수 있는 것이다. 신
화의 성격을 가진 이야기류가 판토마임에서 현실적으로 표현된 것에
대한 부가적인 이야기의 형태를 가지고 있던 시대이다. 무대에는 갖
가지 인물이 등장하고, 각각 특색 있는 몸짓을 하고 있었기 때문에,
말하는 사람이나 또는 '해설자'는 그들이 하고 있는 것을 설명하고,
물론 현재 시제를 사용한 것이 틀림없다.

　예를 들면 '거기에 아나토가 와서 바알을 돕는다'든가, '보라, 길가
메시와 엔키두가 귀신 훈바바를 향해서 달려든다'라고 하는 식이다.
이런 약속은 민화의 특징으로서 판토마임 자체는 연기하는 일이 없

어진 뒤에도 오래 계속되었다.

상투적인 말과 구절도 나타난다. 이것들도 역시 민간 전승의 중요한 부분이다. 근대의 연구자는 통상적으로 유럽이나 미국의 민화가 가지고 있는 표준적인 요소로서, 그런 것이 있다는 것을 항상 인정하고 있다. 가장 친숙한 표현은, '옛날에 옛날에, 어떤 곳에'라든가, '모두가 잘 살았데'라는 말이, 이야기를 시작하고 끝맺는 말이라는 것은 말할 것도 없다.

그러나 그보다 못 하지 않은 일반적인 표현이 있다. 시작하는 속담과 끝맺는 교훈, 적절한 사이를 두고 끼어 넣은 박수나 노래 박자, '아름다운 공주님'이라든가, '잘생긴 왕자님'이라는 말과 같은 상투어를 사용하거나 고정되어 변화가 없는 비유법, 예를 들면 "공주님의 눈은 맑은 진주 같았으며, 뺨은 장밋빛을 하고 있었습니다." 하는 말이 그것이다.

호메로스를 봐도 표준적인 형용사로 가득 차 있다. '신과 같은 아가멤논', '울부짖는 바다', '장밋빛 새벽' 등 한편으로는 고대 스칸디나비아의 시구의 주된 요소도 마찬가지로, 틀에 박힌 완곡어법(婉曲語法)을 사용하고 있다. 전쟁이 '오딘의 폭풍'이며, 배가 '파도의 군마(軍馬)'인 것처럼.

같은 착상이 이 책의 이야기에서도 나타난다. 여기에도 완곡어법이 사용되고 있으며, 바알은 항상 '힘 센 바알'이나 '구름을 탄 신', 아나토는 항상 '처녀', 엘(주신)은 항상 '왕이신 수소'이며, 아슈라트는 '바다의 여왕 아슈라트'이다. 그리고 여기에도 고정화된 말이 평범한 경우를 서술하기 위해서 있다.

가나안의 설화에서는 어느 것이나 첫머리에서 '소리를 지른다'로 시작하는데, 하티의 주인공은 절대로 '말하지' 않고, 보통 '입을 열어 말하기를' 하고 시작한다. 마찬가지로 하티의 신들이 길을 떠날 때에는 '재빨리 신을 신는다'.

한편 가나안의 동료들은 목적지에 도착하기 위해서는 반드시 '천 리, 만 리'의 길을 여행한다. 소송하는 사람이 다가오면 엘은 '그 다리를 발대에 올려놓고 …… 손가락을 놀리면 웃는다'. 누구라도 흥분하거나 걱정을 할 때에는. '얼굴에 땀이 흐르고, 몸 속에서 관절이 떨리고, 등뼈가 부러지는 것 같다'. 마찬가지로 바알이 그의 적수인 바다나 강의 정령을 저주할 때에는 케토레 왕이 배반자의 아들을 향해서 발(發)하는 것과 같은 말을 한다.

역시 마찬가지인 것은 겔 사람들의 설화에서 '이어진다(rum)'로 알려져 있는 문학적 창안이며, 이것은 관련된 동작의 일관된 계속 상태를 말하기 위해서 사용된 짧은 단속적 어구(斷續的 語句)의 고조돼 가는 단속(斷續)을 말하는 것이다.

예컨대 다음과 같은 것이다.

'그들은 딱딱한 땅을 부드럽게 만들고, 부드러운 것을 샘으로 만들었다. 그들은 바위를 작은 돌로 만들고, 작은 돌을 자갈로 만들고, 자갈은 싸라기눈처럼 그 나라에 내리퍼부었다.'

엘과 아토나가 바알을 애도할 때 두 신이 모두,

"왕좌에서 족대(足臺)에 내려앉았다. 그리고 족대에서 땅바닥에 내려앉았다."

라고 말하고 있다. 마찬가지로 하티의 풍요의 신 텔리핀이 인류에게서 떠나갈 때,

"수소는 암소를 차고, 수양은 암양을 버렸다."

운운하고 있다.

그리고 때로는 몇 절의 노래가 서술 속에 들어간다. 그 당초의 목적은 '듣는 사람이 끼어들' 기회를 만들어서, 이야기의 단순함을 살리자는 것이었다. 이것은 역시 상투어나 '계속'의 사용이 기초가 돼 있는 하나의 기술이다. 노래라는 것은 설화 속에 적당하다고 생각되는 곳이나 차례로서 당연한 틈새에 삽입된 찬가(讚歌)나 장단의 종류이다.

가나안의 '바알 설화'를 예로 들면, 여기서 신이 결국은 건축사를 굴복시키고, 그의 새 궁전에 창을 내도록 허락할 때, 건축사는 표준적인 찬가의 말로 신을 찬양하면서 대답하고 있는데, 여기서는 청중도 하나가 돼서 한 것이 틀림없다.

이와 똑같이 성서는 홍해를 건너가는 이야기를 고무조(鼓舞調)의 시로 시작함으로써 구색을 갖추고 있는데(〈출애굽기〉 제15장), 당시에 모세와 이스라엘의 아들들은 이 노래를 불렀다고 생각된다. 한편 〈요나서〉의 작자는, 예언자 요나에게 '큰 고기'의 뱃속에서 몇 절의 시편을 노래하며 시간을 보내게 하고 있다.

설화의 배경

민간 전승의 연구자는 오래 전부터 자장가나 아기놀이는 원래 종교적인 의식이었던 것이 남아 있는 것이 흔히 있다고 인정하고 있다. 예를 들면 '이니, 미니, 민니, 모, 가위, 바위, 보와 같은 것' 은 마술적 목적을 위해서 사용된 엄숙한 주문으로 시작된 것이었으며,

술래잡기는 인신 제물(人身祭物)을 뽑은 원시 시대의 방법의 잔재이다. 설화에 관해서도 마찬가지이다. 시대가 지나면서 순진한 놀이가 된 것도 근원을 따지면 진지한 종교 신화인 것도 많다.

고대의 의식은 판토마임이나 극 형태를 가진 것이 많으며, 그것들을 집행하는 것 자체가 의식적인 목적을 달성한 것이다. 구년과 신년, 여름과 겨울, 비와 햇볕으로 분장한 사람이 흉내를 내서 지상의 주권을 잡으려고 열심히 싸웠을 것이다.

왕들은 혼례를 치르거나 폐위를 당하거나 사형을 받거나 해서, 그들 자신의 경험이나 '수난' 속에 민중의 삶의 유전(流轉)이나 리듬을 상징했을 것이다. 그리고 이것들의 연극적인 의식이 거행될 때, 화창(和唱)하거나 신화가 이야기되기도 하고, 동작을 설명하고 이것을 개인적인 것에서 보편적인 것으로 옮겨놓은 것이다.

시대가 지나가면서 의식이나 그 자체는 쇠퇴됐음에도 불구하고, 신화는 존속하여 시인이나 화가가 마음대로 선택할 수 있는 민간 전승의 원천이 됐다. 그러나 원형은 역시 자취를 남기고 있었다. 각 플롯(plot ; 줄거리·구상)의 본성과 추진 방법 및 인물의 움직임의 세부는 대체로 여전해서, 잊혀진 원초적 의식의 요구에 의하여 결정된 것이었다. 다음으로, 이번에는 그 재료들이 민간 전승에 끼어드는 수가 있다.

비정상적인 사건이 삽입되며, 하나의 신화의 특징이나 주제가 대담하게 다른 것으로 옮겨지고, 말로 들려줄 때의 단조로움을 살리기 위해서 속요(俗謠)나 찬가가 삽입됐는데, 그 결실은 이 책에서 보기 바란다. 그런 까닭에 이 설화들을 읽는 경우, 당면한 의미의 배후에는 더 소박하고 더 놀라움에 찬 다른 의미가 숨어 있는 것을 독자는 유의해야 할 것이다.

비교 방법이 도움이 되는 것은 바로 이 때이다. 분해 작용의 정도는 어디서나 같지 않기 때문이며, 또한 하나의 이야기를 같은 형태의 다른 것과 비교하면, 그 연결 장면을 복원하여 원래의 의미를 되찾을 수도 있다.

예를 들면, '천궁(天弓)'은 사냥꾼(오리온자리)이 하늘에서 사라지고 천궁이 보이지 않게 된 계절의 기근을 설명하기 위한 계절 신화로 귀착되는 것인 것 같다. 마찬가지로 '용의 함정'은 매년의 여름 제사에서 이야기되던 것이며, 잘 아는 무언극이나 계절적인 행진 때의 오래 된 장구(章句)인 것 같으며, 그 초기의 주제는 물이 불어난 강의 용에 대한 영웅의 승리를 말하는 데 있었던 것이다.

설화의 해석

3000년이나 4000년 전의 옛날 이야기를 다시 이야기한다는 것은 쉬운 일이 아니다. 지난 옛날의 말을 정확하게 번역하는 어려움을 별개로 하더라도, 각 설화가 형성된 때의 배경을 복원하는 일이 있다. 아무리 훌륭한 설화라 해도, 실제로 이야기되는 것뿐이 아니라, 무언 중에 양해되고 있는 것에 의거하기 때문이다. 작자나 말하는 사람은 싫건 좋건 민간 전승의 집체(集體) 창작에 준할 수밖에 없지만, 이것들은 독자나 듣는 사람이 그 자리에 가지고 있는 것, 그리고 말의 벌거벗은 뼈대에 살을 붙이는 것이다.

예컨대 마녀가 빗자루를 잡았다면 그것은 하늘을 날기 위한 것이라고 하는 것은 누구나 곧 알 수 있을 것이고, 주인공이 마녀의 신을 신었다면, 대개는 먼 곳에 갔다는 것이 명백하다. 실제로 만담을 할 때는 단 하나의 몸짓이나 겉보기에 자세한 어구가 의미를 확실히 전하는 수가 자주 있다.

예를 들면 누구나 이야기할 때는, 표정이 넘치게 "앗!"이나 "어머!"하는 등의 말을 넣으면서 이야기할 것이다. 그리고 지금은 누구나 '프록 코트에 줄무늬 바지를 입은 남자'라든가, '의심 많은 은행 지배인의 차가운 눈길'이라고 말했을 때의 의미를 이해할 것이다.

그러나 3000년이나 4000년 전이라는 것은 긴 세월이며, 그 사이에 배경이나 분위기의 대부분은 망각의 저쪽으로 흘러갔다. 다만 옛이야기의 다듬어지지 않은 말만이 우리에게 전해졌는데, 그런 것이 아무리 정확하게 번역된다 해도, 그것은 글뜻의 한 부분을 전하는 데 불과하다.

그렇다면 다른 부분은 어떻게 하면 복원할 수 있을까. 한 가지 수단은, 말할 것도 없지만 고대 문학의 다른 부분에서 설화의 모호한 대목을 밝혀줄 내용을 가진 기사나 삽화를 찾아내는 것이다. 때로는 겉보기에 평범한 사무적인 계약 문서라든가, 재미 없고 단조로운 역사 기록이 설화 속의 불분명한 사건을 밝혀주는 관습이나, 전승을 재현시켜 주는 일도 있다.

예를 들면 최근에는 법률상의 기록에서 다음과 같은 것이 발견되고 있다. 즉, 시조 야곱이 살아 있었다고 생각되는 지방에서는 주된 상속자를 주장하는 사람은 누구나 그 주장을 관철히기 전에, 가신(家神 ; 텔라핌이라는 집을 지키는 신)을 가지고 있어야 한다는 것이 당시의 법률에 있었던 것이다. 이것은 곧 야곱의 장인 라반의 슬하에서 도망칠 때에 라켈(라반의 둘째딸이며 야곱의 아내)이 가신상(家神像)을 훔쳐 가려고 했던 성서 이야기(〈창세기〉 31장 19절)를 설명하는 것이 된다.

그러나 갭을 메우기 위해서는 다른 수단도 있다. 한 장소에서 이야기된 설화는 다른 장소에서 이야기되는 수가 자주 있으며, 인간의 공통 소유인 원시적인 사상이나 미신의 큰 총체라고 하는 것이 있으며, 그것들은 결코 어느 특정 지역에 한한 것이 아니다.

이런 현상이 이주나 전파에 의한 것인지, 아니면 단지 동등한 문화 수준에 있는 각 민족의 같은 사고 방식을 갖기 쉽다는 사실 때문인지는 지금도 논의되고 있는 점이다. 양쪽 프로세스가 작용하고 있을 가능성이 많으며, 어느 쪽이든 다른 쪽을 수용할 수 없는 것은 아니다. 이 설명이 어찌 됐든 진정한 사실을 부정할 수 없는 것이며, 바로 우리가 필요로 하는 도구를 제공해 준다.

그것은 각 장면에서 설명할 수 없는 설화의 특징이나 세부도 의미나 문맥이 전해 주고 있는 다른 지역의 자료와 비교하면 당장 명백해지는 수가 적지 않다. 다시 반복하지만, 하나의 설화를 그 원래의 '형태'에 관련시키면 공통 사상의 뼈대가 복원되고, 그 속에서 그 자체는 희미한 각 부분의 실례가 바로 일치하는 수도 있다.

예를 들면 길가메시의 설화를 읽으면, 영웅 엔키두는 친구와 숲 속의 귀신을 찾아갈 때 문에 손을 다친 것을 한탄하지만, 이 경우에 비교 민속학 연구자라면 다른 곳에서는 실명되지 않고 있는 이 사건을, 금지된 곳에 접근하는 사람에게 자동적으로 떨어지는 마법의 문이라는 보편적인 관념을 보는 것은 어려운 일이다.

마찬가지로 '사냥꾼 케시'의 이야기에서는 그를 깊은 산 속으로 가는 위험한 두 번째 여행을 떠나보낼 때, 모친이 그에게 푸른 양털을 한 벌 주는데, 여기서 당장 푸른색은 악마에게서 지켜준다는, 우리가 잘 알고 있는 바로 그 보편적인 신앙을 볼 수 있을 것이다(옛것, 새것, 빌린 것, 푸른 것). 또는 신이 병든 케토레 왕을 치료하기 위한 노력의 하나로서, 진흙으로 인간상을 만들 때, 민속학을 배우는 학생은 이 삽화에서 잘 알고 있는 주술을 곧 알 수 있을 것이다.

확실히 비교 방법에는 위험도 있다. 다른 쪽에서 조금 따오거나 심하게 무리한 해석을 할 수도 있을 것이고, 실제보다도 표면적인 유사점에 현혹되는 수도 있다. 사실 인간은 텍스트의 맥락을 읽어내기보다는 그 내용만을 보기 쉽다.

그러나 결국 이것은 작가와 독자, 예술가와 대중의 관계에 내재하는 위험이다. 이것은 바로 커뮤니케이션의 대가, 말의 압제, 형식의 함정이다. 모든 예술의 감상은 결국 협동이라는 프로세스를 갖는 것이다. 예술가는 그의 경험의 한계를 넘어서 그의 사상의 본질을 파악하기 위해 직업의 공감과 경험에 의지하지 않을 수 없다.

그리고 그들의 경험은 자주 자기의 경험과는 다르고, 그들이 중간에 서게 하는 결합 관계는 명석하게 만들기보다는 희미하게 만들기 쉬운 것이다. 하나의 책이나 극이나 그림에 관해서 논하고 있는 한 무리의 사람들에게 귀를 기울이기만 하면 되는데, 같은 작품이 어떻게 10여 가지의 해석을 받으며, 또는 10여 가지의 다른 대답을 끌어내는지를 볼 수 있을 것이다.

이 사실을 모든 책의 독자 수, 모든 그림이나 극의 관중 수로 배가해 보면, 주관적인 곡해의 함정이 결코 비교에 의한 접근과 서로 용납되지 않는 것이 아니고, 모든 표현의 당연한 관세(關稅)라는 것을 알 수 있을 것이다.

실제로 오늘의 조이스(J. A. Joyce ; 1882~1941. 아일랜드의 소설가. '의식의 흐름'이라는 수법으로 인간의 내적 상태를 그대로 표현하고자 했음),나 엠프슨(William Empson ; 1906~1984. 영국의 시인·평론가. 뉴 크리티시즘의 개척자)이나, 버틀러(S. Butler ; 1835~1902. 영국의 시인·소설가. 주로 풍자 작품을 쓰는 한편, 호메로스이 번역가로 유명) 같은 작가나 시인에 의하여 지출된 노력, 그리고 동시에 상징파 화가들에 의한 노력은, 말이나 모양의 변형으로 개념과 표현의 갭에 다리를 놓으려는 것이지만, 이것은 연상의 테두리를 확장하려는 생각에 의한 것이다. 그 노력은 단순히 동전의 뒷면에 불과하고, 예술가가 관문에 도달했을 때는 불가피한 패배밖에 없다.

비교 방법이 이야기를 잘못된 색채로 칠할 수 있는 한편, 완전히 문장상의 말에서만 접근하는 것은 마찬가지로 중대한(설사 눈에 보이지 않아도) 위험, 선명한 그림자와 색채를 하찮은, 잘못되기 쉬운 흑과 백으로 떨어뜨릴 위험에 빠지기 쉽다.

이하 모든 장에서 각 설화마다 비교 자료에서 취재한 재료들이 첨부돼 있는데, 그것들은 총체적인 배경을 보여주고, 설화 속의 몇 가지 사건이나 플롯의 어느 근본적인 특징을 밝히는 데 도움이 될 것이다. 그 주석들에 있어서 괄호 속에 넣은 숫자는 수티스 톰슨의 표준적인 '민족 문학의 모티브 인덱스(motive index)'의 목차를 가리키는 것이며, 여기에는 더욱 잘 문헌이 예거되고 있다.

해설의 목적은 한마디로 말하면, 현대의 독자들을 되도록 원래의 듣는 이와 같은 위치에 놓기 위해서, 다시 말하면 독자로 하여금 암시를 파악하게 하고, 말이나 어구의 '제스처'라고나 하면 가장 좋은 것을 곧바로 이해하게 하기 위한 것이다.

바빌로니아의 설화

길가메시의 모험

옛날에 우르크라는 도시에 길가메시라는 용감하고 무서운 사람이 있었습니다. 이 사나이는 3분의 2가 신이고 3분의 1이 사람이었습니다. 동방에서 제일 가는 용사였기 때문에 그와 싸워서 이길 수 있는 사람이나 창으로 그를 쓰러뜨릴 수 있는 사람은 없었습니다. 그의 힘을 무서워한 우르크 도시의 사람들은 모두 길가메시가 하라는 대로 하고 있었습니다.

길가메시는 사람들을 다스리는 데 무쇠 같은 주먹을 휘둘렀으며, 젊은이들을 잡아다가 가혹하게 부려먹고, 또한 어떤 처녀라도 마음대로 자기 것으로 만드는 것이었습니다.

도시 사람들은 마침내 참을 수가 없어서 하늘을 우러러보면서 구원해 달라고 빌었습니다. 하느님은 그 기도를 들어주어서 아루루 여신을 불렀습니다. 이분은 인간이 세상에 태어나기 훨씬 옛날에 진흙을 빚어서 만든 여신입니다.

"자, 진흙을 빚어서 인간을 만들어라."

하고 하느님은 명령했습니다.

"저 길가메시에게 지지 않는 강한 인간을 만들고, 그 폭군과 싸우게 해서 맛을 보여주는 것이 좋겠다. 그렇게 하면 도시 사람들을 구할 수 있을 테니까."

그래서 여신은 당장 두 손을 걷어붙이고 땅 속에서 진흙을 파내어 그것을 이기어서 무서운 짐승을 만들었습니다. 여신은 이것에 엔키두라는 이름을 붙였습니다.

엔키두는 전쟁의 신처럼 사납고, 온몸에는 털로 덮여 있었습니다. 머리털은 여자와 같이 길게 늘어지고, 짐승의 가죽을 몸에 걸치고 있었습니다. 밤이나 낮이나 짐승들과 함께 돌아다녔고, 짐승들과 같이 풀을 뜯어먹고 개울물을 마셨습니다. 그러나 우르크 도시에서는 아직도 엔키두의 일을 알지 못하고 있었습니다.

어느 날 한 사냥꾼이 덫을 놓으려고 산으로 갔습니다. 그는 지금까지 본 적이 없는 동물이 짐승들과 섞여서 샘물을 마시고 있는 것을 보았습니다. 그것을 한 번 보자 사냥꾼은 새파랗게 질렸습니다. 얼굴이 일그러지며, 가슴은 마구 때리는 종소리처럼 두근거리고, 너무나 무서워서 그는 소리치며 쏜살같이 달려서 도망쳐 왔습니다.

이튿날도 그는 덫을 살펴보려고 다시 갔습니다. 그랬더니 파놓은 구덩이는 모두 메워지고, 쳐놓은 그물도 하나도 남김없이 찢겨 있었습니다. 게다가 그 무서운 엔키두가 이미 덫에 걸려 있는 짐승들을 풀어주고 있는 것이었습니다.

사흘째 되는 날에도 같은 일이 벌어졌습니다. 그래서 사냥꾼이 그의 아버지와 의논하니, 아버지는 그에게 우르크 도시로 가서, 길가메시에게 이 사실을 알리는 것이 좋겠다고 말했습니다.

이윽고 길가메시는 이 이야기를 듣고, 백성의 일을 방해하는 것이 있다는 것을 알았습니다. 그는 사냥꾼에게 도시에서 여자를 한 사람 골라서 짐승들이 물을 마시는 샘으로 함께 가라고 명령했습니다.

"그 괴물이 물을 마시러 오면, 여자는 옷을 벗어 버리고 그를 유혹하는 거야. 일단 여자를 끌어안는 것을 보면 짐승들은 그가 자기들의 동료가 아니라는 것을 알고는 그를 버리고 갈 것이다. 그렇게 되면 그 괴물은 싫건 좋건 인간 사회로 돌아올 수밖에 없으며, 이제까지의 짐승 생활을 그만둘 수밖에 없을 것이다."

사냥꾼은 명령대로 했습니다. 여자를 데리고 사흘 동안 여행해서, 짐승이 물을 마시는 샘에 도착했습니다.

이틀을 기다렸습니다. 사흘째가 되어 그야말로 그 이상하고 무서운 괴물이 짐승들을 거느리고 물을 마시러 왔습니다. 그 모습을 보자 여자는 입고 있던 옷을 모두 벗어 버리고 아름다운 알몸을 들어냈습니다.

엔키두는 그것을 정신없이 보고 있다가 거칠게 여자의 몸을 끌어안았습니다. 한 주간을 꼬박 엔키두는 여자와 함께 지냈습니다. 그런 뒤에는 여자의 매력에도 싫증이 나서, 다시 짐승들의 무리 속으로 돌아갔습니다. 그러나 짐승들 쪽에서는 그가 자기들의 동료가 아니라는 것을 알고, 그가 다가가면 깜짝 놀라서 도망쳤습니다.

엔키두는 그들을 뒤쫓아가려고 했으나, 손발이 굳어져서 달리려고 해도 마음대로 움직여지지 않았습니다. 놀랍게도 그는 이미 짐승이 아니라 인간이 돼 있었습니다.

엔키두는 헐떡거리며 여자에게로 돌아왔습니다. 여자의 발 아래 앉아서 그녀의 눈을 뚫어지게 보고 있으려니, 뭔가 알 수 없는 간절한 감정이 마음에 사무쳐 왔습니다. 그리하여 그녀의 입술을 요구한 그는 이제 완전히 다른 사람이 돼 있었습니다. 여자는 그를 바라보고 부드럽게 말했습니다.

"엔키두여, 당신은 신과 같이 훌륭해졌습니다. 왜 짐승들과 돌아다녀야 하겠습니까? 자, 우르크 도시로 갑시다, 그 넓고 번화한 도시로. 나는 당신을 남녀의 신들이 사는 빛나는 신전으로 모시겠습니다. 그 곳에서는 길가메시가 모든 사람들을 멋대로 다루고, 황소처럼 뽐내고 있습니다."

이 말을 뜨고 엔키두는 크게 기뻐했습니다. 왜냐 하면 그는 이미 짐승이 아니었으므로 사람들과 이야기를 하거나 사귀고 싶어졌기 때문입니다.

"데려다 주오!"

하고 그는 말했습니다.

"우르크 도시로 갑시다. 신들의 빛나는 신전으로 가서, 길가메시의 난폭한 짓은 내가 당장 고쳐주겠소. 나는 그놈에게 도전하여 이 엔키두가 겁쟁이가 아니라는 것을 확실히 깨닫게 해 주겠소."

두 사람이 도시에 도착한 것은 섣달 그믐날 밤이었습니다. 때마침 축제 소동이 최고조에 달하고 있었으며, 길가메시가 여신과의 신성한 결혼식의 신랑이 되기 위해서 신전으로 가고 있는 때였습니다. 거리에는 인파가 넘치고, 여기저기에서는 술에 취한 사람들의 아우성치는 소리가 울려서 노인들의 잠을 훼방했습니다.

그런 가운데 시끄러운 소리를 지워 버리듯 큰 북소리와 가냘픈 피리 소리가 멀리서 들려왔습니다. 주악 소리는 점점 크게 들리고, 이윽고 길가메시를 한가운데에 두고 대행렬이 거리 모퉁이를 돌아서 나타났습니다. 행렬은 거리에서 신전 안으로 들어갔습니다. 신전 앞에서 행렬이 멈추고 길가메시가 혼자 나왔습니다.

그 때 군중들 사이에서 심상치 않은 소동이 일어났습니다. 엔키두가 빛나는 문 앞에 가로막고 서서 도전하듯 소리치고 있는 모습이 보였습니다. 사람들은 놀라서 한 발 물러섰지만, 그 놀람에는 안심하는 마음이 섞여 있었습니다.

"이제야 길가메시 왕도 좋은 적수를 만났군."

사람들은 저마다 수군거렸습니다.

"이 사나이는 왕과 똑같군. 키는 좀 작지만 강한 것 같은데. 짐승의 젖을 먹고 자랐다는 거야. 자, 이젠 우리 모두가 활개치고 우르크 거리를 걸어다닐 수 있게 되겠는걸."

그러나 길가메시는 조금도 질리지 않았습니다. 왜냐 하면 이미 꿈점으로 이제부터 무슨 일이 일어날지를 알고 있었기 때문입니다. 그는 하늘의 별을 바라보고 있는 자신을 향해서 갑자기 하늘에서 굵은 화살이 날아오는 꿈을 꾸었습니다. 그 화살은 그의 힘으로도 잡아뽑을 수가 없었습니다.

그리고 이런 꿈도 꾸었습니다. 터무니없이 크고 기묘하게 생긴 도끼가 갑자기 도시 한복판에 날아왔습니다. 그것도 어디서 이 도끼가 날아왔는지 아무도 모른다는 꿈이었습니다. 길가메시의 어머니는 이 꿈 이야기를 듣고, 그것은 길가메시 앞으로 한 강한 사나이가 나타날 것이라고 가르쳐 줬습니다.

그리하여 길가메시는 앞으로 나아갔으며, 순식간에 두 사람은 맞붙어서 두 마리의 황소처럼 격렬하게 싸우기 시작했습니다. 마지막으로 길가메시는 땅바닥에 내던져 졌으며, 그는 이제야말로 자기의 좋은 적수가 나타났다는 것을 알았습니다.

한편 엔키두는 힘이 강할 뿐 아니라 예의를 지킬 줄 알았습니다. 지금의 상대는 이제까지 생각한 것처럼 벽창호와 같은 폭군이 아니라, 몸도 마음도 남보다 훌륭한 용사라는 것과, 조금도 기가 꺾이지 않고 자기의 도전을 씩씩하게 받아주는 것을 보았기 때문에 호감이 갔습니다.

"길가메시 왕이여, 당신은 자신이 여신의 아들이며, 하늘이 택하여 왕좌에 앉힌 사람이라는 증거를 훌륭하게 보여줬습니다. 다시는 당신과 싸우지 않을 것입니다. 자, 친구가 되지 않겠습니까?"

이렇게 말하고 길가메시를 잡아 일으켜서 끌어안았습니다.

길가메시는 모험을 대단히 좋아해서, 위험한 유혹을 좀처럼 뿌리칠 수가 없었습니다. 어느 날 그는 엔키두를 보고 신의 숲 속에 있는 삼나무를 베어서 용기를 천하에 알리자는 말을 했습니다.

"그것은 이만저만한 일이 아닙니다."

라고 엔키두는 대답했습니다.

"그 숲은 훈바바라는 괴물이 지키고 있으니까요. 짐승들과 살고 있을 때 몇 번이나 그놈을 봤는데, 그 소리는 마치 폭풍이 으르렁대는 것 같고, 입에서는 불을 내뿜으며, 토해 내는 입김과 함께 페스트를 뿌려대는 것입니다."

"아니, 자네 같은 용사가 싸움을 두려워하는가?"

하고 길가메시는 반박했습니다.

"죽임을 면할 수 있는 것은 오직 신뿐이네. 장차 아이들에게 길가메시가 쓰러졌을 때에 아버지는 무엇을 하고 있었느냐고 물으면, 자네는 무엇이라 대답할 것인가?"

　이렇게 돼서 엔키두는 설복되고 말았습니다. 검과 도끼를 준비하자 길가메시는 도시의 장로들을 찾아가서 이 계획을 털어놓았으며, 그 발걸음으로 태양신에게 가서 도움을 청했습니다.

　그러나 태양신은 승낙하려 하지 않았기 때문에, 이번에는 하늘의 여왕인 그의 모친 닌슨을 보고 중재해 달라고 부탁했습니다. 아들의 계획을 안 그녀는 어찌할 바를 몰랐습니다. 그래서 그녀는 가장 아름다운 옷을 입고 머리에 관을 쓴 다음, 신전 지붕 위로 올라가서 태양신에게 호소했습니다.

　"태양신이시여, 당신은 정의의 신이십니다. 나의 아들을 매정하게 대하실 바에는, 왜 이 아들을 낳게 해 주셨습니까? 이 아들은 오직 괴물 훈바바와 싸우기 위해서 멀고 위험한 길을 떠나, 긴 여행을 하겠다는 것입니다. 부탁입니다. 제발 낮이나 밤이나 이 아들을 지켜주셔서 무사히 내 품으로 돌아오게 해 주십시오."

　모친의 눈물을 보자 태양신도 불쌍히 여겨서 마음이 풀리어, 두 용사를 도와주기로 약속해 주었습니다. 그래서 여신 닌슨은 지붕에서 내려와 그녀를 믿는 사람이 모두 매다는 부적을 엔키두에게 매달아 주며 말했습니다.

　"자, 이제부터 내가 너를 지켜주마. 두려워 말고 가거라. 길가메시를 산으로 안내하라."

　장로들은 엔키두가 부적을 매달고 있는 것을 보고, 경고하던 말을 중지하고는 길가메시에게 축복을 해 주었습니다.

　"엔키두는 여신이 지켜주신다. 왕의 몸을 염려하여 엔키두에게 맡긴다."

두 사람은 용감하게 출발하여 6주간이 걸려야 갈 수 있는 길을 사흘에 갔습니다.

이렇게 해서 그 숲 속에 당도해 보니, 입구에는 큰 문이 닫혀져 있었습니다. 엔키두는 겨우 그 문을 밀어서 좁은 틈새로 안쪽을 들여다봤습니다.

"빨리!"

하고 동료에게 작은 소리로 외쳤습니다.

"빨리 가면 허를 찔러서 그놈을 잡을 수 있습니다. 훈바바는 밖에 나갈 때 7가지 옷을 단단히 입는데, 지금은 조끼 하나만 걸치고 앉아 있습니다. 밖으로 나오기 전에 잡아 버립시다."

그러나 그 말이 끝나기도 전에 큰 문짝이 쾅 하고 튕겼다가, 그만 엔키두의 손이 끼인 채 다시 벼락같이 닫혀 버렸습니다.

열이틀 동안이나 그는 그 상처의 아픔 때문에 고통을 당했습니다. 그리고 무모한 모험은 그만두자고 계속 설득했으나, 길가메시는 들으려고도 하지 않았습니다.

"첫 실패로 기가 죽어 버리는 그런 한심한 겁쟁이는 아닐 텐데. 우리는 긴 여행을 해서 이 곳까지 왔네. 이제 와서 비굴하게 돌아갈 수는 없어, 이 바보야. 네 상처는 곧 낫을 것이네. 그리고 저놈의 집 속에서 해치우지 못하면 숲 속에 매복하고 있으면 되는 것일세."

그래서 두 사람은 계속 숲 속을 헤치고 들어가서 이윽고 삼나무 산에 이르렀습니다. 높이높이 솟아오른 이 산꼭대기는 신들이 모여서 회의를 여는 곳이었습니다.

두 사람 모두가 긴 여행으로 몸이 녹초가 돼 있었기 때문에, 나무 그늘 속에 눕자 곧 잠이 들어 버렸습니다.

그날 밤 길가메시는 잠을 자다가 갑자기 벌떡 일어나서 친구를 불러 깨웠습니다.

"이봐, 날 깨웠어? 자네가 깨우지 않았다면 꿈이었나? 지금 꿈 속에서 저 산이 우리 위에 와르르 무너져 내렸네. 그러자 더없이 훌륭한 한 사람이 나타나서, 밑에 깔린 나를 끌어내어서 살려줬네."

"그건 길조입니다."

하고 엔키두는 말했습니다.

"꿈에서 본 산은, 즉 저 괴물 훈바바를 말하는 것입니다. 그놈이 덤벼들어도 틀림없이 우리가 이깁니다."

그래서 두 사람은 몸을 뒤치고 다시 잠이 들었습니다. 그러자 이번에는 엔키두가 깜짝 놀라서 벌떡 일어났습니다.

"날 불렀습니까? 그게 아니면 필시 꿈 때문이군요. 천지가 울리는 꿈이었어요. 햇빛이 사라지고 어둠이 닥쳐오며, 번갯불이 번쩍이고 도깨비불이 빨갛게 타오르며, 죽음이 빗발처럼 퍼붓고 있었습니다. 갑자기 빛도 불길도 사라지고 흩날리는 불꽃은 재가 돼 버렸습니다."

길가메시는 친구의 몸에 나쁜 일이 일어날 징조라는 것을 알았지만, 이 모험을 단념하지 않도록 엔키두를 격려해 줬습니다. 얼마 뒤에 두 사람은 일어나서 다시 숲 속으로 들어갔습니다.

길가메시는 도끼를 꽉 잡고 금단의 삼나무 하나를 찍어 쓰러뜨렸습니다. 나무는 무서운 소리를 내며 쓰러졌기 때문에 훈바바는 사납게 미쳐 날뛰면서 악을 쓰면서 뛰어나왔습니다.

이 괴물이 얼마나 끔찍하고 무섭게 생겼는지 말로 표현할 수가 없었습니다. 얼굴 한복판에 단 하나만 박혀 있는 그 눈으로 노려본 사람은 누구라도 돌이 돼 버립니다. 훈바바가 덤불 속을 헤쳐서 미친 듯이 달려나오며 나뭇가지를 짓밟는 소리를 듣자 길가메시는 비로소 무서움으로 몸을 떨었습니다.

그러나 태양신은 약속을 잊지 않았습니다. 하늘에서 길가메시를 부르며 무서워 말고 나아가서 싸우라고 명령했습니다. 그리고 덤불 속에서 나온 괴물의 얼굴이 두 용사 쪽을 보자 사방 팔방에서 그 외눈을 향해서 불어닥치는 바람 때문에 훈바바는 결국 아무것도 볼 수가 없어서 나아갈 수도 물러설 수도 없었습니다.

이렇게 돼서 두 팔만을 휘두르며 서 있는 괴물을 길가메시와 엔키두가 포위해 버렸습니다. 하는 수 없이 훈바바는 자비를 구했으나 들어주지 않았습니다. 두 사람은 검을 빼서 그 무서운 훈바바의 목을 쳐서 떨어뜨렸습니다.

그리고 나서 길가메시는 얼굴을 씻고 머리를 빗어 먼지를 털며, 더러워진 옷을 벗어 버린 다음, 왕의 옷과 왕관을 쓰니 얼마나 훌륭한 모습이었겠습니까? 그 아름답고 씩씩한 모습은 여신도 당할 수 없을 정도였습니다.

숲의 여주인 이슈탈이 그 때 그에게로 찾아와서 속삭였습니다.

"길가메시님, 저의 집으로 오세요. 온통 보석을 박은 황금 전차를 바치겠습니다. 전차를 끄는, 바람같이 빨리 달리는 노새도 함께 드리겠어요. 저는 당신을 삼나무 향기로 둘어싸인 저의 집으로 모시겠습니다. 문지방도 계단도 당신의 발에 입을 맞출 거예요. 많은 왕들이나 귀족들이 당신 앞에 무릎 꿇고, 세상의 모든 소득을 바치겠어요. 당신의 양은 모두 쌍둥이를 낳을 것입니다. 마차에는 최상의 준마를, 소도 더없이 좋은 것을 바치겠어요."

그러나 길가메시는 이런 말에 마음이 흔들리지는 않았습니다.

"너는 나를 부자로 만들겠다는 말이지만, 그 답례로 터무니없는 것을 요구하겠지. 네가 요구하는 음식이나 옷은 여신에게나 어울리는 것, 집은 여왕의 궁정과 같은 것을, 옷은 틀림없이 극상품 옷감을 갖고 싶어하겠지. 내가 너에게 그런 것을 줄 것이라고 생각하는가. 너같은 것은 틈이 벌어진 문짝이나, 부서지고 흔들거리는 궁전이나, 머리에도 감을 수 없는 누더기 두건이나, 손에 끈적끈적 붙는 송진이나, 물이 새는 독이나, 발에 맞지 않는 신발만큼도 가치가 없는 거야. 도대체 너는 사랑하는 사람에게 정절을 지킨 적이 있느냐? 한 번이라도 약속을 지킨 적이 있느냐? 네가 아직 소녀였을 때 탄무즈라는 사나이가 있었지. 그자가 어떤 꼴을 당했지? 매년 많은 남자들이 저주를 받는 운명이 되어 죽었지. 너에게 와서 언치새(어치 ; 까마귀과의 새)같이 행동하는 남자는 날개가 비틀려 떨어지고 만다. 힘센 사자와 같은 남자는 덫에 걸려서 일곱 겹의 함정에 떨어지고 만다. 우쭐대는 군마와 같은 남자는 박차에 채이고 채찍을 맞으며 몇 십 리나 달린 뒤에 흙탕물을 마시게 된다. 양떼를 거느린 양치기와 같은 자를 만나면 너는 그것을 이리떼로 만들어서 자기의 가축들의 괴롭힘을 당하거나 자기의 개들에게 물어뜯기게 한다. 네 아비의 정원에서 일하던 남자를 기억하고 있는가? 그 남자에게 어떤 짓을 했지? 그 남자는 매일 너에게 과일 바구니를 나르고, 매일 너의 식탁을 차려줬지. 그런데 그자가 너의 유혹에 넘어가지 않자 꼼짝도 할 수 없는 덫에 걸린 것처럼 그자를 얽매어 놓고 말았어. 필시 나도 그런 꼴로 만들 생각이지."

이 말에 이슈탈은 불길같이 화를 내고, 천상의 부친에게 달려가서 용사 길가메시에게 수모를 당한 일을 일러바쳤습니다. 그러나 부친은 상대도 하려 하지 않고 당연한 응보라고 엄하게 꾸짖을 뿐이었습니다. 그래서 이슈탈은 울면서 위협하는 말을 했습니다.

"부탁입니다. 아버지, 그 황소를, 한번 날뛰면 폭풍과 지진을 일으키는 그 황소를 보내어서 길가메시와 싸우게 해 주십시오. 들어주시지 않으면 지옥문을 때려부수고 죽은 이들을 풀어주겠습니다. 그 사람들이 세상으로 나오면 살아 있는 사람들보다도 많을 것입니다."

부친은 할 수 없이 승낙했습니다.

"좋다. 그러나 잊지 말아라. 그 황소가 하늘에서 내려가기만 하면, 지상에서는 7년 동안 대기근이 닥쳐올 터인데, 준비는 돼 있느냐? 인간이나 짐승들의 식량은 마련돼 있느냐?"

"그 일이라면 충분히 생각하고 있습니다."

하고 딸은 대답했습니다.

"사람들이나 짐승들에게 식량은 충분히 있습니다."

그래서 황소는 무서운 기세로 두 용사를 향해 달려들었습니다. 콧김도 거칠게 무서운 꼬리로 땅바닥을 때리면서 돌진해 오는 것을 보고 엔키두는 날쌔게 황소의 뿔을 잡고 칼로 목덜미 깊이 찔렀습니다. 그리고 둘이서 그 심장을 끄집어내어서 태양신에게 바쳤습니다.

이슈탈은 우르크 도시의 성벽 위를 왔다갔다하면서, 눈 아래 보이는 골짜기에서 벌어지고 있는 이 싸움을 지켜보고 있었습니다. 황소가 칼에 찔려 쓰러지는 것을 보고, 그녀는 골짜기로 달려와서 날카로운 목소리로 외쳤습니다.

"그냥 두지 않겠다, 길가메시야. 감히 나를 모욕하고, 게다가 하늘의 황소를 죽이다니."

엔키두는 그녀의 외치는 소리를 듣고 자기도 역시 이 싸움에 이긴 사람의 하나라는 것을 이슈탈에게 과시하고 싶어져서 황소의 등살을 찢어내어서 이슈탈에게 내던졌습니다.

"네 몸도 내 손이 닿기만 하면 이렇게 찢어 주겠다. 네 창자를 잡아 벗겨서 이 황소의 창자와 함께 매달아 주고 싶구나."

이슈탈은 완전히 이성을 잃고 있었습니다. 지금 그녀가 할 수 있는 일이라면 황소를 천상의 짐승에 어울리게 엄숙하게 장사를 지내 주는 것뿐인데, 그것조차 할 수 없었습니다. 황소의 시체는 두 용사가 재빨리 거두어서 승리의 증거물로 우르크로 가지고 돌아갔기 때문입니다.

시녀들에게 둘러싸여 그 자리에 남겨진 여신은 엄청난 눈물로 황소의 등살 덩어리 위에 쏟아부었습니다. 한편, 바로 그 때쯤 길가메시와 그의 친구는 발걸음도 가볍게 우르크 도시로 들어갔으며, 두 용사는 용기의 증거물로 사람들에게 보여주고 우렁찬 박수를 받고 있었습니다.

그러나 신들이라는 존재는 비웃음을 받아도 되는 것은 아닙니다. 어떤 씨이거나 씨를 뿌린 인간은 스스로 그 열매를 거둬들여야만 합니다.

어느 날 밤 엔키두는 신들이 회의를 열고 있는 이상한 꿈을 꾸었습니다. 토의하고 있는 문제는 엔키두와 길가메시, 도대체 그 어느 쪽이 훈바바와 하늘의 황소를 죽인 일에 죄가 더 무거우냐 하는 것이었습니다. 죄가 무거운 쪽이 죽어야 한다고 신들의 법에 정해져 있었습니다.

격렬한 토론이 장시간 벌어졌습니다. 마지막까지 아무도 태도를 결정하지 못하고 있는데, 신들의 아버지인 아누(Anu ; 고대 바빌로니아 판테온의 최고신. 천계의 왕으로서 신들의 아버지이며, 운명의 지배자임)가 단호하게 이렇게 말했습니다.

"내가 생각하기에는 길가메시 쪽이 중죄인이야. 그자는 괴물을 죽였을 뿐 아니라, 신의 삼나무를 베어 쓰러뜨린 것도 그자가 한 일이니까 말이야."

그러나 이 말에 회의장은 대혼란에 빠져 버렸습니다. 그리고 신들은 제각기 큰 소리로 욕을 퍼붓고 있었습니다.

바람의 신은 깐깐한 목소리로,

"길가메시 쪽이라고? 아냐 아냐, 정말 나쁜 쪽은 엔키두야. 길 안내를 한 것은 그놈이니까."

그러자 태양신이 바람의 신 쪽을 휙 돌아보며 소리쳤습니다.

"넌 이 자리에서 말할 자격이 없어. 훈바바에게 바람을 불어댄 것은 네 짓이 아니냐?"

"그렇게 말하는 너는 어때?"

하고 노여움에 떨면서 그는 대꾸했습니다.

"너는 어때, 네가 돕지 않았으면, 저 두 놈은 누구도 그런 짓을 하지 못했을 거야. 너는 저놈들을 부추기기도 하고 도와줬잖아."

신들은 점점 말이 거칠어질 뿐이었습니다. 시간이 지날수록 모두가 더욱 흥분해서 목소리가 점점 높아져 갔습니다. 결국 결론이 나오기 전에 엔키두가 눈을 떴습니다.

그는 이미 자신이 죽어야 하는 운명에 있다는 것을 의심하지 않았지만, 길가메시 쪽도 그 이야기를 듣고 참으로 벌을 받는 것은 자기가 틀림없다고 생각했습니다.

얼굴에 눈물을 흘리며 그는 친구에게 말했습니다.

"이보게, 자네 혼자 죽게 하고 내가 뻔뻔스럽게 살아갈 것이라고 생각해? 아냐 아냐, 언제까지나 나는 죽음의 나라의 문 밖에서 거지같이 눌러앉아서 문이 열리는 것을 기다릴 거야. 문이 열리면 그 안으로 들어가서 자네의 얼굴을 볼 수 있으니까 말야."

그 밤이 밝을 때까지 엔키두는 잠을 이루지 못한 채 뒤척거리기만 했습니다. 그리고 잠자리에 누워 있는 동안, 이제까지의 생애가 연달아 그의 눈앞에 펼쳐지는 것 같았습니다.

그는 옛날에 짐승들의 무리 속에 끼여서 산과 들을 헤매던 시절의 마음 편했던 생활을 회상했습니다. 그리고 자기를 발견한 그 사냥꾼이나, 인간 세상으로 자기를 끌어들인 여자를 생각했습니다. 또한 삼나무 숲에서의 모험, 그 중에서도 그 큰 문짝에 어떻게 자기의 손이 끼었었던가를, 그 괴물이 그의 생애에서 최초의, 그리고 단 한 번의 고통이었던 것 등을 상기했습니다. 그는 사냥꾼을 저주하고, 여자를 저주하고, 격렬한 증오심을 가지고 큰 문을 저주했습니다.

얼마 뒤에, 아침 햇살이 창으로 비쳐들어서 방 안을 밝게 물들이기 시작했습니다. 반대쪽 벽의 어둠과 대조되는 광채는 엔키두에게 이렇게 말해 주는 것 같았습니다.

"인간 세상에서의 너의 생활은 모두가 어두운 것만은 아니었다. 지금 네가 저주하고 있는 것은 과거에는 빛이었던 것이다. 그 사냥꾼과 여자가 없었다면 너는 지금도 풀을 뜯어먹으며 추운 들판에서 잠자야 했을 것이다. 그런데 너는 지금 왕후와 같은 식사를 하고 훌륭한 침상에 누워 있다. 도대체 그 두 사람의 덕을 입지 않았다면 너는 길가메시를 만나는 일도 없었을 것이다. 생애의 친구를 발견하지 못했을 것이 아닌가.”

이야기하고 있는 것은 태양신이었습니다. 엔키두는 그것을 깨딜았습니다. 그래서 이제는 사냥꾼도 여자도 저주하지 않고, 최선을 다해서 두 사람을 위하여 축복을 빌었던 것입니다.

그로부터 2, 3일 뒤에 엔키두는 또 다른 꿈을 꾸었습니다. 하늘에서인지 땅 속에서인지, 한마디 큰 울음소리가 들려왔다고 생각하자, 어디서인지 사자의 얼굴, 독수리의 날개와 발톱을 가진 괴조(怪鳥)가 날아와서 엔키두를 움켜잡고 날아가려고 했습니다. 순식간에 그의 팔은 날개에 덮이고, 자기를 잡아온 괴물과 똑같은 모습이 돼 버린 것입니다. 그래서 자기는 죽고, 지옥의 괴조가 다시는 돌아올 수 없는 여행을 서두르고 있다는 것을 알았습니다.

여행 끝에 칠흑같이 어두운 저택에 당도했습니다. 거기에서는 죽은 자의 망령이 무리져 있었습니다. 아, 이것을 어쩌나. 엔키두를 둘러싸고 있는 것은 지상에서는 상당한 인물이었던 사람들뿐이었습니다. 왕들·귀족들·신관들, 모두가 훌륭한 모자와 의복은 먼 옛날에 벗어 버리고, 새 날개와 같은 것을 걸치고 극악 무도한 사람처럼 어지럽게 뒤섞여서 처넣어져 있었습니다. 그리고 살아 있었을 때의 불고기나 따뜻한 음식 대신에 그들이 지금 먹고 있는 것은 쓰레기였습니다.

한 단 높은 곳에 옥좌가 있었는데, 지옥의 여왕이 앉아 있었습니다. 곁에는 충직한 시녀가 웅크리고 서서 새로 오는 죽은 자가 어둠 속으로 들어올 때마다 책을 펼쳐 들고 서서 그의 생전의 기록을 읽어대는 것이었습니다.

눈을 뜨자 엔키두는 친구에게 그 꿈 이야기를 했습니다. 이미 두 사람 중의 어느 한 사람이 죽어야 하는지는 명백했습니다.

그로부터 9일 동안 엔키두는 병상에 누운 채 점점 약해지기만 했습니다. 길가메시는 이 친구의 병구완을 하면서 슬픔으로 몸이 찢기는 것 같았습니다.

"아, 엔키두여. 자네야말로 내 몸에 지닌 도끼, 내 손의 활, 내 허리의 검, 내 방패, 내 옷, 내 최대의 기쁨이었다. 자네와 같이 있으면 용기가 넘쳤고 무엇이든 해낼 수 있었다. 들을 넘고 산을 넘어 표범을 잡을 수도 있었다. 자네와 함께 천상의 황소를 잡고, 자네와 함께 저 숲 속의 귀신과 싸웠다. 그런데 이제 자네는 깊이 잠들고, 어둠 속으로 사라져 가는가, 나의 목소리도 들리지 않는 곳으로."

그는 괴로움으로 울부짖었으나, 그러는 동안에 친구는 이미 몸을 움직이지 못하고 눈을 감아 버린 것을 알았습니다. 엔키두의 심장의 고동은 이미 느낄 수 없었습니다.

길가메시는 한 천을 집어들어서 엔키두의 얼굴을 덮어줬습니다. 마치 혼례식 날 신부의 얼굴에 면사포를 씌워주듯 하면서 길가메시는 울었습니다. 새끼를 빼앗긴 어미 사자처럼 이리저리 헤매면서 목 놓아 울었습니다. 그리고 옷을 벗고 머리를 자른 뒤에 상복을 입었습니다.

그날 밤이 다 새도록 그는 친구의 변해 버린 모습을 지켜보고 있었습니다. 친구의 몸은 굳어지고 시들어 버렸습니다. 그리고 그 빛나고 아름답던 모습은 흔적도 없었습니다.

"아, 이제야말로 나는 죽음을 눈앞에 보았다. 그리고 이 두려움, 이 전율, 언젠가는 나도 이 엔키두와 같은 모습이 되는 것이다."

새벽이 됐을 때 그는 하나의 굳은 결심을 했습니다.

소문에 의하면, 땅 끝에 있는 어떤 섬에 세상에서 단 한 사람 죽음을 면한 사람이 살고 있는 것이었습니다. 상당한 노인이며, 이름은 우트나피시팀이라는 것입니다. 길가메시는 이 노인을 찾아가서 영원한 생명의 비밀의 가르침을 받기로 결심했습니다.

해가 뜨자 그는 당장 길을 떠났습니다. 그리고 길고 먼 여행을 계속하여 이윽고 세상 끝에 한 쌍의 산봉우리가 하늘을 찌르고, 먼 지옥의 밑바닥까지 산자락을 끌고 있는 큰 산을 눈앞에 바라보는 곳까지 당도했습니다.

산 앞에는 육중한 문이 있고, 그 앞에는 반은 인간이고 반은 전갈인 무서운 모습을 한 수많은 괴물이 그 문을 지키고 있었습니다.

한 순간, 길가메시는 뒤로 물러서서 번쩍번쩍 빛나는 눈을 노려보다가 자기도 모르게 눈길을 돌렸습니다. 그러나 곧 정신을 차리고 용감하게 괴물들 쪽으로 다가갔습니다.

괴물들은, 상대에게 조금도 무서워하는 기색을 보이지 않는 것과 그 늠름한 체격을 보자, 자기들 앞에 있는 것은 평범한 사람이 아니라는 것을 안 것 같았습니다. 별로 방해하려고도 하지 않고 왜 이런 곳에 왔느냐고 물었습니다. 그래서 길가메시는 영원한 생명의 비밀을 배우기 위해서 우트나피시팀을 찾아가는 길이라고 대답했습니다. 괴물의 두목인 듯한 자가 말하기를,

"그건 아직 아무에게도 밝히지 않은 비밀이다. 아니, 아마 인간의 몸으로 그 불로 장생의 현자를 만날 수 있는 사람은 하나도 없다. 어찌 됐든 우리가 지키고 있는 이 길은 태양이 지나가는 길이다. 몇 백 리나 이어지는 어두운 동굴도 있고, 사람의 발로는 도저히 지나

갈 수 없는 험한 길도 있다.”

“아무리 멀고, 아무리 어둡고, 아무리 고난이 기다리고 있어도, 그리고 더위와 추위가 아무리 혹독해도 한번 가려고 결심을 한 이상 나는 물러설 수 없다.”

영웅의 씩씩한 말을 듣고 괴물들은, 눈앞에 서 있는 사람은 비범한 자질을 가진 인물이라는 것을 확실히 알았기 때문에, 곧 문을 열었습니다.

조금도 두려워하는 기색이 없이 당당하게 길가메시는 동굴 속으로 들어갔습니다. 그러나 발자국을 옮길 때마다 길은 점점 어두워지고, 이윽고 앞뒤가 완전히 어둠에 싸이고 말았습니다. 그리고 이 길은 끝이 없는 것이 아닌가 하고 의심할 때쯤, 한 줄기 바람이 얼굴을 스치고, 한 가닥의 빛이 어둠을 가르고 들어왔습니다.

다시 빛나는 태양 아래로 나왔을 때, 길가메시의 눈에 들어온 광경은 놀라운 것이었습니다. 그는 선경(仙境)의 한가운데에 가지가 휘어지도록 보옥(寶玉)이 열린 나무로 둘러싸여 있었습니다. 문득 발걸음을 멈춘 그에게 천상에서 태양신이 속삭였습니다.

“길가메시여, 가지 말라. 기쁨의 동산에 잠시 머물러서 즐거움을 맛보는 것이 좋다. 생명이 있는 인간으로 신들에게서 이만한 은총을 받은 사람은 없다. 이 이상의 것을 바라서는 안 된다. 네가 찾아 구하고 있는 영원한 생명은 도저히 네가 찾을 수 있는 것이 아니다.”

그러나 이 말도 길가메시의 뜻을 굽힐 수는 없었습니다. 그는 과감하게 지상 낙원을 뒤로 하고 목적지를 향하여 전진해 갔습니다.

이윽고 어디로 보든지 여행자의 숙소로 보이는 한 채의 큰 집이 눈에 띄었습니다. 길가메시는 너무나 피곤해서 아픈 발을 끌면서 그 집에 당도하여 주인을 찾았습니다. 그러나 이 집의 여주인 시두리는 멀리 길가메시가 다가오는 것을 보고, 그의 모습이 너무나 초라하기 때문에 보통 부랑자로 생각하여 그의 코앞에서 문을 쾅 하고 닫아 버렸습니다.

길가메시는 화가 나서 떨며 문을 때려부수려고 했습니다. 그 때 여주인이 창으로 내다보고 그를 경계한 이유를 말해 주었기 때문에, 그는 노여움을 가라앉히고 자신의 신분을 밝힌 뒤, 여행을 떠나온 이유와 이렇게 초라한 모습이 된 이유를 말했습니다. 그러자 시두리 는 빗장을 벗기고 기꺼이 손님을 맞아들였습니다.

그날 밤 늦게까지 두 사람은 이야기를 했습니다. 여주인은 길가메 시를 말리려고 온갖 말을 다 했습니다.

"당신이 찾고 있는 것은 발견할 수 없는 것입니다. 길가메시여, 그 것은 신이 인간을 만드셨을 때 인간의 몫으로 죽음을 내려 주셨기 때문입니다. 생명의 비밀은 신 자신들을 위해서 남겨둔 것입니다. 그 러니 인간의 몫만을 즐기세요. 먹고 마시는 일로 행복하게 살아야 합니다. 그것을 위해서 태어난 것이 아닙니다."

그러나 길가메시의 결심은 흔들리지 않았습니다. 여주인을 보고 오직 우트나피시팀이 있는 곳으로 가는 길을 말해 달라고 졸랐습니 다. 시두리의 대답은 이러했습니다.

"그 노인은 아주 먼 섬에 살고 있고, 그 곳으로 가기 위해서는 큰 바다를 건너야 합니다. 그러나 그 바다는 죽음의 바다입니다. 살아서 그 바다를 건너간 사람은 아직 아무도 없습니다. 그런데 지금 이 집 에 울샤나비라는 사나이가 묵고 있는데, 이 사나이는 그 늙은 현인 의 배의 뱃사공이며, 이 곳에 심부름으로 왔습니다. 그 사람에게 부탁하면 배를 태워줄 것입니다.”

이렇게 말하고 여주인은 길가메시를 뱃사공에게 소개했습니다. 뱃사공은 용사를 섬까지 태워주기로 승낙했습니다.

“그러나 한 가지 조건이 있습니다. 결코 죽음의 물에 손을 대어서는 안 됩니다. 그리고 장대가 물에 젖으면 곧바로 새 것을 사용해야 합니다. 물방울이 손에 묻을 수도 있기 때문입니다. 자, 그럼 도끼를 가지고 10다스 정도의 장대를 만들어 주십시오. 긴 배 여행이므로 그 정도는 필요하니까요.”

길가메시는 그가 시키는 대로 했습니다. 얼마 뒤에 두 사람은 배 준비를 끝내고 바다로 나갔습니다.

며칠이나 항해를 계속하는 동안에 장대를 다 쓰고 말았기 때문에, 그 뒤로는 그저 표류할 수밖에 없었습니다. 길가메시가 내복을 찢어서 돛을 만들지 않았다면 아마 침몰하고 말았을 것입니다.

이 때 우트나피시팀 노인은 섬 해변에 앉아서, 보이는 것이 없을까 하고 주위를 둘러보고 있었습니다. 그런데 문득 낯선 배가 파도 사이에 떠돌고 있는 것을 발견했습니다.

“어떻게 된 거지? 키가 부서진 것 같군.”

배가 점점 가까워지자 우트나피시팀은 낯선 사람이 내복을 바람에 날리고 있는 것을 봤습니다. 길가메시였습니다.

“아니, 저건 내 배의 뱃사공이 아닌데. 무슨 일이 있었군. 무슨 일이 생긴 것이 틀림없어.”

육지로 올라오자 울샤나비는 곧 손님을 우트나피시팀에게 데리고 갔습니다. 그리고 길가메시는 왜 이 곳에 왔는지, 무엇을 찾아서 왔는지를 말했습니다.

"젊은 분!"

하고 노인은 말했습니다.

"당신이 구하고 있는 것은 찾지 못할 것입니다. 영원한 것 따위는 이 세상에 없소. 거래를 하기 위해서는 기한을 정해야 하오. 지금 얻은 것은 내일은 남의 손에 넘겨야 하오. 긴 싸움도 때가 오면 끝나는 법. 강물이 넘쳐도 곧 말라 버리고 마오. 나비는 고치를 떠나도 단 하루의 목숨이오. 시대와 정세는 모든 것을 결정해 주고 있소."

"말씀하시는 대로입니다. 그러나 당신 자신은 저와 조금도 다름없는 인간의 몸이면서도 영원히 살아가고 있지 않습니까? 가르쳐 주십시오. 어떻게 영원한 생명을 가질 수 있습니까? 영원한 생명이 있으면 신과 같지 않습니까?"

노인의 눈은 먼 곳을 바라보고 있는 것 같은 빛이 비쳤습니다. 지금까지 살아온 긴 세월의 온갖 사건이 연달아서 눈앞을 지나가는 것 같았습니다. 잠시 동안 그렇게 하고 있다가, 노인은 얼굴을 들고 길가메시에게 미소를 지어 보였습니다.

"좋소. 그 비밀을 가르쳐 주겠소. 인간의 힘으로는 알 수 없는 비밀을 말이오. 신들 이외에 알고 있는 사람은 나 하나뿐이오."

이렇게 말하고, 그는 아주 멀고 먼 옛날에 신들이 지상에서 일으킨 대홍수 이야기를 들려줬습니다. 그리고 지혜의 신인 사려 깊은 에아(Ea ; 물의 신. 대홍수를 예견하여 인류를 파멸에서 구해 냈다고 함. 원래 세계 창조의 신으로 받들었으나 후에 기술·지식의 신으로 숭배됨)가 어떻게 바람을 일으켜서 홍수를 경고해 줬는지를 말해 줬습니다. 바람 소리는 오두막집의 문짝을 흔들어서 노인의 귀에 들렸습니다. 에아의 지시에 따라서 우트나피시팀은 한 척의 상자 배를 만들고, 송진과 아스팔트를 잔뜩 발랐습니다. 그리고 가족들과 가축들을 그 배에 모두 싣고, 물이 붙고 폭풍이 미친 듯이 몰아치며, 또한 번갯불이 번쩍이는 그러한 7일 낮 7일 밤 동안 물 위를 떠돌았습니다.

7일째 되던 날에 상자 배는 세상 끝에 있는 어느 산꼭대기에 내려앉았습니다. 노인은 이제는 물이 줄었는지를 알려고 창 밖으로 비둘기 한 마리를 날려보내 봤습니다. 비둘기는 곧 돌아왔습니다. 내려앉아서 쉴 곳이 없었기 때문이었습니다.

이번에는 제비를 날려보내 봤으나 이것도 배로 돌아왔습니다. 마지막으로 까마귀를 날려보냈습니다. 까마귀는 돌아오지 않았습니다. 노인은 가족과 가축을 재촉해서 함께 신들에게 감사의 기도를 드렸습니다.

그러나 이 때 갑자기 바람의 신이 불어닥쳐서 물 위를 휩쓸고 지나갔습니다. 상자 배는 또다시 밀려서 수평선 저 멀리 있는 이 섬까지 밀어다 준 것이었습니다. 그래서 신들은 이 섬에 그를 영원히 살게 하기로 했던 것입니다.

이 이야기를 다 듣고 나서 길가메시는 곧 불사(不死)를 구해서 떠난 여행이 허사였다는 것을 알았습니다. 이 노인이 사람의 몸으로 받은 비밀 처방 같은 것은 아무것도 모른다는 것은 분명했습니다. 노인의 불사의 생명은 지금 스스로 밝힌 말에 의하면 신들의 각별한 은총으로 받은 것이며, 길가메시가 생각한 것처럼 세상에 알릴 수 있는 지식에 의한 것이 아니었기 때문입니다. 태양신의 말은 진실이었습니다. 큰 문의 문지기들의 말도, 여관 주인의 말도 옳았습니다.

"당신이 찾는 것을 구할 수는 없습니다. 적어도 인생의 이쪽에서는 절대로 말입니다."

노인은 말을 끝내자 우리 영웅의 여윈 얼굴, 피로해 버린 눈을 물끄러미 들여다보면서 부드럽게 말했습니다.

"잠시 쉬는 게 좋겠소. 7일 낮, 6일 밤 이 곳에 누워서 자고 가구려."

그런데 어떻습니까. 이 말이 떨어지자마자 길가메시는 잠들어 버리고 말았습니다.

우트나피시팀은 아내 쪽을 돌아보면서,

"어때요. 이 사람은 영원히 사는 방법을 찾아서 왔다는데, 잠을 자지 않는 것조차 하지 못하는군. 잠에서 깨어나면 필시 자기는 자지 않았다고 말 할 거요. 인간이란 거짓말쟁이니까. 그래서 하는 말인데, 당신, 증거를 만들어 두는 것이 좋겠소. 이 사나이가 잠자고 있는 동안 매일 빵 한 개씩을 만들어서 이 사나이 곁에 놔두는 거요. 하루가 지나면 그만큼 빵이 늘고 곰팡이가 슬 것 아니오. 6일 밤 뒤에 가서 자기 앞에 쌓인 빵을 보면 이 사나이는 자기가 얼마나 오래 잤는지를 알 게 아니겠소."

그래서 노인의 아내는 매일 아침에 빵을 구웠습니다. 그리고 벽에는 매일 아침 하루가 지난 것을 나타내는 표시를 했습니다. 6일이 지났을 때 최초의 빵은 딱딱하게 말라 버렸고, 두 번째 빵은 가죽같이 굳었고, 사흘째 빵은 질척질척 젖어 있었고, 나흘째 빵은 하얀 반점이 생겼고, 닷새째 빵은 온통 곰팡이가 슬었습니다. 엿새째 빵만이 방금 구워서 맛있어 보였습니다.

길가메시는 눈을 뜨자, 물론 조금도 자지 않았다고 우겼습니다.

"조금 잠들려고 할 때, 당신이 무릎을 흔들어 깨우지 않았습니까?"

우트나피시팀은 그에게 늘어놓은 빵을 가리켰습니다. 그래서 길가메시도 어쩔 수 없이 7일 낮, 6일 밤 동안 잠잔 것을 알았습니다.

노인은 길가메시에게 목욕을 하여 몸을 깨끗이 하고 돌아갈 준비를 하라고 명령했습니다. 그는 자기의 작은 배를 타고 곧 떠나려고 할 때, 노인의 아내가 다가와서 노인에게 말했습니다.

"여보, 이분을 빈손으로 돌려보내서는 안 돼요. 괴롭고 힘든 여행을 해서 여기까지 왔는데 무슨 선물을 드려야죠."

노인은 진심어린 눈으로 길가메시를 보고 있다가 말했습니다.

"한 가지 비밀을 가르쳐 주겠소. 이 바다 밑에 한 그루의 풀이 있소. 모습은 크로우메모도기와 같고 장미와 같은 가시가 있는 풀이오. 누구나 이 풀을 손에 넣은 사람, 이것을 먹은 사람은 젊음을 되찾을 수 있소."

이 말을 듣고 길가메시는 무거운 돌을 발목에 매달고 바닷속으로 뛰어들었습니다.

정말이었습니다. 바다 밑에 그 풀이 있었습니다. 되도록 가시에 찔리지 않도록 조심하면서 풀을 잡고, 허리에 매단 무거운 돌을 풀고, 조수의 흐름에 몸을 맡겨서 해안으로 올라왔습니다.

그는 뱃사공 울샤나비에게 소리쳤습니다.

"이거 봐요. 이것이 젊어지는 풀이오. 이것을 먹으면 누구나 새롭게 수명을 연장할 수 있어요. 우르크 도시로 가지고 가서 도시 사람들에게 먹이겠소. 이것으로 나의 고생도 어느 정도는 보람을 찾았소."

무서운 죽음의 바다의 항해를 마치고 육지에 도착한 뒤에는 우르크 도시까지 길고 긴 도보 여행을 해야 했습니다. 500리 정도를 가니 태양은 이미 저물고 있었습니다. 두 사람은 하룻밤을 어디서 자

나 하고 주위를 둘러보았습니다. 문득 차가운 물이 넘치는 샘을 만났습니다. 길가메시는 기뻐하며,

"이 곳으로 하자. 난 목욕을 좀 하고 싶으니까."

그렇게 말하고 옷을 벗어 풀 위에 놓고 샘으로 목욕을 하러 갔습니다. 그러나 그의 뒷모습이 보이지 않게 되자마자, 한 마리의 뱀이 물 위에서 올라와서는 약초 향기를 맡고 그것을 물고 그만 달아나 버렸습니다.

그 풀을 먹자마자 뱀은 허물을 벗어 버렸습니다. 뱀이 젊어진 것입니다.

귀중한 약초는 이미 영원히 그의 손이 닿지 않는 곳으로 사라진 것을 알고 길가메시는 땅 위에 엎드려서 울었습니다.

그러나 그는 곧 일어났습니다. 이 모든 것은 인간의 운명이라고 체념할 수밖에 없었습니다. 길가메시는 우르크 도시를 향해 발걸음을 재촉했습니다, 고향 우르크 도시로.

길가메시의 모험

이 길가메시 서사시는 고대 근동에서 우리에게 전해진 최대의 설화라는 사실에는 조금도 의심할 여지가 없다. 고대에 있어서의 그 보급 정도는 다음과 같은 사실로 입증되고 있다.

아슈르바니팔(재위 668~627 B.C. ; 고대 아시리아 제국 말기의 왕. 니네베 도시에 설형 문자 문서의 대도서관을 세움) 왕의 서고에 수장하기 위해서 제작었되고, 지금은 대영 박물관에 있는 주요 원전 이외에 단편을 별도로 치고도 더 오래 된 아시리아어의 것, 하티어의 것, 그리고 후루리어(호리인의)의 것도 우리 손에 들어와 있다.

그리고 이 서사시의 주인공을 다루고 있는 한 무리의 초기 수메르의 전승이 있으며, 이 서사시의 각 장면은 B. C. 3000년대로 소급되는 원통 인장(圓筒印章)으로 확인할 수 있다. 이 서사시는 바로 고대 근동의 《일리아스》나 《오디세우스》이며, 그 장구(章句)는 후세의 작가들에게까지 영향을 줬는데, 그것은 지금의 영어 집필자가 성서나 셰익스피어의 표현을 사용하는 것과 같은 것이다.

　그러나 지금에 와서는 이것도 통일성 있는 일관된 이야기로서 보여주고 있으나, 이 서사시는 원래 따로따로의 각각 독립돼 있던 이야기의 집성(集成)이었으며, 이 이야기들은 《일리아스》나 《오디세우스》의 경우와 마찬가지로 구전(口傳)에 의하여 예로부터 알려져 있던 것이며, 뒤에 대시인의 능력에 의하여 전승의 핵심이 정리되고 전체 속에 융합된 것이다. 이들 대다수는 다른 문화군(文化群) 속에 광범위한 동류(同類)를 가지고 있다.

　가령 주인공 길가메시와 반려자 엔키두의 첫 만남을 예로 들어보자. 교양 있고 훌륭한 주인공과 제멋대로 자라서 거칠고 천박한 떠돌이의 만남은 모든 민족의 무수한 이야기의 주제였으며, 예컨대 성서의 야곱에서(〈창세기〉 제33장), 또한 그리스 신화의 피로이토스와 아크리시오스가 있다. 그리고 털투성이 반인(半人)의 모습이나 동물들과 사귀다가 결국 여자에게 순화(馴化)되는 것도 역시 우리가 모르는 이야기가 아니다.

　그러나 여기서 특히 흥미를 끄는 점은 그 만남이 신년 축제 때에 이루어진다는 것이다. 길가메시는 우르크의 왕으로서 바로 '성스러운 혼례'의 전통적인 예식이 집행되려고 할 때에 엔키두가 난폭하게 그의 통과를 가로막고 도전하는 것이다. 그래서 그들은 함께 뒹굴며 싸우기 시작했다.

　그런데 사실은 엔키두가 연출하

▲ 괴수와 싸우는 킬가메시를 묘사한 동판화

는 역할이 바로 세계 각지의 민간설화나 그 속에 나오는 이른바 사기꾼(또는 훼방꾼)이라는 것이다. 예를 들면 트라키아나 북부 그리스에서는 달력으로 정해진 날일 때마다 난폭한 무언극을 하는 관습이 있으며, 그 주체는 검은 탈을 쓴 천박한 허풍선이가 혼례식에 끼여들어서 신부에게 구애를 하고 신랑과 싸운다는 것이다. 테살로니카(Thessalonica ; 그리스·마케도니아 지방의 테르마이코스 만 연안에 위치)에서 이 사나이는 보통 야비하고 털이 수북하게 난 '아리비아인'으로 보고 있으며, 그의 야만성을 나타내기 위해서 양이나 염소의 검은 탈, 양가죽의 겉옷, 때로는 꼬리까지 달려 있다. 이 지방의 다른 곳에서도 이 둘은 '신랑'과 '아라비아인'으로 알려져 있는 것이다.

사기꾼이라는 것도 유럽의 민화에 잘 나오는 인물이다. 에드윈. S. 하틀랜드는 그의 유명한 저서《페르세우스의 전설》에서 이것이 출현하는 25가지가 넘는 예를 모아서, 이 인물이 자주 니그로로 묘사되고 있는 뜻깊은 사실에 주의를 기울이게 했다. 마찬가지로 프란시스 콘퍼드는 아리스토파네스(Aristo - phanes ; B. C. 445?~385?. 고대 그리스의 희극 시인)의 희극 중에 나오는 향연이나 혼례식 자리에 끼여드는 주제넘은 자나 훼방꾼의 낯익은 모습 속에서 이 인물의 흔적을 볼 수 있다.

이와 비슷한 것들을 근거로 하면 다음과 같은 추정을 하는 것도 반드시 이치에 맞지 않는 것도 아니다. 즉, 길가메시와 엔키두의 만남은 원래 염치 없고 천

▲머리 위에 항아리를 얹고 씨름하는 수메르인

▲ 고대 바빌로니아 시대의 원통 인장 —— 오우샤 A성 출토
신 앞에서 하프 같은 악기로 음악을 연주하는 두 명의 여왕과
보다 더 뒤쪽에는 왼손을 들었던 또 1명의 왕과 남자가 서 있

박한 벼락 출세자에 의한 전통적인 신년 의례의 공상적인 훼방을 다룬 독립된 이야기였다는 것이 그것이다.

삼나무 숲의 무서운 귀신 훈바바를 정복하기 위해서 떠나는 두 영웅을 다시 한 번 말해 보자. 이것도 모든 세계의 민간 전승에서 드물지 않은 한 유형에 속하는 것이다.

귀신은 산꼭대기에 산다. 그가 외치는 소리는 폭풍이다. 그리고 그는 불을 토한다. 그리고 그는 분명히 고르곤(Gorgon ; 그리스 신화에 나오는 추악한 얼굴 세 마녀. 곧 스테노·에우리알레·메두사를 가리킴. 머리에 뱀이 감기어 있고, 커다란 이빨에 청동으로 된 손을 가지고 있음)과 같은 얼굴을 하고 있어서 그를 보는 자를 돌로 만들어 버리는 능력을 가지고 있다. 오직 바람이 그의 눈을 감게 했을 때만 그를 죽일 수 있다.

또 우리는 무서운 고르곤과 같은 얼굴 모습이 뒤에 '훈바바 머리'로 알려져 있는 것을 알고 있다. 마지막으로 그는 일곱 가지 겉옷을 입고 있었다고 한다. 훈바바는 이와 같이 리비아의 고르곤인 카도브

레파스, 아일랜드의 바로아, 웨일스의 이스파다텐 벤가울, 세르비아의 뷔의 동료이며, 어느 것이나 무서운 눈으로 공격자를 쏘아서 방어하는 괴물이라고 한다.

그런데 기묘한 것은 이것들의 많은 경우에 귀신은 눈을 악용하지 않는 때에는 일곱 가지 베일로 덮는다는 것이 특히 기록되어 있다. 사실 자긴토스 섬에서 채집된 현대 그리스 민화의 하나는, 길가메시 서사시 중에 나오는 에피소드와 거의 완전히 같은 것이며, 두 영웅이 어떻게 산꼭대기까지 험난한 등산을 하고, 거기서 일곱 가지 옷 속에 무서운 눈을 감추고 있는 거인을 공격했는지를 말하고 있다.

결론은 명백하다. 이 이야기에 나온 이 삽화는 과거에는 독립된 이야기였던 것이다. 훈바바의 일곱 가지 겉옷이라는 것은 특징 있는 일곱 가지 베일의 희미한 잔재에 불과하다.

다음으로 문에 관한 특이한 에피소드가 있다. 길가메시와 그의 동료가 삼나무 숲에 다가갔을 때, 그들이 먼저 발견한 것은 문이었다. 엔키두는 그것을 밀어서 열었던지, 틈새로 안쪽을 들여다봤던 모양이다. 그것은 그 때 그가 길가메시에게 언제나 일곱 가지 겉옷을 입고 있는 훈바바가 지금은 하나만 입고 있다고 알렸기 때문이다.

다음에 그는 문틈에 끼여서 손을 다쳤다고 한탄하면서 급히 갔는데, 그것은 뒤에 죽음의 침상에 누워서 불운을 돌아보며 반복하는 탄식이다.

현상으로는, 이 에피소드에 꼭 맞는 설명이 없다. 그렇기는 하지만, 다음과 같은 상당히 퍼진 이야기가 다른 지방에 있을 수는 있다. 그것은 가끔 신이라든가, 정령에 의하여 숨겨지고, 또는 모르고 있던 보물을 안 사람이 그 자리를 떠났을 때에 어떤 금지 명령이나 터부를 지키는 일을 게을리했기 때문에, 문이 경첩 때문에 저절로 닫혀서, 그의 손이나 발이 상처를 입었다는 것이다. 그 예로써 하르츠 산에서 채집한 이런 형의 이야기를 예거하겠다.

하르츠부르크의 백부인은 저주받는 정령이었으며, 한 숯 굽는 사람에게 꽃을 주고 산 속에 있는 동굴에까지 데리고 간다. 여자는 그에게 재산을 부대에 가득 채우게 하는데, 물을 건널 때까지는 그것을 열어 봐서는 안 된다고 명령한다. 그는 동굴에서 나왔으나 꽃을 잊고 나왔기 때문에 그의 등뒤에서 문이 힘차게 닫히는 바람에 하마터면 뒤꿈치가 끼일 뻔했다. 만약 그 꽃을 가지고 나왔더라면 그는 더 자주 그 동굴에 올 수 있었을 덴데.

마찬가지로 헤센이 채집한 이야기에서는, 마적(魔笛)을 잊고 온 농부에 대해서 문이 무서운 힘으로 닫혔기 때문에 양쪽 뒤꿈치가 잘라졌다고 돼 있으며, 보헤미아의 이야기에 의하면 그는 거의 두 손을 잃을 뻔했다고 돼 있다.

아이슬란드에서도 같은 것이, 승려 사이에서 문들에 관해서 이야기되고 있다. 그것은 요술을 배우기 위해서 악마 학교에 간 승려였다. 그는 교수에게 사례를 할 때 자기의 겉옷을 그의 자리에 놓아서 속이려고 했으나 문이 자연히 닫혀서 한쪽 뒤꿈치를 다친다.

야곱 그림(Tokov 1. k. Grimm ; 1785~1863. 독일의 문헌학자·언어학자. W. K. 그림의 동생)은 그의 저서 《독일 신화학》에서 다음과 같은 사실에 주위를 환기시키고 있다. 통속 독일 전설에서 부른힐테는 '문이 그의 뒤꿈치에

▲엔키두의 릴리프.

떨어지지 않는 한' 지그르트를 죽을 때까지 따르고 싶다고 말한다. 그리고 그림은 이것은 '닫힌 동굴에 들어갈 때 자주 사용되는 상투어'라고 부언하고 있다.

여기서도 또 결론은 명백하다. 그 서사시 속의 수수께끼의 삽화는 위에서 말한 바와 같이 유형의 민화에 근거한 것이다. 이 전의 장절(章節)에서 엔키두가 실제로 금기를 깨뜨렸는지, 또한 이것이 민간 전승 속에서 완전히 전형적인 것이었기 때문에 특별한 설명이 필요치 않다고 생각했는지는 물론 지금 결정할 수 있는 것이 아니다.

훈바바 정벌에 이어서 우리의 영웅은 이슈탈의 유혹을 받는데, 그는 이것을 냉정하게 뿌리친다. 원문에서는 길가메시가 여신을 거부했을 때 그가 그녀에게 말하기를, 그녀는 한번 사자를 사랑했으나, 그 때문에 일곱 겹의 굴을 팠고, 한번은 종마를 사랑했으나 그것을 채찍과 박차로 쫓아 버렸다고 한다. 이것은 애인들을 실제 동물로 변화시킨 것을 말하는 것이라고 보통 생각하고 있으며, 추종자를 돼지로 바꾼 키르케(Circe ;《오디세우스》제10가 133~573행. 그리스 신화에 나오는 마녀. 오디세우스의 부하를 지팡이로 때려 돼지로 만듦.)와 같은 것을 금방 알 수 있다.

그러나 이 말은 순전한 비유적인 용법이 아닐까 하고 의심하는 사람도 있을 것이다. 여신은 한번 그들에게 손을 대면 용맹스러운 전사도 인부나 마찬가지가 되고, 영웅도 파멸한다는 것이 아닌가 하고 말이다. 여기서 적용된 것은 해석인 것이다.

▲기원전 3000년경의 4두마차. 마차의 입체적 표현물로서는 세계 최고의 것이다. (텔 아구라브 출토.)

그렇기는 하지만 다음과 같은 것도 말해 둬야 할 것이다. 마법으로 애인을 동물로 만들 수 있다는 것은 다른 민간 설화에도 그 예가 있는 것이며, 이것은 때때로 죽음이라는 것의 완곡 어법에 불과하다는 것이 그것이다.

하늘의 황소라는 것도 민간사상의 축적에서 가져온 또 다른 유형이다. 그 사상은 역력하다. 천둥 소리는 황소의 울음소리를 연상시키기 때문에 황소는 어디에서나 폭풍의 신을 상징하는 것으로 여겨진다. 하티인 사상에서는 테슈브를 그렇게 생각하고, 바빌로니아인 사이에서는 사람만을 생각하고 부시먼 토인의 이야기에서는 비를 황소 모양을 한 귀신으로 보고 있다.

지하계에 관해서 엔키두가 꾼 꿈은, 이 책의 다른 곳에서 나오는 하티의 설화 중의 케시의 꿈과 많이 닮았기 때문에 지옥 상상도의 상당히 표준적인 형태를 따르고 있다. 따라서 사자(使者)는 매와 같은 발톱을 가지고 있으며, 큰 새가 명계(冥界)까지 영혼을 호송한다고 하는 고대 사상에 대응하고 있다.

이스차리에서 발견된 수많은 불에 구운 토판(土版)은 깃털을 몸에 붙이고, 발에 발톱을 붙여서 나타내고 있으며, 이것의 바빌로니아의 지하계의 주인 네루갈의 표현일 것이라고 추정하고 있다. 사자의 영혼은 자주 새 모양을 하고 있다고 생각했으며, 로마 풍의 시리아 묘석에는 자주 새 모양이 조각돼 있는 사실(〈시편〉 90편 10절)에는 이런 생각에 관한 언급이 보인다.

우리의 나이는 70년,
근력이 좋아야 80년,

그나마 거의가 고생과 슬픔에 젖은 것,
날아가듯 덧없이 사라지고 맙니다.

……이 날아간다는 말의 원말은 '날개를 갖는다'이다.

지하의 굴을 지나서 여행한다는 것이 이 서사시의 또 다른 삽화에 있는데, 이것은 완전히 독립된 이야기에 근거한 것이 틀림없다. 이런 굴의 속신(俗信)은 광범위하게 있으며, 많은 민족 사이에서 그 소재를 탐구하는 시도를 해 오고 있다. 좋아한 사고 방식에 의하면 이것은 빌카레인에서 티그리스 강의 주원천에 이르는 약 1.1킬로미터 길이의 바위굴이라고 한다. 하티의 텍스트는 자주 '태양의 지하 대도'라는 말을 쓰고, 에스토니아의 어떤 이야기는 한 왕자가 언제 어떻게 해서 지옥으로 가는 길을 여는 비밀 문 앞에 도달했는지를 이야기하고 있다.

터널의 입구는 보통 산 속에 있는데, 이것은 태양이 수많은 언덕 저쪽으로 지는 것을 볼 수 있기 때문이다. 이 장구에서는 이것이 '마슈 산'이라고 부르고 있는데, 마슈는 바빌로니아어로 쌍둥이를 뜻하기 때문에, 여기에서 말하고 있는 것은 신화에 나오는 산의 두 봉우리이며, 초기 바빌로니아의 원통 인장(圓筒印章)에 많이 그려져 있는 것이다.

이 이름은 어떤 사람이 추정한 것처럼 마시우스 산, 즉 지금의 아르메니아에

▲ 고대 바빌로니아 시대의 기하학 점토판 문서. 안 카도어로 쓰여져 있는데, 술어는 수메르어이다. (텔 하루마주 출토)

있는 둘 아브던 산을 가리키는 것이 아님은 확실하다.

굴을 빠져나오면 길가메시는 지상의 낙원의 일종인 기쁨의 동산에 이른다. 이것 또한 민간 전승의 하나에 속하는 것이다. 이런 종류의 동산은 어느 것이나 산꼭대기에 있으며, 실제로 '에덴 동산'의 모양을 하고 있는 것이고, 구약 성서의 '〈에스겔서〉 제28장 13 - 4절'에도 묘사되고 있다.

그리고 뜻깊은 것은 그 곳에 사는 사람들은 '온갖 보석'으로 장식되고, '빛나는 돌들 사이를 거닐었다'고 했는데, 그것은 이 이야기 속의 나무들을 열매 대신에 보석을 맺고 있었다는 말, 즉 낙원에 관한 민간의 묘사에 자주 나오는 특징과 일치하는 것이다.

다음에는 여주인 시두리와의 사건이다. 이 설화의 원래의 장구에서는 시두리는 필시 칼립소(calypso ; 그리스 신화에서 오디세우스를 유혹한 바다의 요정)와 흡사한 인물이며, 바다 한가운데에 살면서 영원한 생명의 나무를 지키고 있었다.

그녀가 전설에 등장하는 한 인물로 채택된 것은 대홍수 설화에 나오는 불로 장생의 주인공이며, 길가메시가 불사의 비밀을 배우려고 했던 인물을 대신하고 있었다.

세월이 지나서 이야기가 지금의 형태를 갖게 되자 그녀는 원래의 성격을 상당히 잃고 어느 정도 다른 이상형을 띠게 됐다. 단순히 유혹하는 요부와는 상당히 다르게 시두리는 여기에서 길가 여인숙의 자리잡힌 여주인이며, 신이 만든 자들을 너무나 많이 보아왔기 때문에 신의 한없는 인내심과 평정함을 어느 정도 몸에 갖추고 살아가는 부인이었다.

그것은 일이 생길 때마다 왔다가는, 지나가는 타향 사람들의 영원한 여주인인 부인이다. 이 삽화가 가지고 있는 의미는, 나무들이 보석을 주렁주렁 맺고 있는 옛날 이야기에 나오는 기쁨의 동산 같은 것은 무시해 버리는 사나이라도, 필시 시골 여인숙의 고요함 속에서는 마음 편함과 만족을 찾아낼 것이 틀림없는 것이다.

만약 시두리의 현대판을 보고 싶다면, 그것을 찾기 어렵지 않다. 그녀의 자매는 칼립소나 키르케뿐 아니라, H. G. 웨일스의 작품 〈폴리 씨〉에 나오는 포트 웰 여관을 경영하는 뚱뚱한 여자이기도 하기 때문이다.

참으로 유쾌한 볼거리는…… 폴리 씨가 과거에 본 적이 없는 포동포동하게 살찐 여자이며, 병이나 글라스 등의 반짝거리는 여러 가지 물건의 한가운데에 놓여 있는 안락 의자에 편안하게 앉아 있으며, 게다가 조금도 품위를 잃지 않고 잠들어 있는 장면이었다. 많은 사람들은 그녀를 뚱뚱이라고 부를지 모르지만, 폴리 씨의 내심의 형용에 대한 센스가 그로 하여금 처음부터 포동포동 살쪘다고 말하는 것이 꼭 맞는다고 생각하게 한 것이다.

그녀는 균형 잡힌 눈썹과 곧고 모양 좋은 코를 가지고 있으며, 입 주위에는 순직한 선과 만족감을 나타내고, 그 아래에는 느낌이 좋은 이중 턱이 승천하는 성모 마리아의 발 아래 있는 토실토실한 아기 천사와 같이 보인다. 포동포동한 그녀의 피부는 탄력이 있으며, 장밋빛이고, 발랄하며, 두 팔은 어느 관절이나 움푹 팬 곳이 있으며, 마디뼈 위에서 겹쳐져 있다.

그녀는 마치 자기 자신 속에 한없는 신뢰감과 친절함을 안고 있는 것 같았으며, 자기 자신을 몸으로나 마음으로나 완전한 것으로 알고 있으며, 신에 대해서는 그녀에게 내려주신 모든 것을 그대로 받아들

임으로써 감사하는 마음을 나타내려는 사람 같았다.

그녀의 얼굴은 한쪽으로 기울고 작았으나, 신뢰하는 마음을 말하고도 남음이 있으며, 자신하는 마음의 집요한 모습을 없애고 있었다. 그리고 그녀는 계속 잠들고 있었다.

"이거 좋은데."

하고 말하면서, 폴리 씨는 문을 조용히 열었다.

마지막으로, 죽음의 물을 건너서 신비의 섬에 이르는 여행이었다. 그 곳에는 늙은 현인 우트나피시팀이 살고 있다. 그 전체 구도도 상투적인 선에 따라서 묘사되고 있는 것이며, 여기서도 또한 실제로 그 속에 신비로운 여행이나 전통적인 이야기가 추측할 수 있는 것처럼 생각되는 것이다. 그 주제는 민간 설화에서 반복해 나오는 것이며, 통상적으로 이 이야기에서 볼 수 있는 각 세부와 똑같이 수식되고 있다.

동양의 아바론(켈트의 전승에서 이야기되는 선녀 섬)인 작은 섬은, '두 개의 강물이 합치는 점'에 있다. 이것은 라스 샤무라에서 출토된 가나안 신화에서 신들이 집이 있는 곳과 같은 곳에 있으며, 또한 《코란》(〈술라〉 18.59)에 묘한 한 구절이 있으며, 특히 놀라운 곳으로서 지면보다 위의 물과 아래의

▲ 기원전 3000년경.
신전에 봉납되었던 상. 신전에 상을 봉납한 것은, 예배자가 평상시 배례하는 것을 의미하는 것 같다.
(마리 출토)

물이 합쳐지고 있는 곳이다.

그러므로 섬이라는 것은 태양이 지는 곳에 있다는 선인(仙人)의 섬〔방향은 반대이지만 동양의 봉래도(蓬萊島)〕이다. 그 주위는 위험한 강이 흐르고 있다. 이것은 '죽음의 물'이 넘치고 있다고 기술되고 있는데, 고전기(古典期)의 스튜크스 강(그리스 신화의 세 갈래 강)에 해당하는 죽음의 강이 아니라, 오히려 차안과 피안을 갈라놓는 잘 아는 신화상의 강, 즉 고전기의 오케아노스(Okeanos ; 그리스 신화에 나오는 물의 신으로서, 천공의 신 우라노스와 대지의 신 기이아의 아들)이다.

마찬가지로 울샤나비는 보통 생각하는 것처럼 카론〔스튜크스 강의 나룻배 사공. 망자(亡者)에게서 1오볼로스의 배삯을 받는다〕은 아니다. 왜냐 하면 이 곳에서의 여행은 지하계로 가는 것이 아니라 지상의 타계, 특히 아일랜드 민간 문학의 임라마 이야기에 의하여 잘 아는 유형의 곳으로 가는 것이기 때문이다.

특정적인 것은 주인공은 목적지에 도달하기까지 한 인물에서 다른 인물로 바뀌어버리는데, 이것은 민간 전승의 연구자에게는 '올드, 올더, 올데스트'의 이름으로 잘 알려진 주제이다. 본래의 구상은 그가 점차 구하는 지식을 가진 백발의 장로를 향하여 가는 데 있다. 그러나 지금의 경우는 작자의 천재성이 그 제목을 넘어 버려서 그 탐구는 득이 없다는 것이 된다.

마지막으로 이 설화의 결론이 되는 삽화에 관해서는 이제까지 상당한 오해가 있었다. 통례적인 견해에 의하면 우트나피시팀은 길가메시에게 불사의 풀을 구하는 방법을 가르쳐줘서 그 실망을 풀어주려고 한 것으로 돼 있다. 그러나 사실상 이것은 원문이 말하고 있는 것이 아니고, 그런 해석은 이야기 전체의 미묘함을 깨뜨려 버린다.

문제의 식물은 불사의 풀이 아니라 단지 그 다음으로 좋은 것, 즉 늙는 것과 쇠약해지는 것을 젊어지게 하여 어느 정도의 회생을 주는 것이다. 그런 식물에 관한 신앙은 세계 각지의 민간 전승에 공통적으로 있는 것이다.

마찬가지로 고대 이란의 신화 하오마는 브라카샤 호수 안에 있는 섬에 자라고 있는 식물로서 자주 표현되고, 그 즙은 노쇠를 제거하고 모든 것을 젊어지게 하는 힘이 있다고 한다.

그리고 마치 여기에서 뱀이 먹어 버린 것처럼, 이란 신화에서도 악신 아하리만이 그 식물을 먹어 버리도록 도마뱀을 창조한다. 역시 마찬가지로 인도 신앙의 소마(蘇摩 ; 인도의 주신·천신의 음료)도 낙원의 식물 즙에 들어 있는 생명의 불로 영약의 일종이다.

신들의 전쟁

옛날 아주 먼 옛날에, 그 당시에는 아직 하늘도 땅도 없었습니다. 세상에는 오직 물과 그것을 지배하는 신밖에 없었습니다. 그런데 그 물 중에서 단물은 아푸스의 것이었고, 짠물은 그의 아내 티아마트의 것이었습니다. 그러나 이 때는 이 두 가지 물이 섞여 있어서 아직 강이니 바다니 하는 것이 있었던 것은 아닙니다.

이 두 신이 결혼하여 이윽고 두 신의 거대한 아이가 탄생했는데, 그것이 라훔과 그의 동반자인 라함입니다. 그리고 이 두 신에게서 다음 한 쌍인 안샬과 그의 동반자인 키샬이 태어났습니다. 안샬은 천상에 속하는 정령이고, 키샬은 지상에 속하는 정령이었습니다. 다시 이 두 신에게서 태어난 것이 아누(Anu ; 고대 바빌로니아 판테온의 최고신. 천계 최고의 왕으로서 신들의 아버지이며 운명의 지배자임), 즉 하늘의 신입니다.

아누의 아들이 에아입니다. 강하기도 하지만 현명함에 이르러서도 양친이나 그 이전의 누구보다도 훌륭했습니다.

에아가 태어난 뒤에 신들의 일족은 급속히 불어나서 이제는 마치 벌집에 붙어 있는 벌떼처럼 시끄러웠습니다. 올라갔다 내려갔다 하며 돌아다닐 뿐만 아니라, 있는 소리를 다 내어서 악을 쓰고 서로 다투었으므로, 결국 할머니인 티아마트는 불쌍하게도 완전히 신경 쇠약이 돼 버렸습니다. 그러나 할머니는 그대로 말없이 참았으며, 불평 한마디 안 했습니다.

"뭐니 뭐니 해도 저것들은 어리니까."

하고 그녀는 생각하는 것입니다.

"게다가 고칠 수 없는 것은 참을 수밖에 없지."

그러나 할아버지 아푸스의 의견은 달랐습니다. 그러던 어느 날 더는 이 소동을 참을 수 없었습니다. 그래서 뭄무를 불렀는데, 이 뭄무라는 신은 아푸스가 자기 집에 두고 상담이나 놀이 상대로 삼고 있는 난쟁이였습니다.

"자, 같이 가자. 티아마트에게 가서 이것을 얘기해야겠다."

하고 말한 뒤 두 신은 아이들을 어떻게 해야 할지를 의논하기 위해서 티아마트에게 갔습니다.

그러나 아푸스는 조용하게 말할 기분이 아니었습니다. 그는 소리쳐서 말했습니다.

"난 이제 참을 수 없소. 낮에는 낮대로 조금도 쉴 수 없고, 밤에도 눈을 감을 틈이 없소. 무슨 일이 있어도 안식이 필요하오. 난 그놈들을 내쫓아 버리겠소."

티아마트는 이 말을 듣고 안색을 바꾸고 화를 냈습니다. 그래서 아푸스를 돌아보고 말하기를,

"그게 무슨 말이오. 자기가 만든 것을 자기들의 손으로 부숴 버리

겠다는 말예요? 물론 저 아이들은 우리를 신경질 나게 해요. 아이라는 것은 모두 늙은이를 화나게 하죠. 그러나 참아야죠.”

그녀의 이 말도 전혀 소용이없었습니다. 그녀의 말이 끝나기도 전에 뭄무는 주인의 곁에 매달려서 귀에 속삭였습니다.

“한 귀로 흘려 버려요. 정녕 안식을 원한다면 주저하지 말고 아이들을 없애 버려요.”

뭄무의 이 진언은 아푸스의 뜻에 맞았습니다. 그는 난쟁이를 무릎 위에 안아 올려서 목을 끌어안고 입을 맞춰 줬습니다. 그리고 두 신은 다른 신들이 있는 곳으로 가서 마음에 정한 것을 알렸습니다.

이 결정을 들은 신들은 몹시 당황했습니다. 그들은 어찌할 줄 모르고 천상을 좌왕우왕하고 다녔습니다. 그리고 당황한 나머지 손바닥을 비벼대고, 급기야는 무척 슬픈 모습을 하고 주저앉아서 자신의 재난을 한탄할 뿐이었습니다.

하지만 오직 에아만은 그렇지 않았습니다. 가장 현명하고, 가장 약삭빠르고, 계략에도 뛰어난 에아에게는 예측할 수 없는 것이 하나도 없었으며, 무슨 일이나 앞질러서 자기 생각대로 만들어 버리는 것입니다. 집안 사람들이 모여서 어찌할 바를 모르고 그저 탄식만 하고 있을 때 에아는 머릿속에 부지런히 작전을 짜고 있었습니다.

그는 갑자기 한마디 말도 없이 일어나서 주전자를 들고 와서 물을 채우고 영험스러운 주문을 외웠습니다. 그리고 아푸스와 뭄무에게 그것을 가지고 가서 두 신들에게 마시게 했습니다.

얼마 뒤에 아푸스는 잠이 들었습니다. 졸리움 때문에 도저히 깨어 있을 수가 없었습니다.

에아는 한 시각도 허비할 수 없었습니다. 번갯불같이 재빠르게 아푸스의 훌륭한 옷을 벗기고, 관을 벗기고, 후광(後光)까지 벗겨서 그것을 모두가 입었습니다. 그리고 아푸스에게 수갑과 족쇄를 채워서 그를 죽인 뒤, 그 집을 점령해 버렸습니다. 음흉한 상담자였던 뭄무를 꽁꽁 묶은 다음 코를 꿰어서 지하 감옥으로 끌고 갔습니다.

이렇게 적을 처치한 후 승리를 기념하는 비석을 세우고 나서 에아는 살기 좋고 아름다운 방을 꾸몄습니다. 그것이 완성되자 그는 담키나를 신부로 맞았습니다.

그 깨끗하고 행복한 집에서, 신들 가운데 가장 강하고 힘이 넘치는 신이며 왕자 중의 왕자인 마루두크가 태어났습니다. 그는 여신들의 품에 안겨서 자라고, 여신들의 젖에서 위엄과 권력을 빨아들였습니다. 그는 탄생한 그 날부터 이미 어른으로 자랐으며, 그 모습은 부드럽고 아름다웠을 뿐만 아니라, 눈은 빛나고 걸음걸이는 그야말로 씩씩했습니다.

그의 부친 에아는 이 아들을 보자 기쁨이 넘쳐서 싱글벙글했습니다. 그리고 이 아들을 승인하는 표시를 주는 동시에, 당장 다른 신들보다 두 배의 것을 주리라고 결심해 버렸습니다. 그래서 에아는 마루두크에게 인간은 상상도 할 수 없고, 인간의 말로는 표현할 수도 없을 정도의 훌륭한 모습을 줬습니다.

마루두크는 눈이 넷이고 귀가 넷입니다. 입을 열면 불을 토해냈습니다. 키는 무척 크고, 손발은 크고 길며, 번쩍거리는 신의 옷을 입고 있었습니다.

그러나 그에게는 지독하게 모험을 좋아하는 피가 흐르고 있었으므로 자라면서 제멋대로 장난을 쳤습니다. 예를 들면 어느 날은 그저 일시적인 호기심으로 바람을 끈으로 묶어 버렸습니다. 그래서 바람은 마루두크가 좋아하는 곳밖에는 불지 못했습니다. 또 어느 날은 신들의 집을 지키고 있는 용의 입을 바구니로 막아 버렸습니다.

이윽고 신들은 참다 못 해서 티아마트에게 불평을 늘어놓았습니다.

"마루두크가 모든 것을 얼마나 엉망진창으로 만들고 있는지 알겠죠. 그자의 못된 짓은 견딜 수가 없습니다. 그런데 당신은 아무런 손을 쓰지 않고 멍청하게 보고만 있군요. 그야말로 같은 일이 매일 반복되고 있어요. 옛날에 아푸스와 뭄무가 호소했을 때 당신은 무엇이나 거부했어요. 당신의 손에는 아푸스 자신이 만든 큰 톱이 있었는데도 아푸스에게 위험이 있을 때에도 당신은 그것을 사용하기를 싫어했어요. 그 결과는 어떻게 됐습니까? 당신은 과부가 돼 버리지 않았습니까. 남편을 위해서 하지 않은 일을 아이들을 위해서 해 주시오. 자, 마루두크를 처치해 주십시오."

이렇게 졸라대자 티아마트도 동의할 수밖에 없었습니다.

"좋소. 그럼 모두 함께 그 아이와 싸웁시다 그러나 말해 두겠는데, 그 아이는 우리 모두의 힘을 합한 것보다 강해요. 원군이 필요해요. 그러니 우선 그것을 만들어야 하지 않겠어요?"

그래서 티아마트를 둘러싸고 신들이 모여서 작전 회의를 열었습니다. 일동은 밤과 낮을 계속해서 이리저리 작전 계획을 세웠습니다.

한편, 티아마트는 무서운 짐승을 몇 마리 만들었습니다. 날카로운 이빨과 솟아나온 엄니를 가졌으며, 혈관에는 피 대신에 독액이 들어 있습니다. 얼마나 무서운 괴물인지 그것은 화염을 뿌리고 있었으며, 주위 전체를 번쩍번쩍 비치고 있었기 때문에, 한번 보기만 해도 누구나 도망치기가 바빴습니다. 독사·용·매머드·큰 사자·미친 개·전갈, 미쳐 날뛰는 폭풍의 악마들, 나는 용, 켄타우로스(centau -

ros ; 상반신은 인간, 하반신은 말인 그리스 신화에 나오는 괴물) 등 11가지의 요물들이었습니다. 어느 것이나 두려움을 모르는 전사들이었으며, 이들의 공격을 막을 수 있는 자는 아무도 없었습니다.

다음으로 티아마트는 킹이라는 이름의 신을 전군의 지휘관으로 지명했습니다.

"당신이 군기를 높이 들고 전군을 지휘할 것이며, 노획물을 관리하는 거요. 당신의 말은 지상의 명령이오. 높은 지위에 있으니 당신은 나의 분신이오."

그렇게 말하면서 티아마트는 권력의 증표로서 결정권을 나타내는 큰 패(牌)를 킹의 가슴에 달아줬습니다. 그리고 두 사람은 신들 쪽을 향해서 큰 소리로 외쳤습니다.

불이 아무리 날뛰고 불꽃이 아무리 타올라도,
그대들의 숨은 그것을 불어 끄리라.
사나운 자는 힘을 잃고
교만한 자는 멸망하리라.

이 말을 귓속 깊이 담고 군대는 출진했습니다.

한편, 마루두크는 자기에게 무슨 일이 일어나고 있는지 조금도 모르고 있었습니다. 그러나 부친 에아는 귀여운 아들에게 위험이 닥쳐오고 있는 것을 알고 몹시 화를 냈습니다.

그는 너무나 화를 냈기 때문에 조리 있게 생각할 수가 없어서 입을 다물고 이리저리 생각하고 있었는데, 이윽고 흥분이 가라앉자 냉정하게 머리를 쓰기 시작했습니다. 한 가지 계략이 그의 머릿속에 떠올랐습니다.

에아는 당장 일어나서 안샬에게 달려갔습니다. 똑똑하고 빈틈없이 에아는 이 고참 신을 움직이기 위해서 어떻게 해야 하는지를 잘 알고 있었습니다.

"티아마트 여신은 지금 천상의 궁전에 대해서 반역을 계획하고 있습니다."

이렇게 말을 꺼내고 나서, 에아는 다시 티아마트가 신들을 소집한 사실, 무서운 괴물들을 만든 사실, 그리고 이미 전투가 시작됐다는 것 등을 알렸습니다.

이 말을 듣자 안샬은 너무나 분노해서 자기의 무릎을 치고 입술을 깨물었습니다. 그의 마음은 불길한 예감으로 꽉 찼습니다.

"에아여, 너는 지난 날 아푸스와 뭄무을 타도했을 때 그 용기를 나타냈다. 다시 일어서서 킹과 티아마트를 죽여라."

그래서 에아는 쳐들어오는 적군을 맞아 싸웠으나, 선두를 가르고 쳐들어오는 괴물들과, 그것을 둘러싸고 있는 번쩍거리는 불꽃을 보고는 무서움에 기가 죽어서 꼬리를 내리고 퇴각해 버렸습니다.

에아가 퇴각했다는 보고를 받고 안샬은 몹시 낭패했습니다. 그래서 아들 아누를 불러들여서 말하기를,

"너는 내 맏아들이며, 아무도 당할 수 없는 용사다. 가서 티아마트를 만나라. 먼저 상대를 부드럽게 달래보는 거야. 그래서 그녀가 받아들이지 않으면 나를 대신해서 왔다고 말하고 복종시키는 거다."

아누는 곧바로 티아마트에게 갔습니다. 그러나 이 여신이 화가 나서 날뛰는 모습과 얼굴을 보는 순간 무서워서 부들부들 떨면서 도망쳐 나오고 말았습니다.

아누가 안샬에게로 돌아와서 자초지종을 보고하는 말을 듣자 부친은 에아 쪽을 향하여 이젠 글렀다는 듯이 머리를 흔들어 보였습니다. 아군 쪽의 신들은 서로 속삭였습니다.

"이게 어찌 된 일이야? 티아마트를 만나러 갔다가 성하게 돌아오는 자는 하나도 없으니."

신들은 모여서 그저 불안에 떨고만 있었습니다. 이윽고 안샬이 왕좌에서 일어서서 신들을 향해서 강력하게 이렇게 말했습니다.

"우리의 전사가 될 수 있는 자는 단 하나, 저 용감한 전사, 두려움을 모르고 대담 무쌍한 마루두크가 있을 뿐이다!"

에아는 당장 마루두크를 깊숙한 한 방으로 불러들였습니다. 그 곳이라면 아들과 비밀을 이야기할 수 있기 때문입니다. 에아는 티아마트의 계획을 모두 이야기해 줬습니다. 다만 그 계획이 다름 아닌 마루두크를 타도하려는 것이라는 것은 말하지 않았습니다. 안샬에게 호소한 것과 같은 말을 그는 아들에게 말했습니다.

"천상의 궁전에 대한 반역이다."

에아의 얼굴에 진지한 표정이 비쳤습니다.

"아비로서 너에게 말하는 것이다. 잘 듣고 내 말대로 해라. 큰할아버지 안샬 어른에게 가거라. 형제들이 너의 일 때문에 여러 가지로 불평을 해도 안샬 어른은 언제나 너를 도와주셨고, 너에게는 따뜻한 애정을 가지고 계시다. 큰 할아버지 앞에 갈 때는 발걸음은 당당하게 하고 말투는 무사다워야 한다. 그래야만 기뻐하실 테니까."

마루두크는 부친의 말에 따라서 큰할아버지 안샬 어른을 찾아갔으며, 그야말로 자신에 넘치는 모습으로 나아갔습니다.

그 용사다운 용모와 태도를 보고 안샬의 가슴도 기쁨으로 들떴습니다. 그는 상냥하게 마루두크에게 입맞춤을 했습니다. 마루두크는 대단히 감격해서 이렇게 말했습니다.

"큰할아버님. 제가 언제나 큰할아버님을 사랑하고 있으며, 큰할아버님을 위해서 어떤 일이라도 하리라는 것은 잘 아시겠죠. 티아마트 여신이 천상의 궁전에 반란을 일으켰다고 아버지께서 말해 줬습니다. 무슨 두려움이 있겠습니까. 티아마트는 기껏해야 여자입니다. 게다가 저는 이미 싸우러 갈 준비가 돼 있습니다. 곧 큰할아버님께서 여신의 목을 밟아 버리게 하겠습니다."

"기특하구나."

하고 안샬은 대답했습니다.

"그녀를 가서 만나라. 처음에는 말해 보고, 경우에 따라서는 주문을 외워서라도 그녀를 달랠 수 있는지 없는지 해 보라. 그래도 듣지 않으면 회오리바람의 전차를 타고 가서 그녀를 쳐부셔 버려라."

마루두크는 과연 에아의 아들인만큼 용감하면서도 머리도 기민하게 돌아갔고, 야심도 컸습니다.

"다시없는 기회다."

라고 그는 생각했습니다.

"괴물들을 쳐부수고 천상계의 명예를 지켰는 데 아무런 보수도 받지 못하는 법은 없지."

그래서 그는 작은 산과 같은 어깨를 으쓱 치켜올리고 큰할아버지 쪽을 향하여 겁도 없이 이렇게 말했습니다.

"언제나 싸우러 나갈 수 있습니다. 그러나 제가 큰할아버님의 전사로서 티아마트를 쓰러뜨리고 큰할아버님의 목숨을 구한다면 나를 신들의 우두머리로 만들어 주십시오. 자, 모든 신들을 불러모아 놓고 알려 주십시오. 오늘 지금부터 명령을 하는 것은 나뿐이고, 내가 하는 말이 법이라고 말입니다.”

이 말을 들은 안샬은 평소에 믿고 있던 사자(使者) 가가를 불러서 그에게 말했습니다.

“내 늙으신 부모님, 라훔과 라함에게 가주게. 바다 밑에서 만날 수 있을 것일세. 두 분에게 티아마트가 천상의 궁전에 모반을 일으켜서 마루두크는 자기가 신들의 우두머리가 된다는 조건으로 티아마트와 싸우기로 했다고 말해 주게. 다른 신들을 자기들보다 훌륭하지도 않은 자의 지배 아래 두는 일을 나 혼자서 결정할 수는 없다. 두 분의 영지(領地)의 신들을 모두 모아 이 곳으로 보내서 함께 의논해 주십사 하고 잘 설명해 주게.”

가가는 라훔과 라함에게 가서 안샬의 말을 전하고, 이제까지의 경과를 모두 말했습니다. 그래서 라훔과 라함은 곧 지배 아래 있는 신들에게 천상의 법정에 모이도록 명령했습니다.

이 명령을 받았을 때, 신들은 자기의 귀를 의심했습니다.

“티아마트 여신이 모반을 일으키다니 대단한 일이군. 우리도 달려가서 확인하는 것이 좋겠군.”

이윽고 천상의 궁전은 사방에서 모여온 남녀 신들로 꽉 찼습니다. 신들은 하나하나 서로 얼굴을 보고는 걸음을 멈추고 끌어안으며 입을 맞췄습니다. 모두가 모이자 음식과 마실 것이 나오고, 일동은 내 연회 자리에 앉았습니다.

결의를 할 때쯤 돼서 신들은 모두 만족스럽고 유쾌한 기분이었기 때문에 의안이 나와도 아무도 깊이 생각하거나 반대하거나 불평을 하는 자가 없었습니다. 분주하게 단이 쌓아지고, 마루두크가 승리를 자랑하듯 단상으로 올라가자, 신들은 폭풍과 같은 칭찬과 승인하는 말을 퍼부었습니다.

"우리의 수령, 마루두크!"

"마루두크의 말은 법이다."

"사는 것도 죽는 것도 그의 뜻이다."

"아누의 모든 힘을 마루두크에게 주라."

"마루두크를 전세계의 지배자로. 그가 쏘는 화살 하나도 과녁을 벗어나지 않게 하라."

거기에 한 신이 훌륭한 옷을 가지고 왔습니다.

"마루두크 왕, 당신이 어떤 힘을 가졌는지 보여주시오. 당신의 명령 하나로 이 옷이 갈가리 찢기고, 다시 명령 하나로 본래대로 됩니다."

그래서 마루두크는 명령했습니다. 그러자 옷은 갈가리 찢겨졌습니다. 다시 한 번 명령을 내리자 옷은 본래의 모양이 됐습니다.

이렇게 해서 마루두크의 비범한 힘을 눈으로 본 신들은 그를 믿고 무릎을 꿇은 다음 입을 모아서,

"마루두크는 우리의 왕이다. 우리의 왕 마루두크!"

하고 외쳤습니다. 그리고 그의 손에 왕홀(王忽)을 들려주고, 왕좌에 앉혀서 왕자(王者)의 휘장(徽章)을 달아줬습니다. 그리고 훌륭한 검을 내주고 말했습니다.

"자, 이것으로 티아마트의 목을 쳐 주시오. 그리고 그녀의 피를 바람에 날려주시오."

신들이 돌아가자, 마루두크는 곧 무기를 정비하여 전투 준비를 시작했습니다. 활을 당겨서 화살을 메겨 봤습니다. 그리고 장대 끝에

번개를 달아서 자기 앞에 놨기 때문에 그의 온몸은 빛으로 싸여서 번쩍번쩍 빛났습니다. 그리고 그는 적을 생포하기 위한 그물을 만들고, 한 쌍의 대폭풍을 만들어 자기의 양 겨드랑이를 전진하도록 했습니다.

준비가 완전히 끝나자 마루두크는 손에 벼락을 잡고 회오리바람의 전차에 올라탔습니다. 전차는 분노·잔혹·폭풍·질풍의 네 괴물이 끌었으며, 어느 것이나 강하고 날카로운 독 이빨을 가지고 있었습니다. 또한 마루두크는 입술에는 독의 힘으로부터 몸을 지키기 위한 진흙을 바르고, 손에는 티아마트나 그 짐승들이 내뿜는 독기를 막기 위해서 향기 있는 풀을 들고 있었습니다. 이렇게 그는 출진한 것입니다.

킹을 비롯해서 그 선봉의 병사들은 마루두크의 모습을 보고 떨었습니다. 이런 자가 오리라고는 생각도 하지 못했던 것입니다. 작전은 엉망진창이 돼 버렸습니다. 그러나 과연 티아마트는 두려워하거나 떨지 않았습니다. 그녀는 용감하게 전진했습니다. 그리고 그녀가 부른 군가가 주위의 공기를 뒤흔들었습니다.

교만한 왕자, 너 마루두크야.
너와 싸우기 위해서,
신군(神軍)이 여기 왔노라.

그러나 이 노래를 듣자 마루두크는 곤봉을 휘두르며 티아마트를 향해 달려들며 큰 소리로 외쳤습니다.

위대한 힘이 넘친다.
너는, 모든 신의 여왕,
그러나 그 마음에는 정의가 없으며,
말다툼과 싸움이 있을 뿐.

우리의 모친으로 우러르는 군주로서,
마음에 원한만을 안고 있어,
형제가 서로 싸우고,
부자가 서로 싸우는구나.

잔인하고 비열하고 음흉하고,
산 자에게도 죽은 자에게도
모두 부정한 자.
아푸스의 죽음을 보자,
그 자리에 킹을 맞아들였구나.

몇 천의 괴물을 믿고,
이것을 끌고 쳐들어왔구나,
오래 된 신들에게 싸움을 걸다니,
이 무슨 용기, 아니, 분수를 모르는 자야.

나오너라, 단 혼자서.
부하들을 물리쳐라.
너 혼자 와서 싸우라,

우리는 마음껏 싸우리라.

이 노래는 티아마트의 분통을 터뜨렸습니다. 주위를 살필 여유도 없이 그녀는 무턱대고 이 무례한 자를 향해서 돌진했습니다. 그녀의 턱은 당장이라도 상대를 물어뜯을 것처럼 딱 벌리고, 진격하면서 날카로운 목소리로 악을 썼기 때문에, 그녀의 곁에서 진격하고 있던 신들도 무기를 잡고 싸울 태세를 취했습니다.

그러나 마루두크는 참으로 민첩했습니다. 티아마트가 덤벼드는 것을 보자 재빠르게 번갯불처럼 그녀의 길목에 준비해 두었던 그 그물을 펴서 그녀를 사로잡아 버렸습니다. 그렇게 되니 티아마트는 그물 속에서 발버둥치고 있었던 것입니다. 그런 뒤에 대열 후미에 있던 대폭풍을 전방으로 불러냈습니다. 대폭풍은 티아마트의 딱 벌리고 있는 턱을 행해서 불어젖혔기 때문에 티아마트는 입을 다물 수 없었습니다.

이 기회를 놓치지 않고 마루두크는 활을 힘껏 당겨서 그 크게 벌린 입 속으로 화살을 쏘았습니다. 화살은 티아마트의 내장 깊숙이 파고들어서 혈관을 뚫고 심장을 찢어 버렸습니다. 이윽고 그녀의 위대한 몸도 힘을 잃고 쓰러졌습니다. 마루두크는 그것을 꽁꽁 묶어서 숨통을 끊어 버리고, 쓰러진 시체를 밟고 섰습니다.

11마리의 괴물도 모두 밧줄로 묶어서 호되게 짓밟았기 때문에 힘이 빠지고 긍지도 잃어버려 마침내 온순한 짐승이 되어 가죽끈에 묶이게 됐습니다.

킹에 관해서는 특별한 판결이 내려졌습니다. 즉 킹은 이제 신들의 반열에 끼이지 못하게 됐습니다.

티아마트 일당을 이렇게 처치해 버리자, 마루두크는 다시 쓰러진 시체를 치우기 시작했습니다. 먼저 큰 곤봉을 휘둘러서 해골을 힘껏 내려쳤습니다. 갈기갈기 찢어진 혈관에서 튀어나오는 피를 바람이 흩날려 버렸습니다.

안샬과 에아와 그 밖의 아군의 신들은 이 관경을 보고 기뻐 날뛰며 안심했습니다. 모두가 손에 손에 제물을 들고 마루두크를 둘러쌌습니다. 그러나 마루두크는 그런 것을 받느라고 우물쭈물하고 있을 수가 없었습니다. 새로운 일 때문에 바빴던 것입니다. 티아마트의 죽음은 그의 새로운 통치의 시작이었습니다.

마루두크는 티아마트의 시체를 조개 껍질처럼 둘로 갈랐습니다. 그리고 그 한쪽을 높이 위로 들어올려서 하늘을 만들었습니다. 다음에 하늘 아래에 있는 물을 조사해서 그 넓이를 재고, 티아마트의 몸의 나머지 반쪽으로 뚜껑 같은 것을 만들어서 물 위에 씌웠습니다. 이 뚜껑이 대지의 토대가 된 것입니다.

그런 뒤에 아누를 하늘 위의 영지에 살게 하고, 엔리르를 하늘과 땅 사이에, 에아를 땅 밑의 물의 영지에 각각 살게 했습니다. 그러므로 아누는 하늘의 신이 되고, 엔리르는 대기(大氣)의 신이 되고, 에아는 대양(大洋)의 신이 된 것입니다.

그리고 나서 한분 한분의 신들에게 영지를 나눠주고, 천체를 만들어서 하늘 안에서 빛나도록 했습니다. 태양이니 달이니 별이니 하는 것들은 이렇게 해서 만들어졌습니다. 그리고 마루두크 신들이 일하는 시간과 계절을 정하고, 별들의 궤도를 만들어 주었습니다. 매달의 길이를 정했습니다. 동쪽 하늘에는 태양이 새벽에 떠오르기 위한 문을 만들고, 서쪽 하늘에는 저녁에 태양이 지는 문을 만들었습니다.

그러나 모든 것이 완전하게 정해지자 신들은 마루두크 주위에 모여와서 불평을 하기 시작했습니다.

"당신은 우리에게 영지를 나눠주고 각자가 할 일을 분부했습니다. 그러나 우리가 임무를 수행하는 동안에 우리를 위해서 일하고, 우리를 도와주는 자를 정해 주시지 않았습니다. 도대체 누가 우리의 가사를 돌보고 식사를 준비를 해 줍니까?"

마루두크는 생각에 잠겼습니다.

"그래. 피와 뼈로 작은 모형을 만들어 주자. 사람이라는 것을 만들어야겠다. 신들이 자기의 임무를 하는 동안 사람이 신에게 시중들고 신들의 일을 해 주면 된다."

그런데 이 계획을 에아에게 말하니, 이 늙고 현명한 신은 곧 생각을 하고 말했습니다.

"새로 피와 뼈를 만들 필요는 없지요. 모반자들을 쓰면 됩니다."

그래서 마루두크는 결박해 둔 포로들을 끌어오게 하여 실제로 너희 중의 누가 주모자냐고 엄하게 물었습니다. 주모자를 사형에 처하려고 한 것입니다.

그러나 포로들은 모두 티아마트군의 졸개들뿐이었기 때문에 누가 전쟁의 책임을 져야 한다는 것은 생각도 할 수 없는 일이었습니다. 그들은 하나같이 이렇게 말했습니다.

"주모자는 킹입니다. 킹이 우리의 지휘관이고 총사령관입니다. 그가 이 공격을 계획하고 지휘했습니다."

토굴 감옥에서 킹을 끌어내어서 에아에게 넘겨줬습니다. 에아는 그의 목을 치고 혈관을 잘라내어 그 뼈와 피로 사람이라고 하는, 신들에게 시중 들어야 하는 모형을 만들었습니다.

신들은 크게 기뻐하며 마루두크의 주위에 모여들었습니다.

"아, 마루두크여. 당신은 우리의 짐을 덜어주고 노고를 가볍게 해 줬습니다. 그러므로 우리는 지상에 당신이 쉴 수 있는 궁전을 세워서 감사의 표시로 삼겠습니다. 해마다 우리는 그 곳에 모여서 당신을 숭배하고 당신을 찬양하겠습니다."

꼭 2년 동안, 신들은 벽돌과 모르타르를 써서 부지런히 일했습니다. 그리고 3년째가 되는 해 바빌론의 도시가 완성됐습니다. 도시 중앙에는 에사길라 궁전, 즉 마루두크의 신전이 한층 높이 서 있었습니다.

이 건물이 완성되자 모든 신들이 이 곳에 모여서 축하연을 열었습니다. 마루두크도 여러 신들에게 둘러싸여 앉았으며, 모든 신들의 찬사를 받으면서 전세계에 통용되는 법과 운명을 선포했습니다. 그리고 적을 쓰러뜨린 그 큰 활을 집어 누구나 볼 수 있도록 하늘에 걸어놨습니다.

오늘날에도 이런 일들은 모두 계속되고 있었습니다. 인간은 신의 종입니다. 그리고 매년 초하루가 되면 신들은 모두 바빌론에 있는 마루두크의 궁전에 모여서 그에게 경의를 표합니다. 그래서 마루두크는 신들을 향해서 전세계의 운명을 선언합니다. 그리고 무지개는 누구에게나 보이도록 하늘에 걸려 있는 것입니다.

신들의 전쟁

〈신들의 전쟁〉은 순수한 민화(民話) 이상의 것이다. 이것은 바빌로니아의 신년 제사 넷째날에 고승(高僧)에 의하여 사원 내전에서 엄숙하게 독송된 것이며, 말하자면 이 경우의 '기도서', 이를테면 일종의 원시적인 성가였다.

바빌로니아의 대다수 도시에서 10일에서 11일간 계속된 신년 제사는 초봄에 몇몇 도시에서는 초가을에 축하를 드렸다. 이 제사의 주제는 생명을 새롭게 하는 데 있는 것이었다.

그 의미는 세계 질서의 재확립, 왕의 즉위와 확인, 다가오는 12개월 동안의 인간의 운명을 신들이 결정하는 것이었다. 이 모든 것은 제사의 일부로서 무언극으로 거행되고, 이 무언극은 반대로 태초의 사건들을 재현하는 것으로 생각되었다. 주신은 카오스의 악마의 군대와 싸우는 것으로 묘사되고, 그들을 쳐부순 뒤에 창조의 질서를 재확립하는 것이다.

그의 승리의 표시로써 그의 그림이 형식적으로 거리를 행진하고,

마지막으로 특별한 신당이나 신사에 바쳐진다. 이웃 신들은 모두 이 때에 위용을 갖추고 예방하며, 그 신들의 상도 행렬에 동참한다.

다음에 주신은 그 예방자들에게 둘러싸여 특별한 방에서 식전을 거행하고 사람들의 운명을 결정한다. 식전 과정의 요점으로서는 왕은 형식적으로 폐위되고, 다음에 다시 왕위에 오르는데, 이것은 해마다 모습을 잃었다가는 다시 새로워진 집단 생활을 그가 의인화(擬人化)했다는 사실을 상징하기 위해서이다.

이런 의식은 무언극에 의한 용과의 싸움이나, 승리의 행렬이나, 왕의 형식적인 폐위와 복위를 내포하는 것이며, 이것은 세계의 많은 지방에 공통된 것이다. 호기심을 가진 독자는 제임스 프레이저(Sir James G. Fuazer ; 1854~1941. 영국의 사회 인류학자) 경의 고전적인 저서 《황금 가지》에 수집된 대부분의 예시를 꼭 참조해야 할 것이다. 동시에 민간의 풍습으로 친숙한 5월에 뽑히는 왕과 왕비……. 그리고 현대의 '미의 여왕'이나 '미쓰 아무개'와 같은 것도 매년의 주권자가 재즉위하는 희미한 흔적에 다름없다.

〈5신들의 전쟁〉의 주요 원본은 아슈르바니팔 왕의 서고에서 나온 것이다. 원서판은 19세기에 발굴되었으며, 지금은 대영 박물관에 있다. 이 서판들은 아시리아의 후대 수도 니네베에서 발견된 것이지만, 이것에 수록된 이야기의 원문 자체는 바빌론에서 전해진 것이며, 이 도시에서 거행되고 있던 형식을 보여주고 있다. 그러므로 주인공은 마루두크와 동일한 것으로 보이지만, 이것은 바빌로니아 수도의 주신이며, 이 신을 제사하기 위해서 세워진 신당은 에사기라, 즉 이 도시에 있는 이 신의 큰 신전이었다.

그러나 1915년이 되자 기원전 2000년경으로 소급되는 이 설화의

▲아슈르의 묘

고대 판이 아슐에서 발견됐다. 이것은 아시리아의 더 오래 된 수도이며, 이 곳의 주인공은 이 나라의 신 아슈르이고, 신당은 아시리아 수도의 유명한 이 신의 신전이었다.

이 설화는 이미 독립되어 존재하던 수많은 이야기로 생각되는 것을 얼핏 보기에 줄거리가 있는 통일체로 정리하고 있다. 틀림없이 이 〈신들의 전쟁〉이 현재의 형태로까지 발전하는데는 긴 세월이 걸렸을 것이다. 이야기 전체에 많은 속신(俗信)이 끼어들어 있는데, 그런 생각은 다른 민족의 민간 전승에 다시 끼어들어 간다.

최초의 원질은 물이었다……. 이것은 천지 창조 설화가 공통으로 가지고 있는 관념이며, 특히 바빌로니아인들이 좋아하던 것이지만, 그것은 그들의 초기 도시가 실제로 바다나 호수 위에 세워져 있었기 때문이었을 것이다.

최초의 생물은 한 쌍으로 만들어졌다. 주인공 신(즉 마루두크)은 조숙한 아들이며, 사실상 성인으로 태어났다. 그리스 신화의 헤라클레스, 후대 유대 전설의 모세, 하티의 설화 '돌 괴물' 중의 울리쿰미와 같은 인물이 그것이다. 그는 네 개의 눈을 가졌으며 —— 이것도 그리스 신화에서 크로노스와 (때로는) 페르세포네에게 주어진 특징이다 —— 입에서 불을 내뿜고 있다.

그의 적 티아마트는 보통 무기로는 해칠 수 없고 오직 태풍이 입으로 들어가서 그녀의 배를 부풀게 했을 때에만 정복된다. 주인공은 붉게 반죽한 것을 입술에 발라서 자신을 보호했는데, 이것은 요물을 방지하는 수단으로써 미개인이 붉은 색을 잘 사용한 사실로 설명되는 부분이다.

예를 들면 이스라엘에서는 붉은 암소의 재는 부정(不淨)을 제거했다(〈민수기〉 19 : 2). 카피르족의 여자들은 출산 뒤에 붉은 점토를 몸에 바른다. 그리고 가레라스와 타베롤레제족은 아이들이 성년식 때에 붉은 안료를 마구 바른다.

마찬가지로 붉은 실은 미개한 마술에서 적을 묶는 것, 또는 암흑의 힘을 상징하는 것으로 돼 있다. 신의 피를 가지고 인간을 창조한 것도 다른 곳에 흡사한 유형이 보이고 있다. 인도 신화에서는 사람이 풀사의 피에서 튀어나왔으며, 그리스 신화에서는 패배한 거인 티탄(Titan ; 그리스 신화에 나오는 거인족. 우라노스와 가이아 사이에 태어난 일족으로, 6명의 남신과 6명의 여신으로 이루어졌음. 올림포스의 신들에 의해 멸망됨)의 피에서 나왔다.

마지막으로 마루두크가 승리의 활을 하늘에 걸어두는 장면은 다음과 같은 초기 아라비아인의 전설에 흔적을 남기고 있다. 그것은 폭풍의 신 쿼자프가 홍수를 일으켜서 악마를 정복한 뒤에 승리의 활을 하늘에 두었다고 말하고 있는 것이다. 이 이야기에서 활이란 얼핏 생각할 수 있는 무지개가 아니라 별자리라는 것을 말해 둬야 할 것이다.

빌려 온 날개

옛날에 세계가 생긴 지 얼마 안 됐을 때에는 독수리와 뱀은 대단히 사이좋은 친구였습니다. 독수리가 나무 꼭대기에 둥지를 틀면 뱀도 나무 밑에 몸을 서리고 있었습니다. 그리고 서로 새끼를 지켜주었습니다.

몇 번이나 독수리는 뱀 새끼들에게 먼 곳에서 잡아 온 맛있는 먹이를 먹여 줬으며, 뱀도 항상 독수리 둥지에 기어 올라가서 독수리 새끼들에게 먹이를 줬습니다.

그런데 새끼들이 다 자란 어느 날 독수리는 이런 생각을 하기 시작했습니다.

"자, 이젠 뱀 따위와는 별 볼 일이 없지. 우리 아이들은 이제 혼자 살아갈 수 있으니까 말이야. 이젠 슬슬 내가 즐겨도 좋을 때야. 이번에 뱀녀석이 집을 비우면 내가 내려가서 그자의 새끼를 먹어 버려야지. 만약 그 밖에도 먹을 것이 더 있으며 좋은 일이지. 그것도 가지고 와야지. 그러면 이 나무 꼭대기에서 조촐한 잔치를 열 수 있겠군."

이런 생각을 하고 있는 동안에 점점 흥분이 되어 독수리는 어느 사이에 큰 소리로 떠들어대고 있었습니다. 독수리 새끼 중에는 대단히 똑똑한 새끼가 하나 있었는데, 이 새끼가 아비 독수리가 혼자 하는 말을 듣고 있다가 그런 생각을 말리려고 이렇게 말했습니다.

"무슨 그런 생각을 하세요, 아버지. 그런 짓을 하면 자신이 슬퍼질 뿐입니다. 하늘에는 심판의 하느님이 계셔서 온 세상을 엎을 만한 큰 그물을 가지고 계신답니다. 법을 어기는 자는 누구라도 그 그물에 잡히고 맙니다."

그러나 독수리는 그 새끼의 말 따위는 마음에도 두지 않았습니다. 어미 뱀이 둥지에서 나가자마자 새끼 뱀에게 덤벼들어서 덥석 움켜잡아 버렸습니다.

어미 뱀이 뜨거운 한낮에 무거운 사냥감을 들고 이제는 낮잠이라도 자야겠다고 즐거운 생각을 하며 돌아와 보니 이게 웬일입니까. 둥지가 엉망진창으로 부서지고 새끼들은 어디에도 보이지 않는 것이 아닙니까.

"어떤 자가 내 아이들을 덮쳤구나. 그러나 내 아이들은 늘 가르쳐 준 대로 잘 하고 있을 거야."

뱀은 곧 굴을 파기 시작했습니다. 새끼들이 필시 땅 속에 숨어 있을 것이라고 생각했던 것입니다. 그러나 굴이 점점 깊어지고, 파낸 흙이 계속 높이 쌓여도 뱀의 가슴에는 점점 실망이 깊어질 뿐이었습니다.

이윽고 무서운 진실을 뱀도 알게 됐습니다. 슬픔으로 몸부림치면서 뱀은 정의의 신에게로 달려갔습니다. 그리고 소리쳐 울면서 호소했습니다.

"아, 제 말을 들어보십시오. 하느님, 독수리와 저는 친구였습니다. 존귀하신 당신의 이름에 걸고 우정을 맹세한 사이입니다. 저는 계속 성실을 다 했습니다. 그런데 그 독수리 놈은 저를 배반하고 제 굴을 습격하여 아이들을 죽여 버렸습니다. 아이들을 빼앗고 집을 약탈하여 내가 이렇게 고통으로 탄식하고 있는데, 그놈은 콧대 높게 나무 꼭대기에 앉아서 시치미를 떼고 있습니다. 부탁입니다, 하느님. 당신의 그물로 그놈을 잡아 주십시오. 크고 넓어서 죄 있는 자는 절대로 피할 수 없는 그 그물로 말입니다."

정의의 신은 이 말을 듣고 불쌍히 여겨서 이 불행하게도 진흙투성이가 된 뱀을 바라보고 다정하게 말씀하셨습니다.

"뱀아, 산을 넘어가라. 산 저쪽에 있는 들판에 물소 한 마리가 쓰러져 있는 것을 발견할 것이다. 너를 위해서 그물로 잡아놓은 물소다. 그 시체 속에 파고들어가서 가만히 숨어 있거라. 곧 하늘의 모든 새들이 그것에 덤벼들 것이다. 그 새들 중에는 독수리도 끼어 있을 것이다. 독수리는 네가 그 속에 숨어 있으리라고는 생각하지 못하기 때문에 가장 좋은 고기를 뜯어먹으려고 빙빙 날다가 내려앉을 것이다. 그자가 다가오면 재빠르게 그자의 날개와 발톱을 물어뜯어 줘라. 발도 날개도 없게 되면 시궁창에 처넣고 굶주림과 목마름으로 죽을 때까지 버려두는 것이 좋다."

그래서 뱀은 말씀하신 대로 산을 넘어서 갔습니다. 그리고 들판에 쓰러져 있는 물소의 시체가 있는 곳까지 가서 그 속에 파고들어가서 가만히 숨어 있었습니다. 이윽고 새들이 덤벼들어서 고기를 뜯어먹기 시작했습니다. 독수리도 그 광경을 보고 새끼 독수리들을 불러모아서 내려앉으려고 했습니다.

그런데 그 똑똑한 새끼 독수리가 이 때에도 아비 독수리를 말렸습니다.

"가면 안 돼요, 아버지. 필시 저 시체 속에는 뱀이 기다리고 있을 거예요."

그러나 이번에도 독수리는 말리는 것을 듣지 않았습니다. 물소를 향해서 덤벼들자 맛좋은 고기를 뜯어먹으려고 쪼아댔습니다. 깊이, 더 깊이 독수리는 그 날카로운 부리로 쪼아댔습니다. 그 때 물소 몸 속에 숨어 있던 뱀이 튀어나와서 독수리의 날개를 꽉 물었습니다.

"놔줘!"

독수리는 아파서 소리쳤습니다.

"살려줘. 목숨만은 살려줘, 뭐든지 달라는 대로 줄 테니까. 날 살려 주면 너를 신부처럼 많은 선물을 받게 해 줄게."

그러나 뱀은 꽉 문 이빨을 늦추지 않았습니다.

"안 돼. 절대로 안 돼. 너를 용서해 주면 정의의 하느님은 도대체 어떻게 된 거냐고 물으실 거야. 그렇게 되면 뭐라고 대답할 수 있겠어. 하느님은 너에게 내리신 죽음의 결정을 나에게 돌릴 수밖에 없을 테니까 말야."

그렇게 말하며 뱀은 독수리의 날개와 발톱을 붙어뜯어서 힘을 못 쓰게 만든 다음 시궁창 속에 던져 버렸습니다. 굶주림과 목마름으로 고통을 받게 하기 위해서입니다.

이야기는 바뀌어서, 키슈의 도성에서는 이상한 일이 계속 일어났습니다. 신들이 이 도시의 사람들에게 화가 나, 모두 모여서 의논한 끝에 이 도시의 뿌리를 뽑아 버리자고 결정한 것입니다.

그리하여 천지의 신들은 모두 모여서 도시의 성벽을 포위했습니다. 마치 적군이 침공해 온 것과 같았습니다.

한편, 일곱 귀신이 성문을 물샐틈없이 닫아놓았으므로 아무도 빠져나갈 수 없게 되었습니다. 그리고 도시 안에서는 전염병이 맹위를 떨치게 하기 위하여 병균을 풀어 놓고 있었습니다.

그렇게 만들어 놓고 신들은 산 제물로서 왕뿐 아니라, 대를 이을 자손들까지 하나 남김없이 바치게 했기 때문에, 도시의 사람들은 지도자를 잃고 외롭게 됐습니다. 게다가 왕의 후계자를 세우려고 해도 신들은 단연코 들어주지 않았습니다. 왕관이나 왕홀이나 의관이나 왕위를 상징하는 모든 것은 새 군왕이 왕위에 오를 때마다 신들의 축복과 승인의 표시로서 내려주는 것인데, 지금은 천상의 깊은 곳에 처넣어 버렸습니다. 마치 지상에는 왕이나 고관이 없이 전세계가 하느님의 지배를 받고 있던 옛날과 같았습니다.

그러나 심술궂은 신들 중에서 오직 두 분의 신만은 어느 정도 호의적인 눈으로 인간을 보고 있었습니다. 군주의 즉위를 주관하는 위대한 신 엔리르는 힘을 빌려줄 만한 인간은 없을까 하고 천상의 궁전을 이리저리 찾고 있었습니다.

한편 지상에서는 어머니이신 이슈탈(왕이라는 자는 모두 그녀의 가슴에서 자랐다)이 온 도시를 빈틈없이 찾아다녔습니다. 또한 이슈탈은 멀리 들판을 넘어 사람들의 얼굴을 자세히 조사하며 돌아다녔고, 신들의 뜻을 거역해서라도 합당한 사람을 찾아내어서 사람들의 구세주를 만들려 하고 있었습니다.

며칠을 찾아다닌 끝에 두 분의 신은 한 성실한 양치기를 선택했습니다. 이름은 에타나라 합니다.

"저 에타나는 훌륭하고 그 임무에 성실한 양치기다. 왕이 되어 백성을 다스릴 만하다."

그래서 에타나는 왕궁으로 불려가서 지체없이 즉위식이 거행됐습니다. 신관들이나 마술사들은 신들에게 기도를 드리고, 값비싼 음식이나 음료를 많이 바치면서, 제발 노여움을 푸시어 이 군주의 왕국에 은혜를 베풀어 달라고 빌었습니다.

다음으로 이 지방의 관습에 따라서 그들은 에타나를 깊숙한 어떤 방으로 인도하여 한 신분 높은 신부와 결혼을 하게 했습니다. 이 혼인이 가져오는 힘으로 국토와 백성들이 부유하게 번영할 수 있도록 해달라고 또 빌었습니다.

그러나 아무리 좋은 음식과 많은 음료이지만 신들은 손을 대려 하지 않았습니다. 전염병은 조금도 수그러들지 않았고, 에타나의 신부는 임신을 하지 못했습니다.

이윽고 자기의 결혼이 아무런 도움도 주지 못해서 이제는 백성이 셀 수 있을 정도밖에 남지 않은 것을 알았을 때 그는 자진해서 정의의 신이 거처하는 신전에 올라가서 진심으로 기도를 드렸습니다.

"오, 하느님!"

눈물이 그의 뺨 위에 흘러내렸습니다.

"신관들이 아직 바치지 않은 제물이 없고, 바치지 않은 희생이 없는데, 보십시오. 제 백성은 파리처럼 픽픽 쓰러지고, 우리에게는 아기 하나도 주시지 않았습니다. 제발 우리의 슬픔을 위로해 주시고 탄식을 그치게 해 주십시오. 마력으로 출생하게 하는 풀을 저에게 주십시오. 그렇게 하면 제 백성은 자손을 얻을 수 있고, 우리 어깨를 짓누르는 무거운 짐을 벗을 수 있습니다."

　이렇게 에타나가 정의의 신에게 기도를 드리고 있을 때, 뱀에 의해 시궁창 속에 버려졌던 그 독수리도 정의의 신의 이름을 외치고 있었던 것입니다.

　"하느님, 목숨을 살려주시면 앞으로의 제 모든 생활은 당신의 이름을 숭배하는 데 바치겠습니다."

　정의의 신은 두 간절한 청원에 대답하셨습니다.

　에타나를 향해서는,

　"산들을 넘어가거라. 너는 어느 시궁창에 이를 것이다. 그 시궁창을 들여다보아라. 독수리 한 마리가 있을 것이다. 그것이 너에게 마법의 풀을 어디서 발견할 수 있는지를 가르쳐 줄 것이다."

　그리고 독수리를 보고서는 이렇게 말했습니다.

　"너는 비겁하고 흉칙한 짓을 저질렀다. 너는 이미 더럽혀진 짐승이니까 내가 가까이 갈 수는 없지만, 한 인간을 보내겠다. 그가 너를 살려주리라."

　이렇게 돼서 다름 아닌 에타나가 찾아왔을 때, 독수리는 시궁창 속에 쓰러져서 탄식하며 울고 있었습니다.

　에타나는 시궁창 가에 이르자 그 속을 들여다봤습니다. 그러자 거기엔 과연 맥이 빠져서 꼼짝도 하지 못하고 있는 독수리 한 마리가 있었습니다.

　"어떻게 이런 곳까지 왔소?"

　하고 독수리는 힘없이 물었습니다. 그러나 에타나는 너무나 놀라서 말이 안 나왔습니다. 이제야 그는 신의 말씀이 그대로 사실이었다는 것을 알았습니다.

"자네, 그것을 내게 주게. 나에게 보여주게."

그는 더듬거리면서 말했습니다.

"그것을 보여주게. 마법의 풀을 보여주게, 아기를 낳게 하는 신비한 풀을."

그리고 어느 정도 마음의 흥분이 가라앉자 이렇게 덧붙였습니다.

"그런데 자네가 이런 비참한 꼴로 시궁창에 쓰러져 있는 것은 도대체 어찌 된 일인가?"

"얘기를 하자면 깁니다."

하고 독수리는 말을 꺼냈습니다.

"잘 아시겠지만, 나는 새들의 왕이며, 다른 어떤 새들보다도 높이 날 수 있습니다. 최근 어느 날 나는 행복한 기분으로 날고 있었습니다. 다른 일은 조금도 마음에 두지 않고 있었습니다. 그러자 갑자기 천상의 궁전 앞에 있다는 것을 깨달았습니다. 나는 첫번째 문을 아무 어려움 없이 통과했습니다, 이어서 두 번째, 세 번째, 네 번째, 다섯 번째, 여섯 번째 문까지. 그러나 내가 이슈탈 여신의 옥좌로 통하는 일곱 번째 문에 들어서는 순간 여신의 발 밑에 웅크리고 있던 사자 한 마리가 으르렁거리며 덤벼들었습니다. 물론 격렬한 싸움이 벌어졌습니다. 이렇게 돼서 내 날개는 찢겨지고 말았던 것입니다."

그리고 낮은 목소리로 이렇게 말했습니다.

"그런데 말이오. 무엇인지 소중한 것이 언뜻 보였어요. 당신이 찾고 있는 그 마법의 풀은 바로 그 궁전에 있는 것입니다. 만약 내 날개의 상처를 고치고 이 시궁창에서 살려내 준다면 기꺼이 당신을 그곳으로 데려다 주겠습니다."

에타나는 너무나 기뻤습니다. 그리고 쉬운 일이긴 했지만, 아무튼 독수리를 시궁창에서 끌어내어서 찢어진 날개를 고쳐 줬습니다.

"자, 이제 됐어요. 몸을 내 등에 올려놓고, 두 손으로 날개를 꽉 잡아요. 무릎은 내 옆구리에 끼고요. 자, 공중으로 날아오릅니다."

에타나는 독수리가 말하는 대로 했습니다. 그리고 그들은 높이높이 올라갔습니다.

상당히 높이 올라갔을 때 독수리는 뒤돌아보고 이렇게 물었습니다. "자 지상을 좀 보시오. 큰 산이 한가운데 있고, 그리고 바다가 그 곳을 둘러싸고 있는 것이 보입니까?"

"나에게 보이는 것은 작은 산과 작은 개울이 있을 뿐이네."

그들은 더 높이 날아 올라갔습니다. 독수리는 다시 뒤돌아보고 물었습니다.

"자 이번에는 지상이 어떻게 보입니까."

"네게 보이는 것은……."

에타나는 대답했습니다.

"작은 야채 토막과 그 주위에는 물 웅덩이가 있을 뿐이네."

그들은 더 높이 올라갔습니다. 그리고 독수리는 다시 한 번 뒤돌아보고 물었습니다.

"어때요, 이번에는?"

"아무것도 보이지 않아. 아무것도……."

에타나는 갑자기 손과 몸에서 힘이 빠지면서 미끄러져 떨어지는 것을 느꼈습니다.

한 길, 두 길, 세 길, 그는 무서운 기세로 거꾸로 박혀서 떨어져 갔습니다. 그 밑에는 큰 바다가 마치 그를 삼키려고 달려드는 것처럼 사납게 뒤집히는 파도가 으르렁거리면서 다가오고 있었습니다.

　점토판에 새겨진 설화는 여기서 끝납니다.
　한 순간 뒤에, 주위의 고요함을 깨뜨리는 것은 오직 파도 소리와 낭패해서 빙빙 돌고 있는 독수리의 겁먹은 울음소리가 있을 뿐입니다. 그러나 파도가 밀려오고 쓸려나갈 때마다 반복해서 다음과 같은 이상한 말소리가 들려오는 것 같았습니다.

　빌린 날개로는 날 게 아니지,
　신의 법은 깨뜨릴 게 아니지.

빌려 온 날개

〈빌려 온 날개〉 또 〈하늘을 난 사람〉은 두 이야기를 교묘하게 하나로 묶은 것이다. 처음의 이야기는 독수리와 뱀의 싸움을 둘러싸고 전개된다. 이것은 전승적인 동물 설화의 한 편이며, 양쪽이 불사와 규칙적인 젊어짐 —— 독수리는 날개를 뽑히고, 뱀은 허물을 벗는 것으로 —— 을 찾았다고 하는 속신(俗信)에 근거한 것이다.

'독수리의 끊임없이 젊어짐'이라는 것은, 성서에서도 말하고 있다. 〈시편〉 103편 5절에서 작자는 하느님을 축복하기 위해서 내 마음을 격려하고 하느님의 은총으로 '네 인생의 복을 가득 채워 주시어 독수리 같은 젊음을 되찾아 주신다'라고 했다.

뱀의 젊어짐은 바빌로니아의 길가메시 설화에 있어서 가장 책략에 넘치는 사건의 한 뿌리를 이루고 있다. 앞에서 본 것처럼 주인공이 목욕을 하고 있는 사이에 뱀이 깊은 곳에서 나타나서 영원히 젊어지는 식물을 먹어 버리고, 길가메시는 작은 뱃속에 종자(從者)도 없이 남게 된다.

페니키아의 역사가 상크니아톤(생사의 연대 등을 모르며, 비브로스의 피롤에 의한 저서 《페니키아》의 그리스어역 단편이 남아 있을 뿐이다)은 역시 뱀에 관하여,

"이것은 대단히 장수하며, 탈피해서 젊어지는 능력을 가지고 있다" 라고 말하고 있으며, 플루타타르크(Plutarch ; 46?~120?. 고대 그리스의 사상가)도 같은 생각이 이집트에도 있었다고 말하고 있다. 라틴어에서도, 그리스어에서도 '노령'과 '뱀의 탈피'에 같은 말을 사용하고 있으며, 오늘날에도 이탈리아인은 '뱀보다도 나이 들었다(aver piu anni d'un serpente)'라고 말한다. 이 속신에서 볼 수 있는 것은 고대인 사이에서뿐이 아니다. 동아프리카의 와피파인들은 다음과 같이 말하고 있다.

"어느 날 신이 지상에 내려와서 생물들에게 영원히 살기를 원하는 자가 있느냐고 물었다. 그러나 그 때 대답한 것은 깨어 있던 뱀뿐이었다. 그래서 뱀은 매년 허물을 벗고, 죽이지 않는 한 죽지 않는 특권을 받았다고 한다."

같은 이야기가 영국령 북보르네오의 투슨족에도 있다. 그들의 말에 의하면 신은 허물을 벗는 어느 생물에게도 불사의 능력을 주겠다고 했으나, 그것을 할 수 있었던 것은 뱀뿐이었다고 한다.

이 이야기의 원래의 장구(章句)에서도 뱀굴에 대한 독수리의 공격의 주제를 더 자세히 보면, 뱀이 가지고 있었던 마법

▲등에 날개를 달고 오른손에 풍작의 상징인 석류나무. 왼손에 왕홀을 들고 있는 수호신

의 식물을 훔치기 위한 것이었다고 하는 것은 이상한 일이 아니다. 실제로 그쪽이 이야기의 연결을 보다 잘 설명하고 있다고 할 수 있다. 즉 에타나는 신들이 키슈의 도성에 내린 저주 때문에 석녀(石女)가 된 것을 알고, 신들의 선언을 빼돌리는 마술을 쓰려고 했다가 결국은 독수리에게 가도록 명령을 받았는데, 후자는 아마 귀중한 식물을 가지고 있었던 모양이다.

물론 이 이야기가 지금의 형태로 발전한 시기에는 이 당초의 동기와 독수리와 뱀 사이의 적의의 진짜 이유는 이미 오랫동안 잊혀져 있었다. 그래서 작자는 그의 이야기를, 그 이유 따위에는 별로 신경쓰지 않고, 전승의 이 토막을 찾아내어서 조직할 수 있었던 것이다. 아무튼 다른 동물 사이의 적의를 말한 설화는 우리에게 익숙한 것이었다. 예를 들면 고대 이집트의 한 동화는 독수리와 고양이가 어떻게 서로 도둑질을 하고, 마지막으로 태양신에게 가서 우정을 깨뜨렸기 때문에 벌을 받는지를 말하고 있다. 그리고 수많은 바빌로니아와 아시리아의 설화가 늑대와 개, 또는 말과 황소의 적대 관계를 다루고 있는 것이다.

이 설화의 그 근본 주제의 기묘한 발전이 그리스도교의 전승 속에 되살아나게 됐다. 여기서 예부터의 싸움이 선과 악의 영원한 싸움을 상징하는 것으로 받아들여지고, 독수리는 부활한 구세주를, 그리고 뱀은 교활한 악마를 나타내는 것이 됐다.

이 설화는, 후반은 민속학 학생에게는 〈빌려 온 날개〉로 알려져 있는 주제에 근거하고 있다. 이 주제의 골자는 주제넘은 얼뜨기가 새를 타고 하늘 높이 올라갔다가 결국은 떨어져 죽는다는 이야기이다. 이 이야기의 변종으로는 스페인·인도네시아·로디지아, 그리고 북미 인디언 사이에서도 볼 수 있으며, 원래 그루지아에서 생긴 〈레무스 아저씨 이야기〉, 그 변종의 하나가 잘 아는 고전기의 이카로스(Icaros ; 그리스 신화에 나오는 인물로서, 아버지인 다이달로스와 함께 밀랍으로 만든 날개를 달고 미궁의 탈출을 시도했으나, 아버지의 주의를 잊고 너무 높이 날아 태양에 날개가 녹아 바다에 추락하여 익사함) 신화라는 것은 말할 것도 없다.

이카로스는 인공 날개를 몸에 붙인 것까지는 좋았지만, 태양 가까이까지 날아가서 녹아 버렸을 뿐이다. 이 이야기는 민간 전승의 작은 단편으로 가득 차 있으며, 충분히 이해할 있도록 번역하기 위해서는 그런 것을 설명할 필요가 있다. 그렇게 해서 똑똑한 독수리 새끼는 아비 독수리에게,

"정의의 신은 큰 그물을 가지고 있으며, 그것으로 세상을 덮어서 법에 따르지 않는 자를 모두 잡는다."

라고 말할 때, 이것은 바빌로니아 사람들뿐 아니라, 널리 고대 인도나 성서에서도 볼 수 있는 속신을 언급하고 있는 것이다. 예를 들면 아탈바베타 속에는 바루나 신은 그런 조목을 가지고 있어서 그것으로 악한 자를 잡는다고 말하고 있으며, 고뇌하는 욥(구약 성서 〈욥기〉의 주인공)은 그의 친구에게,

"모르겠는가? 나를 이렇게 억누르는 이가 하느님이시라는 것을! 나를 덮어씌운 것이 그의 그물이라는 것을!"

하고 소리친다(〈욥기〉 19 : 6).

그리고 일곱 가지 능력을 가진 악마가 카슈의 도성을 포위하고 모든 성문의 빗장을 잠갔다는 조목에 이르는데, 이것은 질병이나 전염병을 자져오는 일곱 가지 바람이나 정령이라고 하는 고대 메소포타

미아의 속신을 말하는 것이다.

이것들은 바빌로니아의 마법 주문에 자주 언급되고 있으며, 거기에는 그것들이 대해의 심연 또는 황야의 불모지에서 오는 것으로 이야기되고 있다. 구약 성서의 〈신명기〉 제28장 22절에는 이스라엘인이 만약 야훼의 법을 지키지 않으면 7가지 질병을 내려 '너희를 칠 것이다'라고 경고하고 있다.

그리고 같은 생각이 고대 민족의 민요에도 나타나고 있으며, 거기에서는 노파가 9명의 아들을 낳지만, 그들은 각각 늑대 인간·뱀·리시(어떤 동물의 이름일 것이다)·도마뱀·수마(睡魔)·류마티즘·통풍(痛風)·심기(心氣), 그리고 선통(疝痛)이다. 이 여자의 아들은 모두가 재앙의 괴물들이었다.

민간 전승의 또 다른 것은 다음과 같은 사실에서도 알 수 있다. 즉 비운의 도시의 주인으로서, 그리고 구세주로서 선택된 에타나는 사실 양치기였다는 것이 그것이며, 이것은 바빌로니아인의 왕에 대한 정식 칭호가 '사람들의 목자'였던 사실과 맞먹는다.

이 생각은 성서에서도 '양들 사이에서' 부름받은 다윗의 이야기나, 모세와 아론이 하느님의 선민을 '양떼처럼'(〈시편〉 77 : 21) 인도했다던가, 크로스가 주의 기쁨을 실천해야 할 양치기로서 지명된(〈이사야서〉 44 : 28) 조목 등에 나타나 있다. 호메로스의 독자는 아

▲머리에 관을 얹고, 인간의 얼굴과 등에 독수리의 날개, 그리고 수소의 몸을 가진 수호신 라미

카이아인의 왕 아가멤논과 메네라오스가 항상 '사람들의 목자'로 형용되고 있는 것을 상기할 것이다.

그리고 지상의 왕권의 표장(標章)이 하늘에 간직돼 있다는 말도 주목할 만하다. 바빌로니아인들은 그것이 최고신 아누가 보관하고 있는 것이며, 이 신이 차례로 제왕이 된 자에게 넘겨준다고 믿고 있었다. 국경의 돌(구둘루라고 하며, 많이 남아 있다)에는 주신들의 상징을 조각하는 관습이 있었으며, 아누의 상징은 뜻깊게도 주권의 모장(帽章)으로 둘러싸인 옥좌이다. 이 생각은 성서에서는(〈시편〉 110 : 2)에서 가장 새로운 군주가,

"야훼가 시온에서 너에게 권능의 지팡이를 내려 주리니, 네 원수들 가운데서 왕관을 행사하리라."
라고 청원하는데에 반영하고 있다.

마지막으로 마법의 식물에 관해서 한마디하겠다. 식물이나 과실, 예를 들면 만도라골라(가지과 식물)·사과·편도(扁桃)를 먹음으로써, 신비롭게 임신할 수 있다는 속신은 분명히 광범위했다. 이것은 고전 신화의 아티스의 탄생에서도 나타나고 있다. 에타나의 이런 마법의 식물을 탐색하는 요점은 키슈 도시에 대한 신들의 저주의 결과인 인간의 생식 불능을 타개하기 위한 것이었다.

놓쳐 버린 행운

옛날에 지혜의 신 에아가 문득 심심풀이로, 모양은 인간 그대로이고, 신과 같이 현명한 생물을 만들어 보겠다고 생각했습니다. 그래서 에아는 지상으로 내려와서 엘리두의 성도(聖都)에서 아다파라는 이름을 가진 자를 만들었습니다.

아다파는 비범하게 현명하고, 천상 천하의 무엇 하나도 그가 모르는 것은 없었습니다. 그가 한번 입을 열면 신들이 스스로 말씀하시는 것과 같이 그 말씀에 거역할 수 있는 사람은 하나도 없었습니다. 모든 일에 숙달하여 빵을 굽는 일도, 물고기를 잡는 일도, 사냥을 하는 일도 그 전문가들보다 못 하지 않게 잘 했습니다.

그리고 그는 현명한 동시에 선량하기도 했습니다. 거기다 고결한 마음을 가지고 있었습니다. 그뿐만 아니라 신의 법칙을 굳게 지키며, 밤마다 잠자리에 눕기 전에는 도시를 한번 돌아보고, 도시의 문이 꼭 닫혀있는지, 다른 사람들이 편안하게 잠들어 있는지를 확인하는 것이었습니다.

어느 날 아다파는 창조주 에아에게 바칠 물고기를 잡으러 나갔습니다. 그런데 해변을 떠나자마자 갑자기 하늘이 어두워지고, 머리 위에는 괴조(怪鳥)의 모습을 한 폭풍의 정(精)이 거대한 날개를 펴고 수면을 때리면서 큰 파도를 일으키기 시작했습니다.

작은 배는 마구 흔들리고 시달리다가, 그만 한 줄기 모진 바람에 뒤집히고 말았습니다.

아다파는 정신이 들고 보니, 자신은 물고기의 큰 무리 속에서 허우적거리고 있었습니다. 그는 분노해서 괴조에게 주먹을 휘두르며 저주의 말을 퍼부었습니다.

"이 폭풍새 놈아! 나에게 이런 꼴을 당하게 한 보복으로 너의 날개를 잘라 버리겠다."

라고 하자, 이 저주의 효력이 당장 나타났습니다. 이 말이 그의 입에서 떨어지자마자 괴조의 날개는 잘려나가고 말았습니다.

그러고 나서 7일 동안 바다는 바람 한 점 없고 잔잔해져서 잔물결도 일지 않았습니다.

하느님은 바람이 전혀 불지 않는 것을 보시고 날개를 가진 하늘의 사자 일라브래트를 부르셔서 그 사연을 물었습니다.

"왜 바람이 전혀 불지 않느냐?"

"에아 나리께서 만드신 자가 바람의 날개를 잘라 버렸습니다."

하느님은 그 말을 듣자 몹시 분노하여 옥좌에서 벌떡 일어나서 그 괘씸한 자를 당장 이 곳으로 끌고오라고 명령하였습니다.

현명하고 자애로우며, 천상의 모든 비밀을 알고 있을 뿐만 아니라, 무엇 하나도 그의 눈을 피할 수 없는 에아는 곧 그의 종을 도우려고 달려왔습니다.

"아다파야, 머리를 풀고, 머리에 재를 쓰고, 누더기 옷을 입어라. 네가 하늘 문에 도달하면 그 곳에 두 파수꾼이 있을 것이다. 그 둘은 탄무즈 신과 기슈지타 신으로서, 여름 가뭄에 지상에서 모습을 감춰 버린 수확의 신들이다. 그들이 너를 보면 '왜 그렇게 풀이 죽고 당황하느냐? 그런 모습으로 하늘 문에 온 것이 무슨 영문이냐?'고 물을 것이 틀림없다. 그러면 너는 이렇게 대답해라. '두 분의 신이 지상에서 모습을 감췄기 때문에 두 분을 조문하고 대신(大神)의 자비를 빌기 위해서 왔습니다'라고. 이 말로 너는 두 분의 마음을 잡을 수 있고, 두 분은 너를 도와줄 것이며, 하느님에게 중재를 해 줄 것이다. 그러면 대신의 노여움도 풀리고, 오히려 너를 위해서 음식을 주라고 명령할 것이다. 그러나 아무것도 먹어서는 안 된다, 죽음의 음식이니까. 물도 마셔서는 안 된다, 죽음의 물이니까. 오직 신이 좋은 옷과 기름을 권할 때는 받아도 된다. 잘 해라. 나의 말을 명심하고 잊지 말아라."

그리하여 아다파는 에아의 말대로 머리를 풀고, 머리에 재를 쓰고, 누더기 옷을 입었습니다.

얼마 뒤에 대신의 사자가 도착했습니다.

"아다파는 폭풍의 정령의 날개를 꺾은 죄로 신의 재판장에 끌려가야 한다!"

그래서 아다파는 사자의 손에 인도되어 천상의 법정으로 끌려갔습니다.

하늘 문에 도달해 보니 바로 에아가 말하는 대로 두 파수꾼이 서 있었습니다.

"정지!"

하고 소리치며 두 파수꾼은 아다파의 길을 막았습니다.

"무슨 사연으로 그런 모습을 하고 하늘의 법정에 왔느냐?"

대답할 말은 준비되어 있었습니다.

"두 분의 신이 지상에서 사라지셨습니다."

하고 아다파는 대답했다.

"저는 두 분을 조문하고 대신의 자비를 구하려고 왔습니다."

"그런데 그 두 분의 신이란?"

두 파수꾼이 물었습니다.

"탄무즈의 신과 기슈지타의 신입니다."

이 말을 듣고 파수꾼 신들의 마음은 풀리기 시작했습니다. 그들은 아다파에게 다정하게 말하고 대신 앞으로 안내하였습니다.

대신은 옥좌에서 일어서서 무서운 목소리로 소리치며,

"아다파야, 앞으로 나와라. 그리고 대답해라. 폭풍의 새의 날개는 왜 꺾었느냐?"

그러나 아다파는 주저하는 기색도 없이 온화하게 대답했습니다.

"대신이시여, 자초지종은 이렇습니다. 지혜의 신 에아는 저를 모든 인간보다도 현명하게 만들어 주셨고, 천상 천하의 모든 비밀을 밝혀 주었기 때문에, 저는 매일 음식을 바쳐서 은혜에 보답하기로 결심했습니다. 어느 날, 에아의 만찬에 바치려고 물고기를 잡으러 바다에 나갔는데, 작은 배를 띄웠을 때는 바다가 마치 거울처럼 잔물결 하나 일지 않고 있었습니다. 그런데 갑자기 그 폭풍새가 날아와서 사나운 파도를 일으킨 것입니다. 저의 배는 뒤집히고, 저의 주인은 굶을 수밖에 없게 됐습니다. 저는 몹시 화가 나서 괴조에게 주술을 걸어서 날개를 꺾었던 것입니다."

이렇게 이야기하는 동안 대신은 손바닥으로 턱을 받치고 지그시 보고 있으면서 믿어야 할지 어쩔지 마음을 정하지 못하고 있었는데, 아다파가 이야기를 마치자 탄무즈와 기슈지타가 달려들어서 옥좌 앞에 엄숙히 무릎을 꿇었습니다.

"아다파의 말은 진실입니다. 신을 두려워하지 않는 못된 자가 아니라, 그는 마음 속으로부터 신들을 경애하고 있습니다. 자, 보십시오. 지금도 자기의 목숨이 경각에 달려 있는데, 우리 둘의 일을 마음 아파하여 당신의 자비를 구하려고 머리를 풀고, 상복을 입고 어전에 와 있지 않습니까. 부탁 드립니다. 제발 그의 행위를 나쁘게 받아들이지 말아 주십시오. 그를 책망하지 말아 주십시오."

대신의 노여움은 이 호소로 완전히 풀리고, 그뿐 아니라 깊이 감동을 받았습니다.

"아다파에게는 죄가 없다."

하고 대신은 주위의 신들을 향해서 말하였습니다.

"그를 벌하지 않겠다."

그리고 잠시 말을 멈추고 이마에 주름살을 짓고 있다가 이어서 말씀하시기를,

"에아는 이 사나이를 신들과 동등한 자로 만들었다. 그러나 이 사나이는 죽임을 면할 수 없는 자 같은데, 이렇게 된 이상 앞으로는 신들의 반열에 끼어주겠다. 음식과 물을 갖다주거라. 우리의 음식을 먹고 마셔서 우리의 일원이 되게 하라."

눈앞에 음식과 물이 나왔으나 아다파는 에아의 명령을 잊고 있지 않았기 때문에 먹거나 마시지 않았습니다.

이런 모습을 보고 대신은 미소 지으며,

"아, 아다파도 어리석은 인간에 불과하구나. 이렇게 자신을 불사 (不死)의 몸으로 만드는 음식물을 거절하다니."

하고 혼자 중얼거리다가 하인을 향하여,

"저자를 끌고 가서 지상으로 돌려보내라."

하고 명령하셨습니다.

그러나 대신은 자비 깊고, 게다가 아다파의 행위가 옳았고, 신 앞에서 얼마나 경건했는지를 잘 기억하고 있었기 때문에 다정하게 말씀하였습니다.

"아다파여, 너는 지상으로 돌아가야 하지만, 그 행위의 보답을 내리겠다."

그리고 천상의 모든 신비와 영광을 그에게 내려 주었습니다. 그리고 옥좌에 서서 다음과 같이 그 뜻을 알렸습니다.

"아다파는 지상으로 돌아가야 하는 자이지만, 인간 세상의 해악으로 고통받는 일은 없을 것이다. 앞으로 항상 쾌유(快癒)의 여신인 힘센 닌칼라크를 그의 곁에 있게 하겠다. 질병이 아다파에게 닥쳐와도 그녀는 이것을 물리칠 것이다. 악역(惡疫)이 침범해도 그것을 쫓아 버릴 것이다. 재해(災害)가 닥쳐와도 그 길을 막아 버릴 것이다. 설사 그가 심로(心勞)와 불면(不眠)으로 자리에 눕더라도 그녀는 곧 그를 위로하고 안식을 줄 것이다. 그리고 아다파는 인간의 우두머리답게 그의 자손은 영원히 왕이 될 것이다. 그리고 그가 사는 도시 엘리두는 아무도 침범하지 못할 것이다."

그래서 그렇게 됐습니다. 그러므로 아다파의 자손은 오늘날에도 왕위에 있으며, 엘리두 도시는 누구의 봉토(封土 ; 영지)도 아닙니다.

놓쳐 버린 행운

〈놓쳐 버린 행운〉 또는 〈아다파 설화〉라고 하는 이 설화는 50년 이전부터 알려지고 있었는데, 이것은 여러 번이나 번역되고 논의되어 왔음에도 불구하고, 그 주안점이 바르게 파악되고 있는지는 의문시되고 있다.

그 요점은 아다파가 인간이 아니라는 것이며, 그 결과로 이 설화의 주제는 보통 생각되고 있는 것처럼 인간이 불사(不死)를 상실했다는 것이 아니다. 그렇기는커녕 오히려 그는 특수한 창조물이며, 에아 신의 변덕으로 만들어진 인간도 아니고 신도 아닌 것, 전자의 모습과 후자의 지혜를 가지고 있었다는 것이다.

이 바탕에서야 —— 이것은 원문에서 명확하게 말하고 있다 —— 이 설화는 이해할 수 있다. 예를 들면 그 하나로써, 아다파는 어떤 방법으로 바람의 날개를 꺾을 수 있는 힘을 충분히 가진 마법의 주력(呪力)을 가질 수 있었는가 하는 것도 우리는 알 수 있다. 또한 우리는 아다파가 신 앞에 재판을 받기 위해서 끌려갔을 때 최고신이 내린 판결의 참된 목적도 이해할 수 있다.

이 신이 아다파는 실제로 경건한 마음으로 행동했다는 것을 납득했을 때 신은 그에게 충분한 신성(神性)의 자격을 허락할 마음이 생겨서 그에게 하늘의 음식을 내놓았는데, 이것을 먹으면 자동적으로 그에게 신성이 주어질 터였다.

그러나 총명한 에아가 예견한 것은 이 사실이었다. 에아는 자기의 특별한 창조물이 신의 반열에 끼이는 것을 원하지 않았다. 그렇게 되면 그의 종이 없어져서 터무니없는 부메랑이 되지 않을 수 없기 때문이다.

그래서 그는 아다파에게 그 음식을 독물이라고 말한 것이다. 최고신은 이 창조물이 음식을 먹지 않을 뿐만 아니라, 그 터무니없는 거짓말을 그대로 믿는 것을 보고, 아다파는 역시 신보다 인간에 가깝다는 것을 알았다.

"역시 아다파는 인간이야."

하고 그는 단언한다.

"눈뜬 소경의 하잘것없는, 어리석은 놈!"

그래서 신은 그에게 지상으로 돌아가라고 명령한다.

▲이라크 서남 사막 지대를 가는
낙타의 무리

그러나 아다파가 완전히 인간이라는 것은 아니다. 그 점을 인정했기 때문에 최고신도 그의 판결에 다음과 같은 것을 덧붙인 것이다. 즉 이 창조물은 인간 세계에서 살아야 하지만, 그는 인간의 육체가 받아야 하는 일체의 질병에 걸리지 않는다는 것이 그것이다. 하늘의 동료들에게서 쫓겨나기는 했지만, 그는 역시 인간 이상의 무엇이었던 것이다.

이렇게 말하기는 하지만, 작자는 주지하는 '왜곡된 전언(傳言)'이라는 주제에 글뜻을 맞추려 하지 않는 것은 물론이다. 그 주제란 인간이 불사(不死)를 받지 못한 것은, 그 받는 방법을 알린 신의 전언이 사자에 의하여 고의로 왜곡됐기 때문이라는 것이다. 이 주제는 온 세계가 공통되며, 사자는 대개 동물, 특히 뱀으로 표현되어 있다.

제임스 프레이저 경은 〈창세기〉에 나오는 유혹과 타락의 이야기의 밑바닥에는 이것이 있었을 것이라고 시사하고 있다. 그러나 요점은 당시의 설화 작자가 그런 전승을 유의했다 해도 그것은 막연한 기억이라는 형태에 불과하다는 것이다. 고작해야 그가 사용한 것은 설화의 대략적인 줄거리에 불과하고, 그의 언변의 제목과 줄거리는 전혀 별개의 것이다.

이 설화를 전한 엘리두의 학승(學僧)들은 여기에 그들 나름의 색채를 첨가한 것은 말할 것도 없다. 학식 있고 현명하고 경건한 아다파는 무리하게 왕실의 대신(大臣)으로 표현되고, 한편 봉건제 조세를 면제받은 '자유시(自由市)'로서의 신전(神殿)의 전통적인 지위는 이것도 신이 그에게 내려준 상의 하나가 된다.

이런 민화의 성직자가 학자에 의한 착색은 결코 드문 일이 아

▲남 이라크의 소택지에 지어져 있던 수상 생활자의 갈대집

님은 물론이며, 무엇을 위한 것인지도 당장 알 수 있는 것이다. 유사한 어리석은 잔재주에 의하여 후기 아시리아의 텍스트는 약처방을 아다파에게 돌리고 있는데, 이것은 명백히 자신이 병에 걸리지 않는 인간은 동료에 대해서 의사로서의 일을 할 수 있을 것이라는 근거를 가진 것이다.

남은 문제는 폭풍의 새라는 생각에 관한 몇 가지 말을 덧붙이는 것뿐이다. 몇 가지 신화에서 바람과 천둥은 큰 새나 그와 비슷한 맹금(猛禽)이 날개를 홰쳐서 일어나는 것이라고 생각했다.

슈메르인은 괴물인 두구두에게 그런 모습을 부여하고 있으며, 인도에서는 독수리 가루다가 그렇고, 에다에서는 괴물 프라에스벨구르가 그렇다. 이런 속신은 중국·미얀마·핀족과 셰틀랜드의 아이슬란드인·트린기트 및 아스테가와 밴쿠버 섬 사람들 사이에도 그 증거가 보인다. '바람의 날개'라는 것은 성서에도 〈시편〉 제18편 11절과 104편 3절에서 볼 수 있다.

충치는 왜 생기는가?

하느님이 하늘을 만드시고
하늘은 대지를 만들었습니다.
대지는 강을 만들었습니다.
강은 개천을 만들었습니다.
개천은 진창을 만들었습니다.
진창은 벌레를 만들었습니다.

그러나 벌레에게는 아무것도 먹을 것이 없었습니다.
그래서 벌레 놈은 옳고 그름을 판단하는 신에게 갔습니다.
그리고 이놈은 울어댔습니다.
또한 지혜의 신 에아에게도
벌레 놈은 눈물을 지독하게 흘렸습니다.

“먹을 것을 주십시오.”

하고 소리쳤습니다.

"그리고 마실 것도 주십시오."

"익은 무화과를 주겠다."

라고 신은 말씀하셨습니다.

"그리고 너에게 살구도 주겠다."

"익은 무화과 따위가 무엇이 좋아."

하고 벌레 놈은 소리쳤습니다.

"살구 따위는 필요 없어요."

"날 진흙탕에서 끌어내 줘요.

그리고 인간의 이빨 사이에 놓아줘요.

날 인간의 턱 속에 넣어줘요.

인간들의 이빨의 피를 내가 마실 수 있도록.

또한 턱뿌리에서 음식을 먹을 수 있도록."

"좋다!"

하고 옳고 그름을 판단하는 신이 말씀하셨습니다.

"너의 소원대로 하라.

너는 인간의 이빨 사이에 있으렴.

너는 턱 사이에 있으렴.

그러나 이제부터는, 그리고 언제까지나,

에아의 강한 손이 너를 으깨게 될 것이다."

남아 있는 것은 이것뿐입니다. 벌레는 이빨을 먹이로 하고, 인간이

씹은 것을 빼앗아 먹고 있습니다. 그러나 에아 신의 종인 치의사는 이것을 공격해서 죽이고 있습니다.

그것뿐이 아닙니다. 언제나 당신들의 이빨이 아플 때는 그것을 진정시키기 위해서 약을 마시고, 이 이야기를 세 번 외쳐야 합니다. 그러면 아픔은 틀림없이 나을 것입니다.

충치는 왜 생기는가?

치통이 벌레 때문에 생긴다는 생각은 지극히 상식적이고도 일반적인 것이다. 이 이야기는 이미 호메로스 풍의 〈데메테르 찬가〉에서도 보이는데, 거의 기원전 5세기의 세월을 가진 것이다. 그리고 이것은 중국·인도·핀란드 등 몇 가지 예를 드는 것만으로도 이들 민간 전승 속에 있는 것을 알 수 있다.

셰익스피어는 〈헛소동〉(제3막 제2장 21행 이하)에서 이것에 언급하고 있으며, 여기서 베네딕은,

"이빨이 아프다."

라고 불평하는데, 이것은 그저 친구들에게,

"에! 이빨이 아파서, 자네는 그렇게 한숨을 쉬는 거야!"

"고작 병액(病液)이나 벌레 탓인데."

하는 말로 꾸지람을 들을 뿐이다.

이 아시리아의 이야기를 처음 간행한 학자 R. 칼벨 톰슨은 이런 속담이 메소포타미아에도 있었던 것을 우리에게 알려주고 있는데,

이것은 바로 오늘날까지 남아 있어서 우리는 치통을 '벌레 먹는 아픔(a gnawing pain)'이라 하고, 독일인은 '벌레가 내게 붙었다(Es wur - mt mich)'고 말하는 것이다.

　이런 생각이 지극히 일반적이었던 결과, 때로는 벌레의 적용이 수술의 아픔 없이 벌레 먹은 이빨을 제거하는 수단으로써 실제로 권장되기까지 했다. 예를 들면 대 플리니우스(Plinius ; A. D. 23~79. 로마 시대 최고의 박물학자)는 그의 저서 《박물지(博物誌) ; 자연에 관한 지식의 집대성으로서, 중세기를 통하여 모든 지식의 원천으로 존중받았음. 77년 완성. 37권》에서,

　"스페르트라는 식물 중에는 목식충(木蝕蟲)과 같은 벌레가 있다. 이것은 밀랍(蜜蠟)과 함께 벌레 먹은 이빨 구멍에 박아 넣으면 이빨이 빠진다."

라고 말하고, 한편 그는 같은 책의 다른 곳에서,

　"불에 태운 굼뱅이 재나, 살아 있는 캐비지 배추벌레를 벌레 먹은 이빨에 넣으면 그것이 간단히 낫는다."

라고 말하고 있다. 같은 처방이 약 500년 사이에 아미타의 아에투스라는 의사에 의하여 주장되고 있으며, 17세기가 되어서도 〈페이팩스 가정 처방법〉은 다음과 같은 요법을 권하고 있다.

　'교미하고 있는 벌레를 잡아라. 뜨거운 기와 위에서 말리고, 다음에 이것

▲기원전 2000년경 사자 머리를 한 독수리 소상. 머리와 꼬리는 황금, 그 외는 라비스라즈니로 만들어져 있다. (마리출토)

을 가루로 만들어라. 그리고 그것을 이빨에 붙이면 빠질 것이다.'

이 이야기를 분명히 하기 위해서는 왜 지혜의 신 에아가 나오느냐 하는 이유를 덧붙이면 충분하다. 그 이유는 그를 의학을 포함한 각 학문의 스승으로 보기 때문에 에아는 심연(深淵)에 살고 있다고 생각되고 있었는데, 그것을 물이 마술이나 의술상의 실기에 필수적이라고 생각했기 때문이다(실제로 대개의 셈어에 있어서 '의사'에 해당하는 말은 '물을 아는 사람'이라는 뜻의 옛 슈메르어에서 나왔다).

이 신앙의 주요 근거지는 엘리두(지금의 아브 샤프레인), 즉 주지하는 바빌로니아 최고의 도시이며, 유프라테스 강가(지금의 하상의 서쪽), 페르샤만 가까이에 있다. 이 곳은 마법과 주술법이 이름 높은 중심지였던 것이다.

하티의 설화

숨어 버린 신

옛날에 지상에서 열매를 맺게 하는 신 텔리펀은 인간들의 사악한 행동에 몹시 화가 나서 숨어 버리기로 결심하고는 그대로 실행에 옮겼습니다. 화가 날 대로 난 그는 신을 바로 신기 위해서 멈춰서려 하지도 않고, 오른쪽 신을 왼쪽 발에, 왼쪽 신을 오른쪽 발에 신은 채 걸어갈 정도로 화가 나서 어디론가 몸을 감춰 버렸습니다.

그러자 당장 이 세상의 모든 것이 조화를 잃었습니다. 두 번 다시 봄이나 여름이 찾아오지 않을 것 같았습니다. 집 밖에서는 강이나 호수가 얼어붙었고, 눈은 녹을 기미가 없었습니다.

나무들은 완전히 앙상하게 가지만 남았고, 들에는 한 포기의 풀도 보이지 않았습니다. 소나 양은 우리 속에 떼지어 있었으며, 사람들은 집 안 난로 가에 모여 있었습니다.

난로에는 재가 산처럼 쌓이고, 창이라는 창은 그을음과 연기로 뒤덮여서 밖을 볼 수도 없었습니다.

무서운 추위였기 때문에 쓰레기를 버리거나, 먹을 것을 구하려고 해도 집을 나갈 수가 없었습니다. 온 세상이 무서운 굶주림에 빠졌습니다.

생명 있는 모든 것이 멸종될 것 같았습니다. 암양은 수양을, 암소는 수소를 거부했습니다. 이미 임신하고 있는 짐승들까지 그 새끼 낳기를 거부했습니다.

만물을 지켜주고 내려다보고 계신 태양신은 이런 상황을 보고 모든 남녀 신들을 불러서 회의를 하기 앞서 연회를 베풀었습니다. 그리고 모두들 아낌없이 제공되는 요리를 마음껏 먹고, 포도주나 더 강한 술을 마음껏 마시고 난 뒤에, 비로소 이 근심되는 일을 태양신은 여러 신들 앞에 털어놨습니다.

"내 아들 텔리핀이 지상에서 없어져 버렸어. 몹시 화가 나서 숨어 버렸는데, 그의 몸뿐 아니라 모든 수확도 번영도 함께 가지고 가 버린 거야."

이 말을 듣고 신들은, 위대한 자들도 미약한 자들도 일제히 그 동포를 찾으러 나섰습니다. 언덕 위도 골짜기 아래도 찾았습니다. 산을 넘고 물을 건너 아무리 찾아도 텔리핀은 아무 데서도 발견되지 않았습니다.

그들은 태양신에게로 돌아가서 실패로 끝난 사연을 알렸습니다. 그래서 태양신은 빠르고 눈이 밝은 독수리를 보내기로 했습니다.

"높은 산도 깊은 골짜기도 찾는 거다. 소용돌이치는 파도를 발견하면 그 속도 잘 살피는 거야. 텔리핀은 파도에 말려들었는지도 모르니까."

그래서 독수리는 높은 산을 넘고 깊은 골짜기를 살피며 날았습니다. 소용돌이치는 파도를 볼 때마다 잘 살폈지만, 아무리 먼 곳까지 날아도 조심스럽게 찾아도 텔리핀은 어디에도 없었습니다. 그래서 독수리는 태양신에게로 돌아와서 그 실패를 보고했습니다.

한편 지상의 모든 것은 말라갈 뿐이었습니다. 이제 궁지에 몰린 것은 인간뿐이 아니었습니다. 짐승들이 죽고, 곡식이 여물지 않았으므로, 신들도 또한 제물을 받지 못하기 때문에 살아갈 수 없게 될 것입니다.

여기에 생각이 미치자 신들은 몹시 당황하여 두 손을 비벼대며 우왕좌왕하기 시작했습니다.

그런데 이 때 성질이 유난히 거친 한 신이 있었습니다. 그는 바람의 신입니다. 그 신은 조용히 있을 수가 없었으며, 언제나 으르렁거리거나 짖어대고, 미친 듯이 성내며 불어젖히고, 이곳 저곳을 날아다니고 있었습니다.

"무슨 일이야?"

하고 그 바람의 신이 소리쳤습니다.

"우리가 이제 모두 굶어죽게 됐다고? 무슨 수를 써야지."

"그래!"

하고 대답한 것은 다름아닌 신들의 자비로운 여왕이신 그의 어머니이었습니다.

"무슨 수를 써야겠다. 네가 하려무나. 너는 힘센 신이고, 네가 보는 모든 것을 날려 버릴 수 있으니까. 어두운 동굴 속까지도 들어갈 수 있고, 구석구석까지 날려 버릴 수 있어. 나뭇잎을 흔들고, 강물을 일으키고, 인간들의 집을 뒤흔들어 놓을 수 있으니까. 네가 들판을 불어젖히면 곡물이 모두 너에게 머리를 숙이기 때문이다. 네가 텔리핀을 찾아오너라."

이렇게 돼서 바람의 신은 지상 구석구석을 돌아다닌 끝에 텔리펀이 자주 머물던 도시에 찾아왔습니다.

"필시 이 곳에 있을 거야."

그렇게 생각하고 바람의 신은 도시의 문을 두드렸으나 대답이 없었습니다. 그래서 있는 힘을 다 하여 계속 문을 두드리고 집이 통째로 넘어질 만큼 불어젖혔으나 텔리펀은 보이지 않았습니다.

그래서 바람의 신은 분한 마음을 풀 길이 없었고, 대단히 실망해서 하늘로 돌아가자 말도 하지 않고 주저앉아 버렸습니다. 그래서 미풍 한 가닥도 불지 않고 숨을 죽인 듯한 고요가 주위를 지배했습니다.

그러나 여성의 지혜는 바람의 신보다 훌륭했습니다. 능력 있는 신들은 누구 하나도, 그리고 자기 아들조차도 텔리펀을 찾아내지 못한 것을 알고, 하늘의 여왕은 자신이 나서야 되겠다고 결심했습니다. 그래서 그녀는 작은 벌을 불렀습니다.

"작은 벌아, 텔리펀을 찾아다오. 그를 찾으면 너의 바늘로 손이나 발을 쏴 주는 거야, 그는 필시 발광을 할 테니까. 그러면 너의 꿀을 거기에 바르고 내게로 끌고 오너라."

여신이 벌에게 이렇게 명령하는 말을 듣고 바람의 신은 대단히 불쾌하게 생각했으며, 모욕을 당했다고 느끼자 비웃으면서 소리를 쳤습니다.

"모든 신들이 텔리펀을 찾지 못했는데, 그 약한 바늘밖에 가지지 못한 조그만 벌 주제에 이 신들이 실패한 일을 해낼 수 있다고 생각해요?"

"닥쳐!"

하고 여신은 매정하게 물리쳤습니다.

벌은 날아갔습니다. 높은 산을 넘고, 깊은 골짜기를 지나고, 강을 건너서 붕붕 날아갔습니다. 맥이 빠지고 꿀도 거의 떨어졌을 때 벌은 겨우 리프지나라는 도시 가까이에 있는 숲 속 빈터에 도달했습니다. 그러자 이게 웬일입니까. 그 곳에 벌렁 누워서 깊이 잠들어 있는 자가 바로 그 텔리핀이 아니겠습니까.

지체하지 않고 벌은 텔리핀의 두 손발을 침으로 쏘자 신은 깜짝 놀라서 눈을 떴습니다. 그러나 잠자다가 갑자기 깼을 때는 신도 인간과 똑같습니다. 텔리핀은 지독하게 화를 내고 발광했습니다.

"왜 방해를 하는 거야? 단잠을 자고 있는데, 그것도 몰라? 나같이 볼멘 얼굴을 하고 있는 자는 건드리지 않는 것이 좋다는 것을 넌 몰라? 내가 말할 기분이라고 생각해?"

그야말로 텔리핀은 전에 없이 화를 내고 있었습니다. 그리고 불쑥 일어나서 성큼성큼 걸어가면서 닥치는 대로 마구 때려부수는 것이었습니다. 모든 강은 이제까지는 그저 얼음 정도는 얼어붙어 있었는데, 지금은 바싹 말라 버렸습니다. 샘에는 이제까지는 넘칠 정도로 물이 남아 있었는데, 그것도 말라 버렸습니다.

그러나 벌은 가장 작은 생물의 하나이지만, 동시에 가장 현명한 생물이기 때문에, 어떻게 하면 좋은지를 잘 알고 있었습니다. 남아 있는 모든 체력을 발휘해서 벌은 쏜살같이 여왕에게 날아와서 보고했습니다.

"텔리핀 나리를 발겨했지만 저 혼자서는 데려올 수가 없었습니다. 그분을 데려오기 위해서는 아마누스의 높은 봉우리를 넘고 깊은 급류를 건너야 합니다. 저의 힘으로는 불가능한 일입니다. 독수리 한 마리를 저와 함께 보내주십시오. 신이 계신 장소를 제가 독수리에게 가르쳐 주겠습니다. 그렇게 하면 독수리는 그분을 날개 위에 태우고 돌아올 수 있습니다.”

그래서 여신은 독수리를 부르게 됐고, 벌과 함께 가서 텔리핀을 데리고 오라고 분부하셨습니다.

“그러나.”

하고 여신은 덧붙여서,

“이것은 시작에 불과하다. 그는 아직 화가 나서 발광하고 있으니까 그의 노여움을 풀어주기 위해서는 천지에 다시없을 새로운 마술이 필요할 것이다.”

산을 넘고 골짜기를 건너서 독수리와 벌은 날아갔습니다. 그 사이에 신들은 천상의 성벽 주위에 모여서 숨을 죽이고 그들이 돌아오기를 기다렸습니다.

오래 기다리는 동안 불안했습니다. 그러나 이윽고 작은 먹구름 같은 것이 지평선 위에 떠오르고, 동시에 천둥 소리가 울리고, 번갯불이 번쩍이더니 발광하며 외치는 소리가 대기를 찢어내 버리듯이 울려 퍼졌습니다.

신들은 벌벌 떨며 지켜보고 서 있었습니다.

우렛소리는 점점 사나워지고, 외치는 소리는 높아지고, 번갯불은 더욱 번쩍거리고, 결국은 천지가 처참한 전쟁 속에 갇힌 것 같았습니다. 그러다가 그 소동이 가라앉고 벌의 규칙적인 날개 소리가 들렸습니다.

그리고 검은 구름도 서서히 그 모습을 보이기 시작했습니다. 가까이 오는 것을 자세히 보니 그것은 텔리핀을 날개에 태우고 이쪽으로 날아오고 있는 독수리가 아니겠습니까.

벌은 승리의 기쁨 반, 두려움 반인 듯한 모습으로 붕붕거리며 그 주위를 날고 있는 것이었습니다.

독수리는 순식간에 도착했습니다. 당장 종들이 신주(神酒) 술잔이나, 크림이나 꿀이 들어 있는 항아리나, 과일을 가득 담은 바구니 등을 들고 나왔습니다. 그것들은 텔리핀 앞에 바칠 때마다 여신 카물세바가 그 곁에 서서 감미로운 음악을 연주하고, 각각 한 곡의 노래를 불러줍니다.

무화과 열매에게는 이렇게 불러줍니다.
쓴 무화과도 때가 지나서 달아지는 것처럼,
너의 쓴 노여움도 달게 가라앉는 것처럼,
또한 포도와 올리브에게는
올리브가 향유로, 포도가 포도주로 넘치는 것처럼
너의 가슴은 사랑으로 넘치는 것처럼.
또한 크림과 꿀에게는,
이제야말로 가슴에서 노여움이 사라지고,
젖과 같이 매끄럽고 꿀과 같이 달거라.

여신의 노래는 텔리핀에게는 기도나 탄원의 말로 들렸지만, 실은 마법의 노래였습니다. 카물세바는 마법을 주관하는 여신이기 때문에, 이 화가 난 신은 단 한두 입 정도 음식을 먹고 술에 입을 대기만 하고도 마법에 걸려 버렸습니다.

그의 마음 속에서 끓고 있던 모든 분노는 갑자기 사라지고, 그 대신 따뜻하고 상냥하고 인정에 찬 행복감이 피어오르기 시작했습니다. 먹을수록, 마실수록 그의 마음은 점점 부드러워졌습니다. 마법의 음식이 입술에 닿을 때마다 사랑의 마음이 그의 가슴에 넘쳐흘렀습니다.

이윽고 노여움이 완전히 사라지고 형제 신들에 대해서 다정한 사랑이 가득 찬 것을 알고, 신들은 식탁을 다시 차리고 의자를 다시 정리한 뒤에, 조금 전에 그렇게도 무참히 중단된 연회를 다시 시작했습니다.

모든 신들은 이전과 같이 들뜬 기분으로 법석댔습니다. 밭의 신, 작물의 신, 곡물의 신, 탄생의 여신, 운명의 여신도 있습니다.

그리고 이번에는 텔리핀이 중앙에 앉아서 기쁜 듯이 술잔을 받고 주었습니다.

한편 지상에서도 인간들이 신들의 좋지 않은 기분을 고치려고 움직이기 시작했습니다. 그러나 기근 때문에 천상에서 동포 신들이 한 것처럼 음식들을 바칠 수는 없었습니다. 그래서 인간들은 집집마다 창문을 활짝 열어놓고 입을 모아 노래했습니다.

집을 나와서, 창을 넘어서,
창을 나와서, 뜰을 넘어서,
뜰을 나와서, 문을 넘어서,
가라, 노여움의 폭풍아,
모판, 논밭, 과수원에
들르지 말고, 곧바로
빨리 가라. 하늘과 땅이 합치는 데까지,

그리고 지는 석양같이,
보이는 데까지 사라져라.

그리고 모든 신들은 뜰에 나와서 겨울 동안에 쌓인 재와 쓰레기를
큰 쓰레기통에 버리면서 또 합창했습니다.

재 쓰레기, 먼지 쓰레기, 누더기 쓰레기,
속에 넣으면 나오는 일 없는,
너의 노여움을 넣고 던져 버려라.
쓰레기통 속에서 썩게 하라.

마지막으로 인간들을 가가호호를 쓸고 닦아서 더러워진 물통을 돌
위에 굴릴 사이도 없이 노래를 계속했습니다.

마루 위를 닦은 물은,
두 번 다시 물통에는 돌아가지 않는다.
가슴에서 흘러나온 노여움도,
돌아오지 말고, 사라지게 하라.

이 노래들은 텔리핀의 귀에는 기도나 염원으로 들렸지만, 역시 마
법의 노래였습니다. 차가운 겨울 바람은 급히 가라앉고, 열어젖힌 창
문에서 봄의 첫 산들바람이 스며들었습니다. 나뭇가지들이나 관목
덤불에는 앞길을 약속하는 푸른 새싹이 돋기 시작하고, 논밭이나 숲
도 한꺼번에 소생한 것처럼 보였습니다, 시냇물이나, 작은 발이 뛰어

다니는 소리나, 어린 새들의 주저하는 듯한 울음소리 등 여러 가지
소리를 담고서.

  며칠이 지나서, 신전 경내에는 하나의 높은 기둥이 세워지고, 갓
태어난 백설같이 흰 양털 가죽이 텔리펀을 찬양하기 위해서 내걸렸
습니다.

숨어 버린 신

　고대 민족들은 1년 중의 흉작기를 결실의 신(여신)이 이 때에는 지상에서 물러나 버려 지하나 다른 곳으로 내려간다는 추측으로 설명하고 있다. 예를 들면 바빌로니아인은 탄무즈 신에 관해서 이러한 이야기를 하고 있는데, 그들은 매년 한여름에 이 신을 애도했고, 시리아인은 아도니스(Adonis ; 그리스 신화에 나오는 미소년. 여신 아프로디테의 사랑을 받았으나, 사랑을 하다가 멧돼지에 의해 죽었음. 그가 죽으면서 흘리 피에서 아네모네꽃이, 여신의 눈물에서 장미꽃이 피어났다고 함)의 이와 유사한 상황에 관해서 이러한 이야기를 하고 있다.

레바논에서의
그가 매년의 상처는 시리아 처녀를 유혹하여,
여름 온종일 사랑의 노래로 그 운명을
슬프게 한다. 때마침 매끄러운 아도니스
그 근원에서 상처 입은 삼마즈의 피에

물들어, 붉은색으로 바다에 부으리.

마찬가지로 그리스인은 매년 6개월씩 지하계에서 지낸 페르세포네 (Persephone ; 그리스 신화에 나오는 명부의 여왕. 제우스와 데메케르의 딸)에 관하여 이 이야기를 하고 있다.

그녀는 한 사람 한 사람을 기다리다 지친다.
그녀는 산 자들은 기다리다 지친다.
어머니인 대지를 잊어버리고
결실인 생명을 잊어버리고
봄도, 인연도, 또 제비도
그녀와 날아가 버린, 그 곳은
여름의 노래가 들리지 않는 땅,
꽃들이 돌아볼 수 없는 곳.

▲아시리아 시대의 병사의 릴리프. 장화와 같은 훌 륭한 신발을 신고 있다.

텔리핀의 이야기, 모습을 감춘 신이라는 것도 이것과 같은 주제에 입각한 것이다.

우리는 다른 자료에서 텔리핀은 정기적인 '슬피 우는 것'의 대상임을 알고 있는 이상, 이 설화는 그런 슬피 우는 제사를 위해서 생각해낸 것이며, 그 때의 의식의 반주로서 독송되지 않았다고 말할 수

▲라라무신의 전승비

없다.

이 경우, 이 특징인 악마를 쫓는 쪽의 이런 의식은 새로운 생명의 계약이 시작된다고 생각했을 때[즉초하루(元日)]에 마귀를 쫓고 악귀를 추방하는 널리 행해진 관습을 반영하고 있을지도 모른다. 예를 들면 헤브라이인은 농업상의 연초에 대신하는 양의 추방과 사람들과 성기류(聖器類)를 깨끗이 함으로써 엄숙한 의식을 거행했다.

로마인은 3일인 연초(카이사르의 혁명 전은 그랬다) 전달 전체를 사원을 청결하게 닦았는데, 그로부터 이 달을 페브루아리, 즉 '청결'이라 불렀다(라틴어의 februatio는 이 뜻). 마찬가지로 샴에서는 그런 것은 수확한 직후에 쫓아 버린다.

케이프 코스트 캐슬에서는 아본삼이라는 이름의 악마가 4주간의 고행 기간 뒤에 매년 추방된다. 또한 아산티족 사이에서는 9월의 오두라, 즉 청결제에서 종족 전체를 청결하게 하고, 왕도 다시 청결되고, 또한 이 때에는 신전도 청결된다. 이런 의식의 잔존물은 우리의

'봄의 청결'이나 섣달 그믐날에 종을 울리는 관습에서도 볼 수 있는 것이다.

이 설화의 원문은 명백히 공공의 계절적인 제례에서 독송이나 공연을 목적으로 한 것이지만, 다른 원문의 모든 단편도 우리가 가지고 있으며, 거기에서의 서술은 더 사적인 가정의 수호신이며, 그의 노여움의 이유는 인류의 일반적인 악이 아니라, 어떤 인물의 특수한 죄이다. 그리고 그의 은둔 결과는 전세계의 손해가 아니라, 오직 죄 있는 당사자의 자손이나 가정으로 돼 있다.

예를 들면 죄인은 초기의 하티 왕국의 왕비 아스무니칼이었던 것 같다. 설화의 독송은 명백히 재앙을 물리치고 분노하는 신의 은총을 되찾기 위한 의식의 일부를 이루고 있던 것이다.

특히 흥미를 끌게 하는 것은 이 설화에서 꿀벌에게 부여된 역할이다. 모든 신이 잠자는 텔리핀을 깨우는 데 실패했을 때, 그를 꿀벌이 쏘아서 깨우고, 그를 그 밀랍으로 청결한다. 이 사건은 단순히 극적인 취지뿐 아니라, 다음과 같은 민간 신앙 속에도 뿌리박고 있다고 생각해도 좋을 것이다.

즉 꿀벌의 침은 손발의 마비를 고치는 것이며, 그 밀랍과 꿀은 몸에서 악령을 내쫓고, 젊음을 되찾는 능력을 가진 강력한 물건이라는 것이 그것이다.

핀란드의 카레왈라에서도 영웅 렘민케니넨은 뱀에 물리고, 적들의 칼을 맞은 뒤에 어머니가 보낸 꿀벌이 제9천계에서 특별한 꿀을 가지고 와서 비로소 소생한다.

마찬가지로 〈요셉의 아내 아세내테의 생애와 고백〉이라는 제목의 고대 묘비명을 모조한 저작에는 대천사 미카엘이 이 이집트의 귀녀

(아세내테는 다분히 왕통의 이집트 신관의 딸이었을 것이다)에게 꿀벌집을 내려주고, 그것을 써서 그녀는 청결됐을 뿐 아니라, 불사를 성취하고 있다.

돌 괴물

옛날 옛적에 세상이 가장 처음일 때 천상에서는 아랄이라는 강한 신이 통치라고 있었습니다. 만 9년 동안 그는 평온하게 왕위에 있을 수가 있었습니다.

그 동안에 대신 아누가 정무를 주관하고 있었는데, 어떤 사소한 명령이라도 곧 수행했습니다. 그러나 10년째 되는 해에 아누는 반기를 들어서 주인을 내쫓고 자신이 왕위를 차지했습니다.

그리고 아누도 만 9년 동안 평온하게 왕위에 있었습니다. 대신 쿠마루비가 정무를 주관하며, 사소한 명령까지고 착착 수행했습니다. 그러나 10년이 되는 해에 쿠마루비도 반란을 일으키고 주인에게 싸움을 걸었습니다.

그것은 치열한 싸움이었습니다. 나중에는 아누가 몸을 돌려서 도망치려고 했기 때문에 쿠마루비는 호되게 상대의 허리를 물어뜯어서 그의 정자(精子)를 몇 개 삼켜 버렸습니다.

“이놈, 넌 이제 내 손아귀에 있다. 남자가 아니게 만들었으므로 너에게는 이제 대를 이을 아들도 없을 테니까.”

이렇게 말하며 쿠마루비가 껄껄 웃자 아무도 반박했습니다.

“네가 기뻐하기는 아직 이르다. 네가 삼켜 버린 내 정자는 너의 몸 속에서 자라서 티그리스 강의 홍수처럼 난폭하고, 태풍처럼 거칠고, 전쟁의 신처럼 잔인한 세 괴물이 될 것이다. 그리고 마지막에는 너를 바위에 내동댕이쳐 버릴 것이다. 소용돌이치는 물과 발광하는 바람처럼 말이다.”

이 말을 듣자 쿠마루비는 두려움으로 가득 차서 지금 삼켜 버린 것을 당장 토해 내려고 했습니다. 그러나 입 속에서 나온 것은 작은 조각 하나뿐이었습니다. 게다가 그것은 신들의 집인 칸즈라 산에 떨어지는 것이 아니겠습니까.

신들은 무슨 일이 일어난 것을 알고 대단히 놀랐습니다.

쿠마루비는 그야말로 어쩔 줄을 몰랐습니다. 이런 영문도 알 수 없는 비참한 꼴을 동료 신들에게 보이는 것은 창피했기 때문입니다. 그래서 급히 천상의 궁전에서 내려와서 니플이라는 지상의 도시로 갔으며, 그 곳에서 살기로 작정했습니다.

그리고 무서운 아이들이 태어날 날을 손꼽아 기다리기 시작했습니다. 7달째 되는 날, 천상에 숨어 있던 아누는 갑자기 괴물들에게 쿠마루비의 몸 밖으로 나오라고 소리쳤습니다.

“쿠마루비의 입으로 나오너라.”

“안 돼요.”

하고 괴물들은 대답했습니다.

“우리는 생명 없는 살덩어리가 아니니까요. 하느님이 힘이나 생명이나 지혜나 마음을 내려주셨으니까 그런 방법으로 나가면 우리는 상처투성이가 돼 버립니다.”

“그럼, 귓구멍으로 나오너라.”

“그것도 위험해요. 역시 상처를 입어요.”

“그럼, 어디냐? 너희들이 나올 수 있는 곳을 찾아봐.”

아누는 애가 타서 우는 소리로 말했습니다.

그러나 쿠마루비의 몸 속 어디에도 안전하게 밖으로 나갈 수 있는 그런 곳은 없었습니다. 괴물들은 태어날 수가 없고, 따라서 적을 치고 왕위를 되찾을 수도 없을 것 같아서 아누는 크게 당황했습니다.

“이렇게 된 이상, 방법은 단 한 가지, 지혜의 신 에아를 찾아가서 의논하고 도움을 받아야지.”

그렇게 생각하고 그는 에아에게로 가서 일의 자초지종을 털어놓았습니다.

“전지 전능하신 주여, 쿠마루비의 몸 속에 제 정자로 만들어진 강한 두 괴물이 있습니다. 이 둘에게 제 원수를 갚고 왕위를 되찾아 주기를 바라고 있는데 이걸 어쩝니까, 이 둘이 갇혀서 나오지 못하고 있습니다.”

“걱정할 것 없다.”

하고 에아는 다정하게 말했습니다.

“내가 할 수 없는 일은 하나도 없다. 틀림없이 괴물들이 태어나도록 해 주겠다.”

그러고 다시 괴물들에게 쿠마루비의 입이나 귀로 나오라고 부드럽게 말했습니다. 그러나 괴물들은 아누에게 한 말을 되풀이할 뿐이었습니다.

“그럼 어디 너희들이 나올 수 있는 곳을 찾아보아라.”

괴물들은 또다시 그것도 할 수 없다고 말했습니다.

이들을 납득시킬 수 없고 아누의 호소도 여기서 끝나는 것이라고 생각하고 있을 때, 에아는 큰 칼을 들고 쿠마루비가 잠자고 있는 틈을 타서 그 튼튼한 뼈대에 구멍을 뚫었습니다. 마치 인간이 돌을 쪼개는 것과 같은 방법입니다. 이렇게 해서 쿠마루비의 몸에서 욕망의 신이 태어났습니다. 그러나 남은 하나는 몸 안에 남아 있습니다.

어느 날, 쿠마루비는 산책하러 나갔습니다. 그러나 이 곳으로 오고 있는 것은 다름아닌 에아가 아니겠습니까. 에아의 모습을 보자 쿠마루비는 깊이깊이 땅에 머리를 숙이고 애원하기 시작했습니다.

"모든 지혜와 지식을 주관하시는 에아여, 제발 도와주십시오. 이것 보십시오, 저는 견딜 수 없는 무거운 짐을 몸 안에 지고 있습니다."

그러나 에아는 이 말을 들은 척도 하지 않고 빙그레 웃으며 지나쳐 버렸습니다.

몸 안에서 괴물의 무게가 무거워질수록 쿠마루비의 고통과 절망도 커져갔습니다. 이윽고 더 이상 견딜 수 없게 된 그는 저 위대한 식물의 여신을 찾아갔습니다. 모든 의약과 약초들은 그녀의 지배 아래 있습니다.

쿠마루비는 그녀의 발 아래 쓰러져서 그녀의 옷자락을 잡고 울었습니다.

"자비하신 여신이여, 부탁 드립니다. 저의 소원은 들어주십시오. 저의 고통은 없애고, 이 무거운 짐에서 저를 구해 주는 풀을 주십시오. 저를 쓰러뜨리려고 여자처럼 아기를 낳는 고통을 주어 저의 뱃속을 동풍(東風)으로 가득 차게 한 그놈의 속셈을 들어내 주십시오."

그래서 여신은 자기 뜰에서 풀을 뜯어서 쿠마루비에게 주었습니다.

"이것을 먹어라, 만사가 잘 될 테니까."

이렇게 말했으나 그녀의 입술에는 놀리는 듯한 미소가 떠오르고 있었습니다. 쿠마루비가 그 풀을 먹자 당장 그의 입이 삐뚤어지고 이빨이 아프기 시작했습니다. 여신은 그를 속여서 장난을 친 것입니다. 그것을 알고 쿠마루비는 괴로워하며 에아에게로 도망쳐서 다시 그의 도움을 청했습니다.

에아는 웃을 뿐이었습니다.

"다른 방법이 없다는 것을 알겠지. 여자가 하는 것처럼 아이를 낳아야 한다. 숙련된 산파를 불러라. 그리고 모든 군주·귀인·마법사들에게 알려서 너의 집으로 모아놓고 출산에 입회하게 하라."

그래서 능력 있는 산파를 부르고 모든 군주·귀인·마법사가 기괴한 아기의 출생에 입회하기 위해서 쿠마루비의 집으로 모였습니다.

음악이 연주되고, 주문을 외우고, 주술의 의식이 거행됐습니다. 그리고 마침내 이 위대한 신의 배에서 아기 모양을 한 정령이 나온 것입니다.

한편 아누는 천상에서 초조하게 이것을 기다리고 있었는데, 아기의 탄생 소식을 듣자 그 아기를 내 편으로 만들기로 결심했습니다.

아이가 상당히 자란 어느 날, 그가 서늘한 저녁에 산책을 하고 있는데, 한 노인이 길바닥에 앉아서 무엇인지 중얼거리고 있는 것을 보았습니다. 쿠마루비의 이름이 자주 들리는 듯했습니다. 소년은 잠시 동안 그 기묘한 노인을 보고 있었는데, 이윽고 조용히 그 노인에게 다가가서 낯선 노인의 팔을 가만히 두드렸습니다.

"왜 그래요 노인? 당신의 이름이 무엇인지 말해 줘요. 누가 괴롭혔나요?"

노인은 얼굴을 들고 뚫어질 듯이 소년의 얼굴을 들여다보고 말했습니다.

"내 아들아. 나는 아누다. 9년 동안의 긴 세월, 나는 평화롭게 천상의 왕좌에 앉아 있었다. 쿠마루비는 내 대신이었으며, 나를 위해서 사소한 명령까지 지체없이 처리해 주었다. 그런데 10년째 되는 해에 그는 나를 배반하고 영지에서 나를 내쫓았을 뿐 아니라, 남자로서의 능력도 빼앗아 버렸다. 나에게는 뒤를 이을 아들이 없다. 내 의자에는 알지도 못하는 자가 앉게 될 것이다. 너에게 부탁한다. 제발 그 폭군과 싸워서 나의 원수를 갚아다오."

소년은 이 말을 듣고 동정심이 생겨 불행한 신을 위해서 싸우겠다고 그 자리에서 결심했습니다. 그래서 그는 신우(神牛)가 끄는 전차를 타고 당장 싸우러 가려고 했습니다.

그러나 소는 움직이려 하지 않는 것입니다.

"당신의 힘으로 신들과 싸우려는 겁니까? 보십시오. 신들이 모두 모여서 쿠마루비에게 가세하고 있습니다. 태양신이 있고, 전쟁의 신이 있고, 천상의 신들은 모두 가세하고 있습니다. 어떻게 당신이 이길 수 있습니까!"

"신들이 도대체 뭐야!"

소년은 대꾸했습니다.

"지혜의 신이 뭐야! 태양신이 뭐야! 전쟁의 신이 뭐야! 나를 저주하려는 자는 모두 저주를 받아라!"

그는 그렇게 말한 뒤에 소의 고삐줄을 당기고 채찍질을 하여 싸우러 나갔습니다.

폭풍의 신이 바람 주머니 속의 바람을 풀어놓아서 천상의 군대를 몰아치는 등 격렬한 싸움이 벌어졌습니다. 그러나 이윽고 쿠마루비는 패배하여 추방됐습니다. 그리고 그 결과 아누가 다시 편안히 옥좌에 오른 것입니다.

쿠마루비는 오랫동안 상처를 고치면서 복수할 계획을 세우고 있었는데, 마침내 좋은 계획이 생각났습니다. 그래서 바다의 신의 충실한 심복인 임팔리를 불러서, 그 주인에게 급사로 떠나게 했습니다.

사자는 주인에게 알렸습니다.

"나의 군주님, 곧 와주십시오. 쿠마루비님이 무엇인지 의논하겠다고 합니다."

이 말을 듣고 바다의 신은 깜짝 놀랐습니다.

"쿠마루비는 나를 적의 편으로 생각하는 것이 틀림없어. 그래서 나에게 보복할 생각이군."

이렇게 생각했기 때문에,

"돌아가서, 쿠마루비에게 잘 말해라. 나나 내 일족에 대해서 화를 내거나, 우리 사이에 무서운 혼란을 일으키거나 하는 것은 잘못이라고. 우리는 지금도 쿠마루비의 충실한 신하이다. 그를 위해서 연회 준비가 돼 있다. 악사도 갖추었다. 이 곳으로 데려와 다오."

그래서 쿠마루비는 바다의 신의 집에 가서 연회에 참석했습니다. 얼마 뒤에 술잔을 돌릴 정도로 모두가 들떠 있을 즈음에, 그는 대담해져서 부탁하는 말을 꺼냈습니다.

"나는 지금 대단히 곤경에 빠져 있기 때문에 꼭 자네의 도움을 받고 싶어. 바람의 정령 놈이 나를 왕위에서 쫓아내고, 그 괘씸한 아누를 다시 그 자리에 앉혀놨어. 신들은 모두 그쪽 편이 돼 버렸고. 이젠 내 명령에 따르지 않아. 어떻게 해야만 그자를 해치워야 할지를 모르겠어.”

바다의 신은 수염을 쓰다듬으며 머리를 떨구고 생각에 잠겼습니다. 잠시 뒤에 얼굴을 들자 그 눈을 능글맞게 번쩍이며 말했습니다.

“쿠마루비 나리, 나에게 생각이 있습니다. 몇 달이 안 돼서 산은 돌로 만들어진 아기를 낳을 것입니다. 태어나면 곧 그 아기를 몰래 바닷속으로 데리고 가서 우펠리의 오른쪽 어깨에 올려놓는 겁니다. 우펠리는 바다 밑에 살고 있으며, 천지의 무게를 떠받치고 있는 거인입니다. 아기는 하루하루 키가 자라서 결국은 천국의 바닥을 뚫고 머리를 내밀 것입니다. 그렇게 되면 신들은 모두 옥좌에서 굴러떨어져서 기겁을 하고 도망칠 것입니다. 그 때에 당신은 주권을 되찾을 수 있습니다.”

바다의 신의 말이 끝나자 쿠마루비는 당장 무키슈아누를 불러오게 해서 그를 사자로 보내고, 파도들에게 주인인 바다의 신의 계획을 충실하게 수행하도록 명령했습니다.

다음날 아침, 해가 떠오르는 동시에 그는 산으로 출발했습니다. 그리고 산 위에 누워서 정자를 쏟아 놓았습니다.

2, 3개월이 지나자 산은 고통으로 떨기 시작했습니다. 간호하는 천사들이 이것을 보고 출산을 도우려고 달려왔습니다. 운명의 여신들도 새로 태어나는 아기의 운명을 알리기 위해서 함께 달려왔습니다.

산이 오랫동안 지독하게 고통한 끝에 겨우 태어나게 한 것은 인간의 아기를 꼭 닮은 돌이었습니다. 여신들이 나와서 이 아기를 받아 소중하게 쿠마루비에게 들고 가서 그의 무릎 위에 놓았습니다. 쿠마루비는 무척 기뻐했습니다. 아기를 품에 안고 높이 들어올렸다가 무릎에 놓고 어르거나 하면서 기뻐서 흥얼거렸습니다.

아가 아가, 우리 아가, 어서 커라,
어깨가 하늘에 닿도록.
구름을 흔들어서, 바람의 신과,
그 패들을 떨어뜨려라.
흔들리는 둥지에서 도망치려고
펄쩍펄쩍 뛰는 새처럼.

이렇게 노래하고 있는 동안에 아기는 가까운 상 위에 있는 항아리에 손을 뻗쳐서 바닥에 떨어뜨렸습니다. 항아리는 산산이 부서졌습니다.

쿠마루비는 조금도 움직이지 않았습니다. 이것은 좋은 징조라 생각하고 쉬지 않고 노래를 계속했습니다.

그리고 그 뒤에는 쿰미로 가서,
도시를 완전히 부숴 버려라.
거기 있는 산을, 땅바닥을 향해서,
산산이 부숴 버려라, 항아리처럼.

결국 그도 노래를 그치고 아기를 꼭 끌어안고 돌로 된, 도무지 웃지 않는 그 얼굴을 물끄러미 들여다보고 있다가,

"이름을 붙여줘야지. 아가, 울리쿰미라고 하자. 곧 인간들이 이 이름을 부를 때마다 바람의 신의 지상 영토였던 쿰미의 도시를 생각하

고, 네가 어떻게 도시를 부숴 버렸는지를 생각하게 될 것이다.”

그런 다음, 쿠마루비는 임팔리를 불러서 아기를 데리고 갈 선녀들을 오도록 명령했습니다. 선녀들이 오자,

“이 아이를 바닷속으로 데리고 가서, 우펠리의 오른쪽 어깨에 올려놓아라. 부디 하늘에 닿을 때까지 쑥쑥 큰 기둥처럼 자라게 하라.”

그러나 선녀들은 아기를 보자 돌로 된 것을 알고 놀라서, 먼저 니플의 신 엔릴(En‐lil ; 슈메르 신화에 나오는 대기의 신. 아누·에와와 함께 삼체 일좌를 이룸)에게 보이고 의견을 묻기로 했습니다. 엔릴도 이 아이를 한번 보자 놀라서 뒤로 물러섰습니다.

“보통 아이가 아니다. 여신도 아무도 이 아이의 탄생을 축복해 주지 않았다. 어떤 운명도 이 아이를 위해서 자장가를 불러주지 않았다. 이것은 아이가 아니라 괴물이다. 바람의 신과 싸우게 하기 위해서 쿠마루비가 만든 괴물이다.”

그러나 선녀들은 쿠마루비의 명령에 따라야 한다고 생각하고 바다 밑으로 내려가서 하늘과 땅을 떠받치고 있는 거인 우펠리의 오른쪽 어깨 위에 그 아이를 올려놓았습니다.

그리고 아기는 쑥쑥 자랐습니다. 그것은 과녁을 쏜 화살과 같은 기세였습니다. 15일이 되자 바다의 파도는 허리 근처까지 내려가고, 곧 무릎까지 내려갔습니다.

어느 날 태양이 평소의 습관대로 시리아에서 가장 높은 하지 산꼭대기의 바위까지 떠올랐을 때 한번 쉬고 바다 쪽을 내려다봤습니다. 수면에서 큰 기둥이 솟아 있는데, 보고 있는 사이에도 쑥쑥 자라서 그 끝이 당장 하늘 바닥에 닿을 것 같았습니다.

태양신은 가던 길을 멈추고 자기가 본 것을 바람의 신에게 알리려고 달려갔습니다. 바람의 신에게 가자, 그는 긴 여행 때문에 피곤했습니다. 바람의 신은 하인에게 명해서 음식을 대접하려고 했으나, 태양신은 대단히 흥분하고 있었기 때문에, 그것을 먹고 있을 수가 없었습니다. 그는 숨이 처서 띄엄띄엄 이상한 괴물에 관해서 이야기했습니다.

바람의 신은 자기 귀를 의심하면서도 당장 하인을 불러서 태양신이 안내하는 곳까지 가서 보라고 명령했습니다. 자매가 되는 이슈탈도 이것을 알자 방에서 나와 함께 가기로 했습니다.

길은 멀고 험난했습니다. 겨우 섬 꼭대기에 있는 바위까지 올라가서 바다를 내려다보자, 바다에 솟아 있는 큰 기둥이 눈에 띄었습니다. 그것을 보는 동안에도 쑥쑥 자라서 꼭대기가 거의 하늘 바닥에 닿을 것 같았습니다.

그 괴물을 보고 바람의 신은 두려움에 떨면서 말했습니다.

"아, 이걸 어쩌지. 우리는 이제 망했다. 저런 것을 누가 당해낼 수 있단 말인가."

그는 눈물을 흘리며 울기 시작했습니다.

그러나 이슈탈은 당황하지 않았습니다.

"무서워할 거 없습니다."

하고 그녀는 부드럽게 말했습니다.

"저것은 힘뿐이고 지혜가 없어요. 힘은 열 사람 힘이지만 신분은 천할 것입니다. 우리는 학교에 가서 선생님 에아에게 옛 시를 배우지 않았습니까.

설사 바위가 아이를 낳아도,
씨는 그저 돌에 불과하지.
이름을 대보라, 돌보다
어리석은 자가 있다면.

저것을 때려눕히는 것은 쉬운 일입니다. 당신은 남자, 그리고 나는 여자니까 내가 먼저 하겠어요."

그렇게 말하자, 그녀는 옷을 벗어 버린 다음 작은 북과 심벌을 손에 들고 바닷가로 내려가서 아름다운 음악을 연주하며 노래를 불렀습니다.

그녀의 음악 소리와 노래를 듣자, 바다는 저칠어져서 파도가 일기 시작했습니다. 순식간에 먼 바다 쪽에서 거대한 파도가 솟았습니다. 그리고 파도가 뒤집히며 으르렁거리고 부서질 때, 거품이 이는 물소리와 함께 계속 비웃는 듯한 말이 들려오는 것처럼 이슈탈에게는 느껴졌습니다.

돌은 어리석은 데다 귀머거리여서,
달콤한 곡조도 들리지 않는다.
게다가 장님이어서,
아름다운 당신도 보이지 않는다.

이슈탈은 그녀의 노력이 모두 허사였다는 것, 노래의 마력도 아름다운 유혹도 괴물에게는 조금도 효과가 없는 것을 알고 맥이 빠져서 산꼭대기 바위에 있는 형제에게로 돌아갔습니다. 그리고 세 신은 마음도 무겁게 천상의 궁전으로 돌아갔습니다.

궁전으로 돌아오자 바람의 신은 곧 70명의 신들을 불러모아서 싸울 준비를 명했습니다.

"천지간에 이제까지 없었던 바다의 전쟁이 일어난다. 바람도 폭풍도 모두 풀어놓아라. 신의 가축을 풀어놓아서 성스러운 산에 가서, 두 마리의 수소 '새벽'과 '황혼'을 끌고 오라. 우리의 전차를 몰고 불처럼 저 분수를 모르는 자를 치는 것이다!"

신들은 그가 명령하는 대로 완전히 준비를 마치자, 바람의 신은 전차에 올라타고 전장으로 달려갔습니다.

그래서 그의 아내 히바트는 시녀들에게 둘러싸여서 궁전에서 싸움의 결과를 기다리고 있는데, 갑자기 발 밑의 땅이 흔들려서 마치 누가 마룻바닥을 후려치는 것 같은 소리가 계속 울려왔습니다. 그래서 그녀는 괴물을 막기는커녕 이미 이 집의 토대를 위협할 만큼 공격해 온 것을 알았습니다.

몸을 떨면서 가장 높을 탑 위로 피신한 여신은 하인 타키치를 불러 전장으로 가서 바람의 신의 군대가 어떻게 됐는지 그 소식을 듣고 오라고 명했습니다.

그러나 타키치가 출발했을 때는 이미 괴물의 거대한 몸이 그 길을 가로막고 서서 앞이 보이지 않았습니다.

격렬한 전투는 오래 끌었습니다. 그리고 마지막에는 모든 바람과 모든 폭풍, 천상 편의 무기를 썼는 데도 괴물은 꿈쩍도 하지 않았습니다. 바람의 신은 동료 타스미스를 보고 높은 탑에 올라가서 천상 전체에 들리도록 모든 것이 끝났다, 남은 길은 항복하는 것뿐이라고 알려달라고 부탁했습니다. 그래서 타스미스는 탑 위로 올라가서 크게 소리쳤습니다.

"우리는 졌다!"

이 소리가 히바트의 귀에 들리자 그녀는 맥이 쑥 빠져서 기절하고 말았습니다. 하인이 팔을 뻗쳐서 받아들지 않았다면 틀림없이 성벽 아래로 굴러떨어졌을 것입니다.

해가 뜨기 전의 어둠 속이었습니다.

죽음이 가까이 다가왔다고 생각했을 때, 타스미스는 옆에 있는 바람의 신을 돌아보고 침착한 어조로 말했습니다.

"이대로 멸망하기 전에 아브와즈 도시로 가자. 그리고 지혜와 책략의 신 에아와 의논하자. 필시 그는 옛 책을 펼쳐 우리를 돕는 방법을 찾아줄 것이다."

그래서 바람의 신은 전장에서 후퇴하였고, 두 신은 급히 아브와즈 도시로 가서 지혜의 신의 도움을 청했습니다.

자비롭고 은혜로운 에아는 두 신의 호소를 듣자 당장 엔릴이 살고 있는 니플 도시로 가서 엔릴에게 도움을 청했습니다. 엔릴 앞에 엎드려서,

"보십시오, 엔릴이여. 쿠마루비가 괴물을 만들어서 바람의 신을 치고 천상의 주권을 힘으로 되찾으려 합니다. 그가 물 속에 둔 그 괴물은 순식간에 쑥쑥 자라서 지금은 하늘의 토대를 뒤흔들 정도입니다. 당신이 도와주셔야 하겠습니다. 아시겠지요 쿠마루비는 지금 우리에게 하고 있는 짓을 곧 당신에게도 할 것입니다. 당신은 니플의 집에서 내쫓을 것이 틀림없습니다."

엔릴은 좀전에 선녀들이 자기 무릎에 놓았던 그 기괴한 아기를 생각했습니다. 에아가 말하는 괴물이란 그 아이가 틀림없습니다. 그래

서 싸움에 끼여들려 하지 않았습니다.

"아냐, 그런 괴물을 이길 자는 아무도 없어."

그래서 에아는 스스로 바다 밑에서 하늘을 떠받치고 있는 거인 우펠리에게로 내려갔습니다.

"넌 모르느냐. 아무도 너에게 말하지 않았느냐, 우펠리야. 쿠마루비가 신들의 왕에게 모반을 꾸미고 바닷속에 돌로 된 괴물을 박아놓은 것을. 그리고 그 괴물은 순식간에 자라서 히바트 왕비를 궁전에 내쫓을 정도가 됐다는 것을. 멀리 떨어져 있으니까 다른 세계에서 어떤 일이 일어나고 있는지 모른단 말인가?"

거인은 머리를 흔들 뿐이었습니다.

"나에게 말씀하셔도 어쩔 수 없습니다. 내가 바보라는 것이 드러날 뿐입니다. 천지가 내 위에 쌓였을 때에도 별로 아무렇지도 않게 생각했습니다. 그 뒤에 천지가 마법의 힘으로 둘로 갈라졌을 때에도 무슨 일이 일어났는지 생각해 보지도 않았습니다. 지금 내가 알고 있는 것은 오른쪽 어깨가 아픈 것뿐입니다. 당신이 말씀하시는 괴물이라니, 아직 그런 이야기는 들은 적도 없습니다."

"어리석은 늙은이 같으니라고!"

하고 생각한 에아는 사납게 거인을 잡고 오른쪽 어깨를 비틀어서 그 위에 기둥처럼 서 있는 괴물을 보여 줬습니다.

그러자 그 때 에아의 가슴에 어떤 암시가 재빠르게 스쳐갔습니다.

'그래 마법의 단검이다.'

되풀이해서 그는 중얼거렸습니다.

"마법의 단검, 마법의 단검!"

그리고 그의 발이 허락하는 한의 속도로 천상의 궁전으로 달려가서 나이 든 신들은 불러모았습니다.

하늘이 땅과 갈라졌을 때에 그 자리에 있었던 신들입니다.

"존경하는 신들이여. 구할 수 있는 방법을 찾았습니다. 곧 하늘의 보고 앞에 가서 문이 열리는 주문을 외쳐 주십시오. 그 주문은 당신들만이 알고 있으니까요."

신들이 하늘의 보고 앞에 서서 옛 주문을 외치자, 곧 큰 문이 흔들리며 열렸습니다.

그 다음은 별로 많은 시간이 걸리지 않았습니다.

에아는 비밀의 방에 들어갔고, 곧 천지의 시초에 하늘과 땅을 갈라놓은 그 마법의 단검을 손에 들고 나왔습니다. 그리고 당장 우펠리에게 돌아가서 거인의 등뒤에서 단검을 휘둘러 괴물의 발을 잘라 버렸기 때문에, 괴물은 거인의 어깨에서 굴러 떨어져서 무서운 물보라를 일으키며 깊은 바닷속으로 가라앉아 버렸습니다.

그리고 바람의 신과 그 군대의 신들은 승리의 함성을 울리며 괴물을 둘러싸고, 괴물을 오지 항아리처럼 산산이 부숴 버렸습니다.

이렇게 해서 쿠마루비의 복수심은 좌절되었고, 바람의 신은 천상의 왕으로 군림했습니다. 그후로 천지간에 다음 같은 말이 알려진 것입니다.

"빠른 자가 꼭 경주에 이기는 것이 아니고, 강한 자가 꼭 싸움에 이기는 것은 아니다."

돌 괴물

이 설화는 풀리인 —— 구약 성서의 호리인 —— 의 주신 쿠마루비의 공적을 다룬 수많은 이야기 중의 하나이다. 이것은 하티인이 이 민족을 정복했을 때에 도입됐으며, 우리에게 남아 있는 것은 하티 번역문에 의한 것이다. 물론 풀리인 자신도 이것을 바빌로니아의 가장 오래 된 주민으로 알려져 있는 수메르인에게서 가져온 것이라 생각된다.

원초의 신들 중에 아랄과 아누가 있어서 처음에 등장하고, 후자는 주역을 연출하는데, 그들은 수메르의 신이고 풀리인의 신이 아니기 때문이며, 한편 사건의 주요 부분이 니플의 수메르 도시에서 전개되는데, 이것은 엔릴 신이 거처하는 곳이며, 이 신 자신도 그들 중의 한 분이다.

풀리인도 물론 이 오래 된 설화를 그들 자신의 문화에 도입한 것인데, 그것은 전설이나 그 지방의 특유한 말장난까지를 이웃 사람들에게서 빌려온 것이다.

그리고 이것은 다른 모든 민족이 같은 것이다.

이 설화의 주제는 쿠마루비가 거대한 돌 괴물 울리쿰미를 만든 데 있다. 생물이 돌이나 바위에서 태어날 수 있다는 것은 세계 몇몇 지방에 있는 민간 전승에 공통으로 있는 것이다. 예를 들면 이 주제에 근거한 일련의 북카프카스 민화가 있고, 한편 모압의 베니 사흐르라는 아랍 종족은 그 이름을 그들의 가장 오래 된 조상이 사흐르(sah r ; 바위)에서 태어났다는 신앙에서 멋대로 끌어온 것이다.

또한 마트 그로소의 팔레시 인디언들은 최초의 인간 다이카바이테레라는 사람은 마이소라는 돌의 어머니에게서 태어났기 때문에 돌로 돼 있었다고 주장한다. 고전 문학의 독자라면 당장 데우카리온과 퓰러의 신화를 상기할 것이다. 그것은 대홍수 뒤에 이들 두 생존자가 어깨 너머로 던진 돌에서 어떻게 세계가 다시 인간을 번창시켜 왔는지를 이야기하고 있다. 그리고 바로 이것과 같은 설화가 기아나의 마쿠시 족 사이에서도 발견되고 있는 것이다. 《오디세이아》(19 : 163)의 유명한 구절에도 흥미 있는 이 신앙의 흔적이 있으며, 여기에서는 페네로페가 오디세우스에게 말하고 있다.

그렇다면 아내에게 말해 주게, 당신이 어디서 왔는지를

전설의 떡갈나무나 돌에서 나온 것이 아니냐고.

▲하트라 유적에 남아 있는 여신상

▶벨세폴리스의 유적. 오리엔트를 지배하고 아케메스조를 확립했던 다레이오스 1세는 바빌론에 대신할 도시로서 벨세폴리스를 건설했다.

또한 그 메아리는 예언자 예레미야(2 : 26.27)의 유명한 말씀에도 나타나 있다.

"이스라엘 문중아, 너희도 창피를 당하리라……. 너희는 나무를 보고 아비라, 돌을 보고 어미라 하며……."

그러나 이 설화에 나오는 돌 괴물은 차베크의 희곡의 인물이나, 주지하는 유대 전설의 고렘과 같이 단순한 로봇은 아니다. 그는 얼핏 그렇게 보이는, 단순히 그의 아버지를 위한 보이지 않는 전사가 되기 위해서 만들어진 것이 아니다.

그의 첫째 기능은 기둥과 같이 쑥쑥 자라서 드디어는 하늘의 토대를 뒤흔들고, 그의 아버지의 적들을 왕좌에서 내쫓는 데 있었다. 뒤에 가서 생각한 것으로 그는 결국 전사의 임무를 맡고 쫓겨간 신들에게 지상의 도성에서 만회하는 기회를 주려는 자로 여겨진다.

그의 본성과 기능에 있어서 본질적이며, 단순히 시적인 상상의 위안거리가 아닌 것은 모든 바람과 폭풍이 그를 향해서 공격해 와도 지지 않는다는 점이다. 다만 그를 지지하고 있던 거인이 그를 버렸을 때에만 그는 —— 원문의 뜻대로 말하면 —— 실패하는 것이다.

이 책의 다른 모든 설화와 마찬가지로 이 이야기도 민간 전승을 몇 편 받아들이고 있으며, 원래의 청중들에게는 익숙한 것이었겠지만, 현대의 독자들에게는 설명이 필요하다. 이것을 차례로 설명하기로 하자.

첫째로, 원초의 신들은 9년씩 통치한다는 생각이 있다. 이것은 8년이나 9년을 한 단위의 '수명'으로 생각하고 있으며, 그 말기에 사물이 새로워진다는 고대의 관념에 근거하고 있다. 예를 들면 호메로스는 다음과 같이 말하고 있다.

미노스의 화신, 크레타의 '영원'한 왕은 각각 9년간 통치하고, 두 거인, 하늘에 올라가려 하다가 사형을 받은 도토스와 에프히알테스가 산 세월도 9년이었다. 《오디세이아》중에서도 키르케의 마력으로 변신된 사람들은,

"9살의 늙은 돼지의 모습을 했고, 시인 헤시오도스(Hesicdos ; 생몰연대 미상. 고대 그리스 시인)도 늙은 소를, 9살의 세월을 산 사람 같다."

라고 말하고 있다. 스파르타의 왕들은 8년간씩 재위하고, 9년째에 교대됐다.

그리고 다른 문화권에서도 예를 들면, 인도의 마라발 연안의 카리카트에서는 유사한 12년 의식이 행해지고 있다. 성서에 나오는 파라오의 꿈의 '비옥한 7

▲벨세폴리스 왕궁의 층계 옆으로 도열한 병사들 상

년'이나, '홍작 7년'(〈창세기〉 41장)도 물론 같은 사고 영역에 속하는 것이며, 고대 헤브라이인들의 '안식의 제 7년', 즉 이 해에는 농토를 쉬게 하고 노예들은 해방하는 제도도 바로 그것이다.

마찬가지로 고대의 1주는 9일로 돼 있는 수도 있다. 이것은 《일리아스》와 《오디세이아》에 자주 언급되고 있고, 로마에서는 관례로 돼 있는 것이며, 카톨릭에는 노베나(9일간 근행)로 남아 있고, '9일간의 놀라움(a nine days' wonder ; 순간적인 인기)'이라는 관용어에도 남아 있다.

다음으로 흥미 있는 점은 남성인 쿠마루비의 희극적인 임신이다. 그가 삼켜 버린 신의 정자의 일부는 결국 배설되어 칸즈라 산 위에 떨어졌다. 여기에서는 이 사건이 신들을 놀라게 한다. 남은 것은 두 아이가 되며, 그 중의 하나는 이윽고 그의 허리에서 태어난다.

이와 유사한 것이 주지하는 그리스 신화에도 있으며, 어떻게 디오니소스가 제우스의 가랑이에서 태어났는지를 말하고 있다. 또한 고대 인도의 전설은 영웅 유바나스바가 아내의 약을 마시고 옆구리로 아들을 낳은 이야기를 하고 있다. 이 주제는 유럽이나 아프리카의 수많은 민화에서도 나오는 것이다.

출산하는 장면은 희귀한 유머를 가지고 이야기되고 있다. 이 이야기를 형식적이고 딱딱한 《신통기(神統記) ; 그리스의 시인 헤시오도스가 많은 모순을 안고 있는 그리스 신의 세

▲아슈르의 나시즈발 2세가 기원전 879년에 건설했던 아시리아의 수도 유적

계를 통일하려고 저술한 12,000행의 서사시》로 읽으려 하면 그 재미를 잃고 만다.

간혀 있는 태아는 자연스럽게 출생하는 방법이 없기 때문에 신들은 6, 7번까지 쿠마루비의 몸 속 기관 여기저기를 통해서 나오라고 설득하려 한다. 그럴 때마다 태아는 그것은 '부자연스러워서' 상처를 받을지 모른다고 비꼬며 항의한다.

마지막에 그는 원시의 제왕 절개라고 할 수 있는 것을 받게 되어, 지혜와 과학의 신 에아가 그의 옆구리에 '창(窓)'을 내는데, 괴물 한 마리가 튀어나올 뿐이다. 실망한 '임신시킨' 아버지, 다음에는 약을 먹고 낙태를 꾀하는데 —— 이 주제는 그리스 신화의 메티스의 이야기에서 반복되고 있다 —— 약은 그에게 치통을 준 데 불과하다. 뒤에 다른 괴물을 '그의 허리에서' 몰래 꺼낸다.

아기를 꺼내자 곧 수많은 손님이 주문을 외우거나, 제물을 바치거나, 연회를 벌이기 위해서 모여든다. 그와 똑같은 일이 여러 가지 고대 바빌로니아의 텍스트에서 이야기되고 있으며, 출산할 때에 에아가 어떻게 여러 가지 의식을 집행하기 위해서 모든 계층의 사람들을 불러모았는지를 전하고 있는데, 그런 의식들은 아이를 훔치는 악녀 라마슈투의 습격을 받지 않으려는 의도에서 나온 것이다.

비슷한 일이 근대 아라비아인의 관습 속에서도 발견된다.

출산 7일 후 산모의 여자 친구들이 갖가지 주문 의식을 거행하기 위해서 그 집에 찾아온다. 악마들을 추방하기 위해서 유기로 만든 우유통을 우유를 젓는 막대기로 두드린다. 유아를 체 속에 넣고 흔들며 여자들이 이 방 저 방을 도는데, 그전에 등불이 켜진다. 저녁이 되면 아버지는 그의 친구들을 연회석에 초대한다. 그리고 마찬가지로 이것은 이라크의 만디인, 아비시니아의 보고스족, 또한 서아프리카의 토고란드에서도 어머니의 친구들이나 지방의 사제들이 악마를 쫓기 위해서 출산 때에 방울을 울리는 것이 관례로 돼 있다.

이것보다도 극적인 것은, 돌의 어머니가 출산하는 데 따르는 사건이다.

첫째로, 아이를 아버지의 무릎 위에 놓는다. 고대에는 이것이 아버지임을 확인하는 일반적인 방법이었으며, 무릎은 정자가 있는 곳이라고 생각되었다. 사실 'knee ＝ 무릎'이란 말(라틴어 genu)는 원어적으로도 'genus ＝ 동아리'와 'generation ＝ 생식·세대'라는 말과 관계가 있으며, 'genuine ＝ 순수한 피'는 원래 아버지의 무릎 위에서 인정받은 자를 가리키는 용어였다.

둘째로, 아이에게는 울리쿰미라는 이름이 붙여지는데, 이것은 부친이 단언한 것처럼 그는 쿰미의 도성(都城)을 황폐하게 만드는 숙명을 지녔기 때문이다. 아버지나 어머니의 운명적인 발성(發聲)에 따라서 아이의 이름을 짓는 이 방법은, 구약 성서에서도 볼 수 있는 것이다. 예를 들면 야곱의 아들을 모두 이 원칙에 따라서 명명되고 있다. 마찬가지로 고대 이집트의 한 설화는 제5왕조의 초기 3왕의 이름을 탄생 때의 아버지의 발성에서 임의로 가져온 것이다.

한편 라블레(F. Rabelais ; 1494?~1553?. 르네상스 문학의 대표자.《가르강튀아와 팡타그뤼엘 이야기》의 저자)는 우리가 갈간처라는 이름의 내력을 이야기하고 있는데, 그것에 의하면 이 아이는 태어나자마자 마실 것을 요구했기 때문에 아버지가 "쿠 그란 추 아(Que grand tu as ; le gousier)", 즉 "참 큰 목을 가지고 있구나"라고 외쳤기 때문이라고 한다.

끝으로 괴물을 우펠리의 오른쪽 어깨 위에 올려놨는데, 후자는 바다 밑에 살며 땅과 하늘을 합친 무게를 떠받치고 있다. 거인의 이런 모습은 많은 민족의 민간 전승에 나온다. 그 중에서 가장 잘 알려진 예는 말할 것도 없이 그리스의 아틀라스이며, 이것에 관해서 호메로스는, 그는 바다 한가운데에 살며 하늘뿐 아니라 땅도 떠받치고 있다고 말하고 있다.

마찬가지로 콜롬비아주의 치치바 인디언은 치브차춤이라는 이름의 거인이 어깨 위에 세계를 메고 있었다고 믿고 있으며, 한편 트린키트족이나 아사파스칸 제족은 하이카나코 —— 우리 아래 있는 노녀 —— 에 의하여 세계는 유지되고 있다고 주장한다.

쿠마루비가 요정의 몸종들에게 괴물을 거인의 오른쪽 어깨 위에 올려놓도록 명령했다는 사실은 겉보기보다는 의미가 깊은 것이다.

"아이를 어깨 위에 올려놓고 걷는 풍습은, 내가 믿기로는 서양에는 알려지지 않는 것인데, 동양에서는 일반화돼 있다."
라고 현대의 어느 아메리카 작가가 말하고 있다.

'어릴 때에는 두 팔로 안고 걷는다. 그러나 아이가 혼자 설 때가 되면 어이를 어깨에 올려놓고 걷는다. 어머니는 아이를 안아 올려서 오른쪽 어깨에 올려놓으면, 아이는 본능적으로 그녀의 머리에 매달린다.'

틀림없이 이 설화의 아이는 실제로 거인의 어깨에 서 있는 것이다. 왜냐 하면 이 아이는 두 발

▲볼가 강 중류 유역에 있는, 오늘날의 쿠이비셰프에 번성했던 사마라의 집단지 유적

이 잘리면 결국 거기에서 떨어지기 때문이다. 그러나 일반적인 생각은 같은 것 같다. 요정의 처녀들이라는 것은 지상의 유모들에 해당하는 것이며, 그것은 단순히 유아를 '돌보기' 위해서 넘겨준다는 속신에서 온 것이었다.

아버지가 그 아이는 결국 하늘에 닿을 정도로 자란다고 말했을 때, 모든 신들은 그 말을 아이의 건강한 성장에 대한 진정한 소원으로 받아들인 것은 물론이다.

신비롭게 탄생한 아이가 눈부시게 성장했다는 것도 역시 민간 전승의 공유점이다. 같은 전설이 바빌로니아인에 의하여 민족신 마루두크에 관해서 이야기되고 있다. 그리스인은 헤라클레스와 디오니소스에 관하여 이렇게 말하고, 유대인도 모세에 대하여 이런 말을 하고 있다. 그리고 이것은 중국인·필리핀인·북아메리카 제족 사이에도 발견되고 있다.

여신 이슈탈이 괴물을 진정시키는 데 음악이나 노래를 이용한다는 설화는 근동 설화 작가가 좋아하는 주제를 보여주고 있다.

다른 하티의 신화는 사실상 같은 설화를 이야기하고 있는데, 이것은 헤담무라는 이름의 용맹스러운 용을 여신이 어떻게 진정시키려 했는지를 자세히 묘사하고 있으며, 또한 제18왕조 또는 제19왕조(B. C. 1550~1200년)에 속하는 이집트의 한 파피루스는 하늘의 신들을 압박하는 바다의 주인에 대해서 어느 날 같은 책략을 시도한 것을 말하고 있다. 그러나 이런 생각에는 단순히 기분 좋은 음악으로 관능을 만족시킨다는 것 이상의 것이 있다. 원시인에게 있어서는 지극히 진실한 의미에서 '음악은 매력적인' 것이었으며, 그래서 모든 자리에서 이것이 마력을 타파하기 위해서 유익한 방법으로 보고 있

▲초기 왕조 시대의 텔굿바에서 사용되었던 사도르칸.
이것으로 곡류랑 콩류 등을 가루로 만들었다.

다. 그리고 온 세계의 민간 전승이 산을 움직이거나, 모든 자연이 춤
추기 시작하는 마법의 노래나 가락의 이야기로 가득 차 있다.

그 가장 현저한 예가 올페우스에게 붙어다니는 그리스 전설임은
물론이다.

올페우스 비파를 들고 노래하면,
얼었던 산봉우리도, 벌거벗은 나무들도,
고개를 기울여 넋을 잃고 듣는다.

그 가락에 따라 풀들도 꽃들도
움터 나온다, 태양과 빗물이
거기에 늘 봄을 빚어내는 것처럼

그 연주를 듣는 모든 것은,
바다의 높은 파도라 할지라도,
머리를 숙이고 진정해 버린다.

마찬가지로 러시아의 한 민요는 일루멘 호숫가에서 하프를 타는 세도크라는 상인의 이야기를 하고 있는데, 그는 이렇게 해서 물을 감동시킨 결과, 3일째에 호수의 왕이 태어나서 그에게 막대한 재물을 줬다고 한다. 또한 핀족의 카레와라에서는 베이네메이넨 신이 너무나 아름답게 하프를 탔기 때문에 모든 자연과 바다의 왕까지도 넋을 잃고 들었던 것이다.

아트, 모든 큰 파도의 왕,
풀이 무성한 물가의 노인

▲사마라 시대 모신상. 목에는 목걸이를 하고, 어깨랑 양팔에는 둥근 반점이 묘사되어 있다. (손고르 A 출토)

물가까지 올라가서
수초 위에 기어올라가서
가락에 즐겁게 귀를 기울였노라.
그래서 그는 이렇게 말했지,
“이제까지는 이런 음악을 듣지 못했다.”
내 모든 생애를 통해서,
베이네메이넨의 연주 같은 것을.
마음 즐겁고 또한 원조인 음유 악인
(吟遊樂人)아.

그리고 비프넨의 노랫가락에 물은 조용히 진정하는 것이었다.

마지막으로 설화의 종국에 이른다. 여기에는 주목할 만한 세 가지의 민속 전승이 숨겨져 있다.

첫째로, 거인이라는 것은 당연히 바보라는 암묵의 약속이다. 우펠리는 자기 어깨에 돌 괴물을 올려놓은 것도 모르고, 게다가 그는 하늘과 땅이 결합한 무게를 떠받치고 있는데, 원초에 한쪽이 다른 쪽으로부터 갈라져 나갔을 때에도 그는,

"아무것도 느끼지 못했다."

라는 것이다. 이 어리석은 거인이나 귀신이라는 개념은 모든 세계에 있다.

고대 북유럽어의 예로 들면, 둠브르(dumbr)라는 단어는 본래는 '돌대가리'를 뜻했는데, 자주 '거인들'의 동의어로 사용되고 있으며, 후대의 게르만 민간 전승에서는 거인들은 보통 둠메 루텐(dume Lutten)이나 루페(Lubbe), 즉 '멍청이'라 부르고 있다.

마찬가지로 거인의 사냥꾼 오리온에 대한 헤브라이 이름은 실은 '바보'를 뜻한다. 한편 책략에 걸려든 우둔한 귀신 이야기는 모든 민족에 있어서의 민간 설화의 상투적인 형태를 이루고 있으며, 이제까지 이 주제에 관해서 200가지가 넘는 유형이 기록돼 왔다.

둘째로, 하늘의 보고를 여는 힘을 받는 마력 있는 루운(루네 문자라고도 하는데, 여기에서는 단지 어구의 뜻)의 요소가 있다. 물론 잘 알고 있는 '열려라 참깨'라는 주제의 한 유형이며, 세계에 퍼져 있는 것이다. 원 텍스트는 상투적인 글귀를 외우기 위해서 부르는 것은 '옛 신들'이었다고 거듭 말하고 있다.

겉보기에는 이것이 '해가 지난, 숭배해야 할 신들'이라는 것 이상

의 뜻을 가지고 있지는 않은 것처럼 생각될지도 모른다. 그러나 이 글귀에는 특별한 점이 많은 것이다. 다만 훨씬 옛날의 신들만이, 즉 원초 시대에 이미 살고 있던 신들만이 마력 있는 루운으로 알려지고 있을 것이라는 것이 그것이다.

셋째로는, 원초 시대에 하늘과 땅을 갈라놓은 마법의 칼이라는 것이 있다. 다른 곳에서는 이 칼에 관해서 조금도 직접 언급이 없지만 하늘과 땅을 억지로 갈라놓았다는 생각이 결코 이상한 것은 아니다. 예를 들면 마오리족의 어느 이야기는 원초 시대에 가혹한 숲의 신 투텐가나하우가 결합되어 누워 있는 양친, 즉 하늘의 신 랑기와 땅의 여신 파파를 거칠게 갈라놓는 것을 말하고 있으며, 이와 유사한 것은 아스테카족이나, 인도네시아족이나, 사모아족의 문화와 같은 여러 가지 문화에서도 발견된다.

구약 성서의 첫머리 '태초에 하느님이 하늘과 땅을 창조하셨다'는 말은 이 관념의 흔적을 남기고 있다는 것을 암시하고 있다. '창조했다'라고 번역한 헤브라이어의 단어는 원래 '떼어놓았다'를 뜻한 것 같기도 하기 때문이다.

이 설화의 첫부분(쿠마루비의 패배까지)은 1936년 에밀 폴레르에 의하여 간행되었다. 그 나머지는 뒷날 H. G. 기텔벅과 H. 오텐 및 E. 라로시 등이 40개 이상의 점토판(粘土板)을 이어서 발견한 것이다. 훌리(호리)어 부분의 단편이 보아즈교이에서 발견된 것이 보고되고 있는데, 이것들은 아직 간

▲아시리아 시대상아에
조각한 스핑크스
(나무르도 출토)

행되지 않았다.

점토서판의 허술한 보존 상태 때문에 몇 군데의 글귀는 완전히 상상적인 근거에서 재구성하거나 보완한 것이다. 예를 들면 아누와 바람의 젊은 정령의 만남, 쿠마루비와 바다의 주인이 돌 괴물을 창조하는 일에 관한 대화는 둘 다 설화의 주요 요소이기는 하지만, 이 이야기들이 이어지는 상태에서 자유롭게 채택된 것이다. 그리고 아이가 손을 뻗어서 항아리를 깨어 버리는 사건은 쿠마루비의 그 뒤의 외치는 소리를 뜻있게 하기 위해서 추측된 것이다. 마지막으로 이슈탈이 태양과 타스미스를 격려하기 위해서 한 말의 요지는 조금의 단편적인 어구에서 재구성된 것이다.

계략으로 잡힌 용

1

어느 날, 바람의 신과 바다의 용이 서로 자기가 강하다고 주장하며 심하게 싸웠습니다. 마지막에는 서로 주먹질까지 하게 됐는데, 용쪽이 우세하여 그만 바람의 신의 몸에 검고 푸른 멍이 들도록 때렸습니다.

몸이 아프고 자존심까지 짓밟힌 바람의 신은, 계략으로 기세를 되찾기로 했습니다. 용을 연회에 초대해서 술에 취하게 만들면 쉽게 이길 수 있다는 계략입니다. 그래서 그는 여신 이나라스를 불러서 신들과 함께 그 괴물을 초대하는 성대한 연회를 준비하라고 명했습니다.

이나라스는 명령을 받은 대로 했습니다. 곧 식탁에는 온갖 종류의 맛있는 요리와 술을 가득 부은 잔이 차려졌습니다.

이 때 여신은 마음 속으로 바람의 신의 계략을 도와서 확실히 성공하도록 해야겠다고 결심했습니다.

'만약 용이 취하지 않으면⋯⋯.'

하고 여신은 생각했습니다.

'모든 신들이 그놈의 마음대로 되어, 그놈을 이기려면 쓸데없는 재난을 부르게 될 뿐이다. 어느 신이 재난을 당하기보다 인간 중의 누가 위험을 저지르는 것이 낫지.'

그녀는 인간이 사는 도시로 가서, 이름을 후파샤스라고 부르는 사나이를 만나서, 신들의 연회에 참석하여 용과 싸워달라고 부탁을 했습니다.

그러나 후파샤스도 용이 무서운 것은 여신이나 마찬가지였으며, 인간 이상의 힘을 가지고 있지 않는 한 신들 중에서도 가장 강한 신이 실패한 것을, 고작 인간에 불과한 자기가 이길 수 없다는 것도 잘 알고 있었습니다.

고대 사람들이 믿는 것은 인간 이상의 힘을 갖는 길은 단 하나, 그것은 여신을 끌어안는 것이었습니다. 여신은 그 사랑과 함께 신의 힘을 어느 정도 옮겨주는 것입니다. 그래서 후파샤스는 이나라스가 자기에게 그 은혜를 베풀어주면 응하겠다는 조건을 내걸었습니다. 여신은 쾌히 승낙했습니다.

약속이 이뤄지자 여신은 그를 연회장으로 데리고 가서 뒤에 숨겨 놓았습니다.

이렇게 해서 준비가 끝났기 때문에 그녀는 가장 아름다운 옷을 입고 스스로 용을 부르러 갔습니다.

용을 설득하는 것은 쉬운 일이었습니다. 용은 탐욕스러운 생물이어서 식사를 거절하는 일 따위는 도저히 하지 못합니다. 부하들을 데리고 소굴에서 나오자, 신들은 함께 자리에 앉아서 닥치는 대로 요리 접시를 비우고, 포도주 잔을 모조리 마셔 버렸습니다. 그렇게 많이 먹고 많이 마실수록 그의 몸은 점점 부어오르고, 나중에는 배가 터질 지경이 됐습니다.

그 이상 먹지도 마시지도 못하게 되자, 어슬렁어슬렁 일어나서 식탁에서 물러나와 집을 향하여 몸을 끌고 돌아왔지만, 너무나 배가 불러서 아무리 몸을 비틀고 들어가려고 해도 자기 굴 속으로 들어갈 수가 없었습니다.

바람의 신과 이나라스의 두 신이 기다린 것은 바로 그 때였습니다. 아차 하는 순간에 후파샤스는 숨어 있던 곳에서 달려나와 재빠르게 용의 몸을 묶었습니다. 이렇게 되면 바람의 신에게 있어서 그 용의 숨통을 끊는 것은 쉬운 일입니다.

그러나 용을 죽이는 것은 이나라스에게 불안을 주게 됩니다. 갑자기 두려운 생각이 여신의 마음을 스쳐갔습니다. 후파샤스는 집에 돌아가면서 틀림없이 그의 아내에게 자기가 받은 신의 힘을 옮겨줄 것입니다. 다음에 아내는 아이들에게 그것을 옮겨줄 것이 틀림없습니다. 그리고 몇 년이 지난 뒤에는 신들과 어깨를 견줄 수 있는 인간 가족이 될 것입니다.

어떻게 해서든지 이것을 막아야겠다고 이나라스는 생각했습니다. 그래서 그녀는 쉽게 다가갈 수 없는 높은 바위 위에 집을 짓고 후파샤스를 살게 했습니다. 인간의 손이 도저히 미치지 못할 것이라고 생각했습니다.

어느 날, 여신은 집을 비우고 심부름을 가야 했습니다. 후파샤스가 쓸쓸해서 고향을 그리워하다가 도망치지 않을까 하고 걱정이 되어 여신은 결코 창 밖을 봐서는 안 된다고 타일렀습니다.

"부인이나 아이들을 보면 너는 그리워서 참지 못할 것이니까 말이야."

20일 동안 후파샤스도 그 말에 따랐습니다. 그러나 여신이 돌아오지 않기 때문에 그는 불안한 동시에 대담해지기도 했습니다. 이윽고 참을 수 없어서 그는 창을 밀어서 열고 밖을 내려다봤습니다. 정말로 그의 아내와 아이가 아래쪽 골짜기에 있는 것입니다. 그 모습을 본 순간 그는 그리운 마음을 억제할 수 없었습니다.

얼마 뒤에 이나라스가 일을 마치고 돌아오니 그녀가 한 발을 집에 들여놓자마자 후파샤스는 온갖 말을 다 해서 집에 돌려보내 달라고 애원하기 시작했습니다.

여신은 창이 열려 있는 것을 보고 곧 무슨 일이 있었는지를 알았습니다. 엄하게 그를 꾸짖고 두 번 다시 창을 열면 안 된다고 말했으나, 그렇게 말하면서도 자기의 말이 소용 없다는 것을 알았습니다. 후파샤스는 지금은 완전히 집을 그리워하는 포로가 돼 있기 때문에 더 이상 그를 잡아둘 수는 없었습니다. 다음에 그녀가 집을 비우면 그는 당장 도망칠 것이 뻔했습니다.

신의 힘을 가진 인간의 힘을 빼앗으려면 할 수 있는 일은 단 한 가지밖에 없습니다. 명령을 거역한 그를 큰 소리로 꾸짖으며, 그 사람을 죽이고, 집에 불을 지르는 것입니다. 그래서 여신은 그대로 했습니다.

열어놓은 창에서 폭풍의 신의 바람이 들어와서 불길에 부채질을 했습니다.

2

폭풍의 신과 바다의 용은 예부터 적수였습니다. 서로 자기는 상대보다 권력도 강하다고 믿고 있었기 때문입니다.

폭풍의 신이 바람을 모아서 불어대면 용은 파도를 일으켜서 대항합니다. 폭풍의 신이 천둥이나 비를 퍼부으면 용은 무서운 파도를 일으킵니다.

어느 날 두 신의 싸움이 더욱 격렬해져서 결국 서로 치고받고 하다가 마침내는 용이 상대의 심장과 두 눈알을 움켜잡는 데 성공했습니다. 물론 폭풍의 신에게는 대단히 큰 타격이었기 때문에 기진맥진해 버렸습니다.

오랫동안 폭풍의 신은 상처를 치료하면서 용을 이기고 그가 빼앗아간 것을 되찾을 계획을 짜고 있었습니다. 이윽고 기회가 왔습니다.

그는 지상으로 내려가서 한 가난한 농부의 딸을 아내로 삼았습니다. 얼마 후 아내는 사내 아이를 낳았습니다.

이 아이가 자랐을 때 그가 사랑한 것은 그 용의 딸이 아니고 누구였겠습니까. 물론 그 젊은이는 처녀에게 한 인간에 불과했습니다. 그녀도 그 가족도 누구의 아들인지를 의심해 보지도 않았습니다. 그러나 폭풍의 신에게 있어서는 이것이야말로 둘도 없는 기회였습니다. 일의 자초지종을 듣자 곧 이것을 이용해야 되겠다고 결심했습니다.

"내 아들아. 곧 그 처녀의 집에 가서 그녀의 손을 잡고 구혼하거라. 그녀의 아버지가 예물로 무엇을 원하느냐고 물으면 폭풍의 신의 심장과 두 눈알을 달라고 대답하는 거다."

젊은이는 아버지의 명령에 따랐습니다. 처녀에게 정식으로 구혼을 하자 용은 예물로 무엇을 원하느냐고 묻는데, 그는 우선 심장을, 다음으로 두 눈알을 요구했습니다. 용이 두 가지를 모두 쾌히 내주었기 때문에 그는 집에 돌아와서 그것을 부친에게 내주었습니다.

순식간에 폭풍의 신은 완전히 힘을 회복하고 용과 싸우기 위해서 바다로 들어갔습니다.

연기를 토하고 불을 뿜어대면서 발광하며, 이번에야말로 폭풍의 신은 용을 제압하는 데 성공했습니다.

그러나 이 싸움이 벌어지고 있을 때 폭풍의 신의 아들은 미래의 장인의 집에서 대접을 받고 있었습니다. 싸우는 소동을 듣고 용이 지는 것을 보았을 때 자기가 속았다는 것, 그것도 자기 아버지에게 속아서 이 집의 주인을 파멸시키는 무거운 죄를 지었다는 것을 알고 아연 실색했습니다.

명예와 고래의 풍습이 그에게 죄의 보상을 요구했습니다. 그는 하늘 높이 있는 아버지를 향하여 소리쳤습니다.

"아버지, 우리를 멸망시켜 주십시오. 결코 용서하지 마십시오!"

폭풍의 신은 아들의 소원을 지당하게 생각했습니다. 그리고 도리깨와 섬광을 가지고 내려가서 용과 함께 아들도 죽인 것입니다.

남을 속이려는 자는,
끝내 자신으로 이것을 갚는다.

계략으로 잡힌 용

  매년 우기가 다가와서 강물이 범람할 때 고대 하티인은 푸룰리라는 제사를 지냈다. 이 제사의 한 부분에서 계략으로 잡힌 용의 이야기가 독송된다.

  이 경우에 숨겨져 있는 목적을 그 옛날 범람하는 강인 무서운 용이 어떻게 조종되었는지를 말하는 것이었는데, 널리 행해지고 있는 속신(俗信)으로서, 만약 설화가 막힘이 없이 이야기되고, 나아가서는 연출되면 같은 효과가 다시 생긴다고 생각했다.

  이런 독송이나 연기는 모든 세계에 있다. 예를 들면 1903년에 이르기까지 영국 사포크의 아포드에서는 로게이션(그리스도 승천제 전 3일간이며, 풍작을 기원하는 날이다) 중에 패배한 용의 상을 들고 행진하는 관습이 있다. 그리고 시칠리아 섬의 라그사브에서는 4월 23일 성 조르지오의 날에 움직이는 꼬리와 눈을 가진 거대한 용이 마찬가지로 행렬을 이루고 이어진다.

  영국 레스터 시에서 나온 16세기의 어느 연대기(年代記) 연구가는

'용을 만들기 위해서' 시의 기금을 매년 지출한 것을 기록하고 있다. 또한 켄트와 다비샤 각 지방에서는, 성조지 축제에서 이 영국의 수호신이 용을 퇴치한 것을 다룬 무언극을 지금까지도 상영하는 것이 특징이다.

바바리아의 힐트에서는 매년 성체절에 이어지는 일요일에 용의 퇴치를 연출하고 있으며, 루안에서는 승천 축제일에 용 갈구유에게서 성로마누스가 시를 구출했다고 전한다.

강을 용이나 뱀으로 생각하는 것도 물론 모든 세계에 있다. 이 책에서도 가나안의 〈바알의 이야기〉에서 다시 만나게 된다. 한편 그리스 신화에 나오는 카리돈의 디아네이라(헤라클레스의 아내)는 뱀의 모습을 한 아케루스 강의 구애를 받았다 한다.

아라비아인 사이에서는 회오리바람을 용으로 생각하고, 스위스에서는 계곡의 폭포를 드라하(drach ; 뱀)라고 부른다(한자에서도 이 둘을 '龍'과 '瀧'으로 표기한 것은 흥미롭다). 마찬가지로 중국의 만간 전승에서도 범람한 강을 치수(治水)한 것을 '용을 가뒀다'고 말한다.

이 계절에 얽힌 신화는 뒤에 그 특정한 배경을 잃고 문학의 영역으로 들어와서 질서와 카오스의 원초적인 싸움을 말한 설화, 또는 현재의 지배가 끝날 때에 신이 싸우는 큰 싸움의 전조로 여겨졌다. 예컨대 성서에서는 자주(〈아사야서〉 51 : 9, 〈시편〉 74 : 14, 〈시편〉 89 : 10, 〈욥기〉 26 : 12 등) 야훼와 용인 레비아탄

▲섬세한 기법으로 조각한 소형 사자상(오우샤 출토.

또는 라하브(겁탈자)와의 사이의 원초적인 투쟁을 언급하고 있으며, 〈이사야서〉(27 : 1)와 〈요한 계시록〉(12장)은 이 싸움이 세계 종말의 날에 다시 일어나는 것으로 보고 있다.

마찬가지로 바빌로니아 신화는 하늘의 신과 라프라는 이름의 용과 싸움을 말하고 있으며, 인도 신화는 인드라와 브리트라의, 그리스 신화는 제우스와 튜폰의 싸움을 이야기하고 있다.

하티인은 이 설화를 두 가지 방법으로 말하고 있다. 한쪽 원문의 중심 제목은 용의 탐욕과 멈청함이었는데, 이것은 모든 민족의 민간 전승에 나오는 괴물의 공통된 성질이다. 다른 쪽의 원문은 주인에 대한 손님의 의무라는 것이었다.

첫번째 원문이 가지고 있는 주제는 설명이 필요하다. 죽어야 할 후파샤스가 용과 싸우기 전에 그는 여신 이나라스와 즐거움을 나눔으로써 그녀의 신성(神性)을 어느 정도 나누어 달라고 요구한다. 뒤에 괴물이 퇴치됐을 때 이번에는 여신 쪽이 후파샤스가 아무도 접근할 수 없는 높은 곳에 끌고 가서 아내나 가족과 다시는 만나지 못하게 한다.

여기에 숨겨져 있는 사상은 키스라든가, 포옹이라든가, 그 밖의 친밀한 접촉을 통해서 어떤 사람이 다른 사람에게 어떤 성질이 옮겨진다는 것이다.

이렇게 옮겨졌다고 생각되는 성질은 나약함이나 결점인 경우가 자주 있다. 오디세우스는 자신의 정력이 감퇴된다는 이유로 키르케의 구애를 거절했다.

▲흑인의 목을 무는 사자 상아판(니무루도 출토)

그리고 지금도 주르족은 남자가 전장에서 쓰러지는 것은 '아내의 무릎이 불운'하기 때문이라고 주장한다. 마찬가지로 남아프리카의 어느 지방에서는 남자는 잠자리에서 아내를 오른손으로 만져서는 안 된다고 하며, 만약 그렇게 하면 전장에서 힘을 잃고 죽는다는 것이다.

실제로 여자를 보기만 해도 남자는 약해질 수 있다는 것은 민간 전승에서 드물지 않은 주제이다. 그러나 때때로 이런 생각과 다르게 작용해서 특별한 체력이나 기운을 얻기도 한다. 이것이 지금의 설화의 경우이다.

후파샤스는 용과의 싸움을 떠맡기 전에 신의 힘을 얻겠다고 강요하는데, 일단 이 힘을 받으면 여신도 마찬가지로 그가 아내와 헤어지도록 강요한다. 그것은 그가 다음에는 아내에게 힘을 옮겨주기 때문에 결국은 인류의 소유물이 되지 않도록 하기 위해서이다.

이와 같은 생각이 〈창세기〉 제6장의 잘 아는 이야기에도 나온다. '하느님이 아들들'이 사람의 딸들을 따랐는데, 주 하느님은 사람의 목숨을 단축시켰다. 그것은,

"내 영은 오래 사람 가운데 머무를 수 없다."

다시 말하면 주님은 인간의 육체가 이것으로 신성을 갖겠다는 생각을 허용할 수 없는 것이다.

사냥꾼 케시

옛날에 케시라는 사냥꾼이 있었습니다. 아버지는 죽고 혼자서 사랑하는 어머니와 살고 있었습니다. 매일 아침 그는 일찍 일어나서 산으로 갔다가, 저녁때가 되면 좋은 사슴 고기를 들고 돌아왔습니다. 그리고 그는 사냥을 잘 했기 때문에 신들까지도 매일의 식사에는 그를 의지하게 됐습니다. 그것은 그가 집에 돌아오면 매일 밤 자기 사냥감의 일부를 신들의 제단에 바치고 있었기 때문입니다.

그러나 어느 날 모든 것이 변하고 말았습니다. 그가 어느 아름다운 처녀와 사랑에 빠졌기 때문입니다. 그녀는 신타리메니라고 하며, 일곱 자매의 막내딸이었습니다.

그녀를 신부로 맞아들인 다음부터 그는 머릿속에서 사냥이라는 것을 완전히 잊고 말았습니다. 하루 종일 그는 집에 앉아서 아내의 눈을 바라보거나, 그녀의 입에서 나오는 구슬을 굴리는 듯한 이야기를 듣거나 했습니다.

이런 사정을 알자 그의 어머니는 화가 나서 그를 꾸짖었습니다.

"케시야, 넌 이제까지 이 나라의 제일 가는 사냥꾼이 아니었느냐!
너만큼 대담하고 용감한 사냥꾼은 없었다. 그런데 지금의 네 꼴을
봐라. 너는 함정에 빠졌다! 신들이 시장해하시고 어미는 굶는 판인
데, 네 꼴이 이게 뭐냐? 온종일 집 안에 들어앉아서 여편네에게 넋
을 잃고 있으니, 나 원!"

이 말은 케시의 아픈 곳을 찔렀습니다. 그는 당장 창을 들고 나서
서 사냥개들을 불러모으고 다시 사냥을 나갔습니다.

그러나 인간이 신들의 일을 잊으면 신들도 인간을 잊는 법입니다.
그래서 케시가 산에 도착하자 동물들은 모두 굴 속에 숨어 버려서
아무리 싸다녀도 피곤하기만 하고 소득이 없었습니다. 3달 동안 그
는 빈손으로 돌아오는 것이 부끄러워서 운이 돌아오기를 바라며 헤
매기만 했습니다. 결국 발이 막대기처럼 붓고 피로해서 어느 나무
밑에 쓰러져 잠이 들었습니다.

그런데 바로 그가 쓰러져 있는 그 자리는 정령들이 좋아하는 집회
장소였습니다. 인간을 괴롭히는 것을 주로 즐거움으로 삼고 있는, 그
장난꾸러기인 산의 생령들입니다. 케시를 발견하자, 그가 자기들의
영역에 침입한 것을 알고 정령들은 케시 주위에 모여들어서 껑충껑
충 춤을 추면서 그를 걸신맞게 먹어치우려고 했습니다.

그러나 산에 살고 있는 것은 정령뿐이 아니었습니다. 죽은 자의
영혼도 거기에 있습니다. 그리고 케시의 아버지는 정령들이 자기 아
들의 주위에 모여든 것을 처음부터 산꼭대기에서 지켜보고 있었으
며, 어떻게 하면 아들을 구해낼 수 있을까 생각하고 있었습니다. 문
득 한 가지 생각이 떠올랐습니다.

"정령들아!"

하고 그는 소리쳤습니다. 그리고 그의 목소리는 벼락같이 울려 퍼졌습니다.

"왜 그를 먹으려 하느냐? 너희들이 그놈의 외투를 훔친 것만으로도 못 배길 것이다. 그놈은 추워서 허겁지겁 집으로 도망칠 테니까!"

그러나 정령이라는 것은 도둑패들과 같습니다. 훔치는 것만큼 그들을 즐겁게 하는 것이 없다는 것을 케시의 아버지는 잘 알고 있었습니다.

"그래, 그래!"

그들은 그 즐거움을 거의 참을 수가 없어서 정신 없이 소리를 쳤습니다.

"그놈의 외투를 훔치자!"

당장 그들은 케시를 먹는 것을 완전히 잊고 케시의 외투를 이리저리 잡아당기기 시작해서, 결국 그것을 찢어 버리고 의기 양양해서 그들의 소굴로 가지고 가 버렸습니다.

케시가 눈을 떠보니 해는 지고 바람이 변해서 축축한 밤안개가 땅에서 피어오르고 있었습니다. 그는 무심코 손을 뻗쳐서 외투를 잡아당기려고 했으나, 아니 그것이 없어진 것이 아닙니까!

마음이 떨떠름해진 케시는 축축한 풀 속을 더듬어 찾았으나, 그러는 동안에도 차가운 바람은 그의 몸을 날카롭게 때리며 지나갔습니다. 사냥개들은 냉랭하게 그런 것을 아랑곳하지 않고 달을 향하여 짖어대기만 했습니다.

이윽고 불어닥치는 폭풍으로 머리를 숙인 채 그는 발길을 돌려서, 아래쪽 계곡에서 단 하나만이 깜빡이는 등불을 향하여 산을 내려왔습니다. 그래서 무사히 집으로 돌아올 수 있었습니다.

그런 일이 있은 지 2, 3일이 지나서 케시는 일련의 이상한 꿈을 꾸었습니다. 그는 거대한 문 앞에 서서 필사적으로 그것을 열려 하고 있는 것이었습니다. 그러나 아무리 노력해도 그 문은 열리지 않았습니다.

다음에 그는 어느 집 뒤뜰에 있었습니다. 거기에는 하녀들이 바쁘게 가사 일을 하고 있었습니다. 그 때 갑자기 한 마리의 새가 하늘에 내려와서 한 하녀를 채가지고 날아가 버렸습니다.

또한 그는 넓게 펼쳐진 들을 내려다보고 있었습니다. 저 멀리 사람들의 작은 무리가 있고, 그들은 한가하게 걸어서 들을 가로질러 가는 것 같았습니다. 갑자기 눈부신 섬광이 번쩍이고, 하늘에서 불화살이 곧바로 그들 위에 떨어졌습니다.

또 장면이 바꿔어서 한 무리의 케시의 조상들이 보였는데, 그들은 불 주위에 서서 그것을 불어 불을 일으키고 있었습니다.

꿈에 나타나서 그의 마음을 어지럽게 한 환상은 이것뿐이 아니었습니다. 또 다른 꿈 속에서는 케시의 손이 묶이고, 발에는 여자의 장신구처럼 쇠사슬이 묶여 있는 것을 보았습니다. 그리고 그는 사냥을 나가는데, 집을 나서자 문 한 쪽에 웅크리고 있던 용이 다른 쪽에는 보기에도 무서운 새 몸에 여자 얼굴을 한 괴물 하피들이 있는 것을 보고 놀랐습니다.

밤이 밝아 눈을 뜨자 케시는 곧 어머니에게 꿈 이야기를 했습니다.
"어머니!"
하고 그는 말했습니다.
"이 꿈들은 모두가 한 가지 일을 암시하고 있습니다. 제가 앞으로 산에 올라가면 정령들이 와서 저를 잡아먹을 것입니다. 전 어쩌면 좋죠?”

“무서워해서는 안 된다.”

하고 그의 어머니는 조용히 대답했습니다.

“옛 노래를 생각해 봐라.

키 큰 등심초는 비바람 불면 머리를 숙인다.

그러나 그것은 한 순간이며, 다시 머리를 들어올린다.

강이 범람할 때 물은 육지를 흘려보내고

큰 도시도 흔들리지만 역시 도시는 서 있다.

사람들은 허둥대며 소리친다.

‘아, 우리는 죽는다!’

그들은 전에도 소리쳤지만…… 지금도 살아서 소리친다!

하찮은 꿈을 중시해서는 안 된다. 다시 한 번 산에 가거라. 아무 일도 일어나지 않을 테니까!”

그런 다음 그녀는 옷자락을 들어서 마지막으로 푸른 양털 다발을 꺼냈습니다.

“이것을 가지고 가거라.”

하고 그녀는 케시의 뺨에 입마춤을 하며 말했습니다.

“이것을 몸에 지니고 가거라. 이것에는 강한 마력이 들어 있으니까 너를 위험에서 구해 줄 것이다.”

그래서 케시는 다시 한 번 산으로 사냥을 하러 떠났습니다.

(이 설화 중에서 우리에게 전해지고 있는 것은 이것으로 끝입니다. 이하는 재구성한 것이지만, 그 근거는 설화 뒤에 붙인 해설에서 설명하겠습니다.)

그러나 신들은 케시가 그들을 소홀히 했다고 해서 아직 화가 풀리지 않고 있었습니다. 그래서 짐승들은 모두 굴 속에 몰아넣어 버렸습니다.

오랫동안 케시는 행운이 돌아오기만을 기다리면서 떠돌아다녔습니다. 결국은 그가 힘이 떨어져서 절망하고 있을 때 이상한 일이 일어났습니다. 문득 그는 거대한 문 앞에 자기가 서 있는 것을 깨달았습니다. 문 한 쪽에는 용이 엎뎌 있고 다른 쪽에는 보기에도 무서운 새 몸에 여자 얼굴을 가진 괴물 하피가 서 있었습니다.

한 순간 케시는 너무 놀라서 우뚝 서 있었습니다. 그리고 조심조심 다가가서 문을 열려고 했습니다. 그러나 문에는 자물쇠가 걸려 있었습니다. 케시는 호기심이 생겨서 문을 쿵쿵 두드려 봤습니다. 아무 반응이 없었습니다. 결국 지쳐 버려, 케시는 주저앉아서 기다리기로 했습니다.

"이러다가 누가 와서 안으로 들여보내 주겠지."

하고 그는 생각했습니다.

그는 오래 기다려서 점점 피곤해져서 잠이 들어 버렸습니다. 그가 눈을 떴을 때는 주위가 어두워지고 있었으며, 긴 그림자가 산허리에 걸리기 시작하고 있었습니다. 케시는 일어나서 몸을 털고 돌아갈 준비를 했습니다.

그런데 갑자기 저 멀리서 작은 빛이 깜박이며 한발 한발 그를 향해서 다가오는 것이 보였습니다. 그것은 가까워지면서 점점 강하게 비치고, 결국 케시는 그 빛에 눈이 부셔서 두 손으로 눈을 가렸습니다. 그가 손을 젖히고 보니 그의 앞에는 빛의 옷을 입은 키 큰 사람의 그림자가 서 있으며, 그 손에는 번쩍거리는 열쇠가 있었습니다.

"처음 뵙습니다."

하고 케시가 인사를 했습니다.

"나는 이 문 앞에서 오래 기다려서 몸도 마음도 피곤합니다. 제발 안에 넣어주십시오."

그러나 낯선 사람은 머리를 흔들며 말했습니다.

"아니, 그럴 수는 없지. 이것은 해가 지는 문이고, 저쪽은 죽은 자의 나라이니까, 이 문을 지난 사람은 두 번 다시 돌아올 수 없어!"

이 말을 듣고 케시는 말문이 막힐 정도로 놀랐습니다.

"그럼 어떻게……."

하고 그는 낯선 사람이 손에 들고 있는 열쇠를 보면서 더듬더듬 말했습니다.

"어떻게 당신은 문을 지날 수 있습니까?"

낯선 사람은 미소를 지으며 말했습니다.

"나는 태양이다."

그리고 열쇠를 돌려서 안으로 들어가 버렸습니다.

그런데 문 저쪽에서는 밤마다 찾아오는 태양신의 도착을 환영하기 위해서 죽은 자의 영들이 모두 모였습니다. 그 중에는 케시의 아름다운 신부의 아버지인 우디푸샬리도 있었습니다.

그는 자기 사위의 목소리를 듣고 기뻤습니다.

'이제까지 산 사람이 죽은 자를 찾아온 일이 없었는데, 이제야 겨우 사랑하는 가족의 소식을 들을 수 있겠구나.'

하고 생각했습니다.

그래서 문이 열리자마자 그는 모두를 헤치고 가장 앞으로 나와서 태양신의 발 아래 엎드려서 탄원하기 시작했습니다.

"주님이시여!"

그는 눈에 가득히 눈물을 담고 소리쳤습니다.

"가족들의 소식을 들을 수 있도록 저에게 문을 통과하게 허락해 주십시오."

"안 돼!"

하고 태양신은 무뚝뚝하게 거절했습니다.

"죽은 자가 아니면 아무도 그것을 허락할 수 없어. 문을 통과할 수 있는 것은 신들뿐이야."

그러나 우디푸샬리는 그 말을 들으려고도 하지 않고 졸라댔습니다.

"좋아!"

하고 태양신은 결국 말했습니다.

"케시를 안으로 들여보내라. 어두운 길을 내 뒤를 따라서 오는 게 좋다. 그러나 한 번 이 나라에 들어오면 다시는 산 자의 나라로 돌아갈 수 없다. 너는 그를 지켜보고 놓치지 않도록 해라. 그의 손과 발을 묶어서 도망치지 못하도록 옆에 달아매고 걸어라. 그가 모든 것은 보고 길 끝까지 가면 그를 나에게 끌고 오라. 그 때에 나는 그에게 죽음을 주리라!"

이렇게 말하는 동안에 큰 문이 다시 삐꺽 하고 열리고, 케시는 좁은 터널 입구에 섰습니다. 몇 발자국 앞에는 태양신의 모습이 희미하게 보이고, 천천히 멀어져 갔습니다. 그 빛은 점점 작아지다가 이윽고 하나의 점이 됐습니다.

곧 우디푸샬리가 앞으로 다가와서 케시의 손발을 쇠사슬로 묶었습니다. 그리고 그의 옆에 붙어서서 멀어져 가는 빛을 따라가라고 재촉했습니다.

그들은 앞으로, 앞으로 걸어갔습니다. 그리고 케시가 무거운 쇠사슬에 묶인 발을 끌고 걸어가는 동안 우디푸샬리는 산 자의 세계의 사랑하는 가족의 운명에 관해서 케시에게 다그쳐 물었습니다.

그들이 터널의 한 모퉁이를 돌아섰을 때 갑자기 케시는 우뚝 섰습니다. 그 조금 열려 있는 곳에 그가 꿈에서 본 그대로의 광경이 보였기 때문입니다.

새빨간 불꽃이 보이고, 그 주위에는 몇 백이나 되는 죽은 자들의 영이 서서 거대한 풀무로 불을 일으키고 있었습니다.

"저 사람들은 누굽니까?"

하고 그는 동행하는 우디푸샬리에게 속삭였습니다.

"저 사람들은 대신의 대장장이이다. 대신이 지상에 던지는 천둥과 벼락을 벼리고 있는 것이다."

라고 우디푸샬리는 대답했습니다.

좀더 가서 케시는 다시 발길을 멈췄습니다. 이번에는 마치 1,000마리나 되는 새들이 그의 곁을 돌고 있는 것처럼 크고 쉴새없는 날개 소리가 어둠을 뚫고 들려왔습니다. 잠시 뒤에 케시는 무엇인지 부드럽고 차갑고 축축한 것이 그의 뺨을 솜털처럼 스치고 지나가는 것을 느꼈습니다. 그는 동행하는 분을 돌아봤습니다.

물을 것도 없이 우디푸샬리는 그의 생각을 알고 있었습니다.

"이건 죽음의 새들이다."

하고 그는 말했습니다.

"죽은 사람의 영혼을 하계(下界)로 데려가는 것이다."

그리고 그가 이런 말을 하고 있는 동안에도 케시는 어둠을 통해서 그가 꿈 속에서 본 큰 새의 모습을 보고 있는 것처럼 느꼈습니다.

그 때 갑자기 이제까지 앞에서 가고 있던 빛이 움직이지 않았고, 그가 다가갈수록 눈을 멀게 할 정도의 빛이 그들을 비추고 있었기 때문에 케시는 터널 끝에 온 것을 알았습니다. 그 곳에는 태양신이 육중한 문 앞에 신비로운 미소를 띠고 서 있었습니다.

"케시야."

하고 그는 말했습니다.

"너는 해뜨는 문에 도착했다. 이 이상 갈 수는 없다. 너는 이제 죽을 때가 왔다. 이 앞은 산 자의 나라이며, 네가 그 곳으로 돌아갈 수는 없다."

이 말을 듣자 케시는 온몸을 떨기 시작했습니다. 그리고 땅바닥에 엎드려서 태양신의 옷자락을 꼭 잡았습니다.

"주님이신 신이시여!"

하고 그는 소리쳤습니다. 그의 말은 눈물로 중단됐습니다.

"제발 인생의 중도에서 저에게 죽음을 내리지 말아주십시오. 살아서 다시 한 번 사랑하는 가족을 만나게 해 주십시오!"

태양신은 그를 불쌍히 여겼습니다. 그리고 케시가 이전에 얼마나 충실했는지, 신들의 생명을 유지하기 위해서 매일 음식을 얼마나 바쳤는지를 생각했습니다. 그는 다정하게 케시를 자기 발 아래에서 일으켜 세웠습니다.

"케시야."

하고 부르는 그의 목소리 속에는 천상의 온갖 자비가 듬뿍 깃들여 있었습니다.

"죽음을 본 자는 다시는 산 자의 나라에 돌아가지 못한다. 그렇지만 나는 너를 빛의 세상으로 보내주마. 너의 신부도 함께 말이다. 나는 너희를 영원히 별들 사이에 살게 해 주겠다."

하늘이 맑은 밤에 당신들은 하늘에 걸려 있는 '사냥꾼자리'를 볼 수 있을 것입니다. 그리고 그 곁에서 빛나고 있는 7개의 별은 신타리메니와 그 여섯 자매들입니다. 그러나 사냥꾼의 손은 묶기고, 발에는 여자의 장신구처럼 쇠사슬이 걸려 있습니다.

사냥꾼 케시

이 설화는 복잡한 수수께끼이다. 우리가 가지고 있는 것은 고작 하티어 원문의 첫부분과 50년 이상 전에 이집트의 텔 엘 아마루나에서 발견한 아카드어판의 작고 난해한 단편에 불과하다.

문제는 나머지를 재구성하는 일이다. 이것을 시도함에 있어서 우리는 남은 부분에서 얻은 몇 가지 단서를 근거로 했다. 그 단서란 다음과 같은 것들이다.

1. 케시는 일련의 꿈을 꾸는데, 그것들이 죽음이라든가, 명계(冥界)에 관한 민간 전승과 공통으로 연결된 몇 가지를 포함하고 있다.

1) '열리지 않는 문이라는 것' 하티어판에는 아무것도 서술되고 있지 않지만, 아카드어 단편에는 다시 문에 관한 언급이 있으며, 이것은 태양신과 어떤 관련이 있다. 그리고 이 설화는 분명히 인간들은 문으로 들어갈 수가 없지만, 신들은 가능하다고 말하고 있다. 따라서 이 문제의 문은, 매일 밤 태양이 죽은 자의 세상으로 들어간다고 믿고 있는 지하 터널의 문이

라는 것은 거의 틀림없다. 우리는 이미 〈길가메시의 모험〉에서 이것을 보았다. 이 문은 결국 하데스의 문과 동일한 것임은 물론이고, 이것은 지하계로 내려가는 일에 관한 모든 묘사와 공통하는 것이다. 예를 들면, 벨기류스의 《아에네이스》 제6가 127이 그것이다. 이것은 종종 산 둔덕과 같은 곳에 위치하고 있기 때문에 케시가 언덕으로 돌아가려 할 때 쉽게 갈 수 없었던 것이다.

2) '한 마리 새가 하늘에서 내려와서 일하고 있는 하녀를 끌어 갔다.' 새는 일반적으로 죽은 자를 지하계로 데려가는 것으로 알고 있었다. 〈길가메시의 모험〉에 이 사상을 반영하고 있는 것이 있으며, 이란이나 핀 우그리안의 신화에서도 볼 수 있다.

3) "케시의 '신이신 조부들'은 불을 일으키고 있는 것이 보인다." '신이신 조부들'이란 죽은 조상을 말하는 것이다. 왕이나 귀족이 죽었을 때 하티인은 "신이 되셨다"고 말한다. 여기서 직면하는 것은 우리가 알고 있는 지옥불이거나, 또는 더 명확하게는 벼락불을 가리키는 것이리라. 후자는 보통 산에 있으며, 난쟁이나 그런 종류의 생물들이 관련돼 있다고 여겨졌다〔에트나 산꼭대기의 쿠크롭스 불구덩이와 관련된 신화와 비교해 보라. 이것은 같은 주제의 동공 이곡(同工異曲) ; 기술이나 재주, 또는 솜씨는 같지

▲아시리아 시대의 궁정 관료의 벽화.(디루 발슈프 출토)

만, 그 표현한 형식·내용·맛 등은 서로 다름)에 불과하다].

4) '케시는 집 문 앞에 용과 다무낫사라 여신상이 서 있는 꿈을 꾼다.' 후자는 다른 하티 글에서도 언급되고 있으며, 그 중 하나에서는 이 양자가 고르곤과 같은 성질을 가지고 있는 것으로 서술되고 있는 모양이다. 그러므로 이것은 지하계 입구를 괴물들이 지키고 있다는 속신이 꿈에 의하여 표현된 것이다. 이것은 길가메시 설화에도 있으며, 벨기류스(《아에네이스》 제6가 285-89)도 고르곤이나 하루페나 유사하게 추악한 괴물들이 하데스의 문 앞에 서 있던 것을 다시 말하고 있는 것이다.

5) '케시는 불화살이 무섭게 날아오고, 수많은 사람들이 부딪치는 꿈을 꾼다.' 길가메시 설화에서도 엔티두가 같은 꿈을 꾸는데, 이것은 다가온 죽음을 예고하는 것이다.

그런데 민간 설화를 들은 적이 있는 사람이면 누구나 꿈에 관해서 말하는 것이라면 그 설화의 나머지 부분은 그 꿈이 어떻게 실현되는지를 다루고 있다는 것, 그리고 다음에 이어지는 사건과 전에 예견한 것 사이에는 언제나 밀접한 대응이 있다는 것을 알게 될 것이다. 따라서 케시가 본 것은 모두 지하계에서 완전히 재현될 수 있는 것이기 때문에 이 설화의 나머지 부분은 그

▲바빌론의 이슈타르 문에 두드러진 모양의 조각상.
뱀의 머리, 앞발은 사자, 뒷발은 독수리로 나타낸 무슈후슈

의 명계(冥界) 여행을 묘사한 것임이 명백하다고 생각된다. 이것은 그가 다시 한 번 산으로 간 것을 의미한다. 왜냐 하면 하데스의 문을 발견한 것은 산 속이기 때문이다. 그리고 필자의 두 번째 열쇠는 여기에 있다.

2. 케시가 어머니에게 그 꿈 이야기를 하자 그녀는 그에게 용기를 가질 것과 다시 산으로 사냥 가도록 권하다. 그 다음에 청색 털실을 감은 카세(실패)를 언급하고 있는데, 분명히 그녀는 이것을 그에게 준 것이다. 그런데 사실은 다음과 같다. 근동 지방에서는 세계의 몇몇 지방과 마찬가지로, 청색은 마귀를 쫓는 부적의 즐겨 사용하는 색깔이다. 다시 말해서 이 색깔은 악마나 그런 유해 생물을 쫓는다고 생각했다.

예를 들면 이스라엘인은 옷자락에 청색 술을 달도록 명했는데(〈민수기〉 15 : 38), 이것은 원래 부적이었다는 것이 현대 학자들의 일반적인 견해이다. 여기에서 다른 방법으로는 설명할 수 없는 —— 필요 없다고 말할 것까지는 없지만 —— 이 사건이 케시가 실제로 새로운 모험에게 겪어야 했던 위험에서 보호를 받아야 했다는 것이다. 그리고 다시 이것은 문제의 모험은 해로운 생물과의 만남을 뜻하고 있으며, 후자는 그것으로 해가 없는 것이 되는 것이다. 그러므로 청색 양털을 준비한 것은 산신들의 공격에 대비하는 것이었던가, 아니면 아이네이아스가 자신에게 달아야 했던 황금 가지처럼 지하계의 악령들(즉 파수하는 괴물들)에 대한 호신책이었던 것이다.

3. 아카드어 단편은 빗장이 벗겨진 문에 도착하는 것과 관련해서 케시의 장인 우디푸샬리를 등장시키고 있다. 자연의 귀결로써 나오는 것은 우디푸샬리는 산 자가 다가올 때 지하계의 문 주위에 모여

있던 악령들 중의 하나였다는 것이다. 명백한 동공 이곡(同工異曲)이 오디세우스의 어머니와의 만남, 또는 아이네이아스의 아버지 안키세스와의 만남에서도 볼 수 있으며, 어느 것이나 유사한 상황에서였다. 단테의 베아트리체와의 만남도 마찬가지로, 일반적인 관념 영역에 속하는 것임은 말할 것도 없다.

그리고 태양신의 말 속에 우디푸샬리에 관한 언급 같은 것이 있는 것으로 봐서, 장인이 케시에게 접근하는 것을 허락하기 위해서 이 신과 교섭을 가졌다고 추정하는 것이 옳다고 생각한다. 그리고 다음에 케시가 위험한 여행 중에 우디푸샬리의 시중을 맡고, 우디푸샬리는 그를 시중 드는 사람으로 대한 것은, 마치 아이네이아스에 대해서 큐메의 시빌라가, 또는 단테에 대해서 벨기류스가 한 역할을 했다고 상상하는 것도 어렵지 않다.

이런 열쇠의 근거로써 나는 다음과 같이 추측했다. 케시의 꿈은 어머니의 조언에 따라 산으로 돌아감으로써 충족됐으며, 그 곳에서 지하계 문에 도착하고, 그리고 그 곳으로 들어가도록 허락받은 뒤에 암흑의 세계를 걸어가고, 예상밖의 맥락에서 이미 꿈에서 본 몇 가지 일을 본 것이다.

그러나 인간 하데스(명계)에서 돌아오는 것은 사실과 신앙, 그리고 민간 풍습의 모든 규칙에 어긋나는 것이기 때문

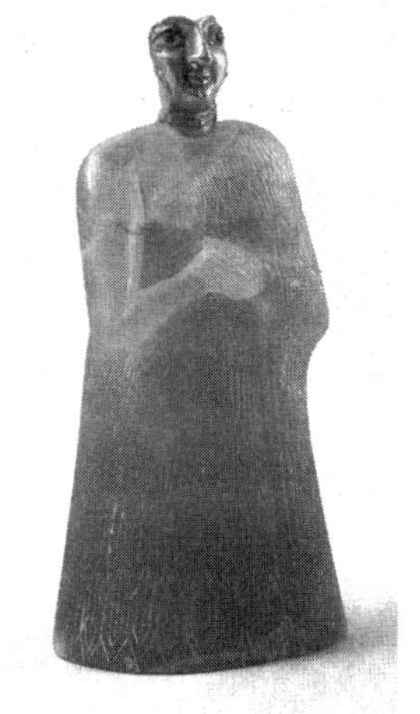

▲기원 3000년경의 수레르 시대 부인 소상(이란나 신전 출토).

에 이 설화에서는 그것을 대신하는 주인공의 운명을 예정했을 것이다. 이렇게 해서 내가 그것이 무엇이었을까 하고 모색을 시작했을 때 다음 두 가지의 열쇠가 도움이 됐다.

첫째로 케시는 사냥꾼이라는 것. 둘째로 그의 꿈의 하나는 그가 쇠사슬에 묶이고 족쇄를 받았다는 것이며, 이것은 다른 꿈과 마찬가지로 그를 기다리고 있다는 예언이다. 셋째는 그의 신부 이름이 신탈리메니(Shintalimeni)이며, 이 이름이 속하는 훌리(호리)어에서 신트 (Shint -)는 '일곱'을 뜻한다. 이런 힌트를 연결하면 케시는 바로 오리온이었다는 나무랄 데 없는 가능성이 생긴다. 그 이유는 (a) 오리온은 사냥꾼이었다. (b) 그는 하늘에 쇠사슬로 묶여 있었다. (c) 그는 일곱 자매, 특히 가장 어린 딸을 따르고 있는 자로 표현되고 있으며, 그녀들은 뒤에 프레이아데스가 됐다.

만약 이 합치가 옳다면 이 설화에서 요구되고 있는 결말은 당장 나온다. 인간계로 돌아올 수 없게 된 이 사냥꾼은 별들이 되고, 또 그는 아내를 애타게 요구했으며, 그녀도 자매들과 나란히 그와 함께 하늘로 옮겨졌기 때문에, 그들은 맑게 개여 구름 없는 밤이면 누구나 자기의 눈으로 볼 수 있다는 것이다.

이 설화도 민간 속습의 몇 가지 세부를 가지고 있어서 이 설화가 완전히 이해되기 위해서는 그것을 설명하지 않으면 안 된

▲바빌론의 네부카드넷자르 2세의 성터

다.

이런 점으로 보아서 가장 흥미 있는 특징은 케시의 첫번째 원정 이후, 그를 괴롭히던 산의 정령들에 관한 언급일 것이다. 왜냐하면 이것은 모든 문헌에서 이런 생물에 관한 가장 초기의 기술이기 때문이다. 원문은 그들이 단순히 '젊은 신들'이라든가, '신들의 아들들'로만 기술하고 있는데, 그 뜻은 전형적인 산의 정령들의 집합이라는 것은 틀림없으며, 그리고 마물이나 유사한 해로운 것은 바빌로니아인과 아시리아인에 의하여 보통 '신의 아들들(또는 자손들)'이라고 부른 일이 있다. 그리고 이 합치를 더욱 정당하게 하는 것은 케시의 옷을 가지고 가는 뒤에 이어지는 언급(확실히 단편적이고 수수께끼에 차 있기는 하지만)이다. 이것은 산의 정령은 주로 물건을 훔친다는 통념과 조화를 이루는 것이다. 토머스 케이트리의 유명한 《요절 신화학》을 보면 이 주제를 둘러싼 수많은 재미있는 이야기가 있다.

이에 못지 않게 흥미 있는 것은 죽은 조상은 산지에 살고 있다는 생각에 대한 명백한 암시이다. 원문에서 실제로 언급되고 있는 것은 단순히 케시의 '신이신 아버지'는 산꼭대기에서 산의 정령들에게 말을 걸었다는 것뿐이지만, 이 사건은 명백하다.

이 이야기의 본래의 듣는 이들에게 이것은 조금 전에 안 공통의 지식이었던 것이 틀림없다.

마지막으로 꿈이 나온다. 케시의 일곱 가지 꿈은 옛날 이야기꾼이 말하던 이야기가 그런 사건이 필요할 때에 인용하는 징조의 표준적인 목록으로 여겼던 모양이다. 그 중의 어느 것은 페르시아의 〈칼리라와 딤나〉 속의 세나티의 12가지 꿈, 그리고 시리아의 〈베라르의 문〉 —— 즉 산스크리트의 설화 대집성 《판차탄트라》의 유명한 개작 —— 등과 대단히 유사하다. 예컨대 세나티의 여덟 번째 꿈은 하늘에서 떨어지는 불. 열한 번째는 염주나 허리띠를 걸친 사람들, 열두 번째는 무서운 눈과 뒤얽힌 머리카락과 긴 발과 독수리 발톱과 같은 손톱을 가지고 있으니, 이상한 반인간에 관한 것이었다.

원문이 말하는 바에 의하면 케시는 눈을 떴을 때 '그 밤의 꿈을 어머니에게 이야기했다.' 그녀의 대답은 불완전하게 남아 있는 몇 줄에 들어 있다. 첫째로 자라는 풀에 관한 언급이 있다. 다음에 '도시'가 이야기되고, 이어서 "그 위에 강이 흘러내리고 있다"는 말이 있다. 다음에는 숲에 관한 암시가 있으며, 거기에는 무엇인지 '두려움'이 있고, 또한 "우리는 죽어간다"는 누군가의 말이 있다. 마지막에 '보라…… 푸른 (양)털'이라는 뜻깊은 말이 나와 있다.

그런데 케시의 어머니는 케시가 꿈꾼 것과 같은 물건을 말하지 않기 때문에 언뜻 생각한 것과는 달리 그 꿈들을 판단하고 있지 않은 것이 명백하다. 그녀가 하고 있는 것은 그를 안전하게 하는 것이고, 그래서 그가 다시 산으로 가는 것을 막는 일이다. 그리고 사실 그들이 모험에서 지키기 위해 그녀는 마지막으로 청색 양털 실패를 준다. 여기서 전체적인 의미는 대략 다음과 같은 것이 된다.

"풀이 높이 자란다. 바람은 그것을 불어 쓰러뜨린다. 그러나 바람이 그치면 그것은 다시 바로 일어선다. 도시가 강 곁에 있다. 강이 넘치고 도시는 파괴될 것 같다. 그러나 홍수가 물러가고 도시는 여전하다. 폭풍이 하루 종일 숲을 몰아친다. 그러나 숲은 존속한다. 갑자기 두려움이 인간을 괴롭히고 사람은 말한다. '우리는 죽어간다.' 그러나 그들은 생존한다. 여기서 너의 꿈에 관해서 말인데, 그 꿈들은 자주 너를 괴롭힐지 모른다. 그러나 그것들에게 져서는 안 된다.

다시 사냥을 나가라. 그리고 이 양털 실패를 부적으로 몸에 지녀라.”

그녀의 말은 이렇게 격언과도 같아서, 그녀가 알고 있는 속요(俗謠)를 노래한 것이 아닌가 하고 나는 추측하며, 그래서 시 형태로 번역한 것이다.

착한이와 악한이

썩은 사과는 옆에 있는 사과를 썩게 한다는 옛 격언이 있습니다. 이것은 인간에게도 해당되는 말이며, 악인은 선인에게 해를 끼칩니다. 이 설화는 그런 것을 다룬 이야기입니다.

먼 옛날에 루루와 나라에서 멀리 떨어져 있는 슈두루 도시에서 있었던 이야기입니다. 그 도시에 아프라는 사나이가 살고 있었습니다. 그는 부자이며, 그의 재산인 소·말이나 양은 그 지방에 가득 차 있었습니다. 때때로 도시의 유력자들이 연회에 참석할 때는 각각 자기의 아들과 함께 앉는 것이었는데, 불쌍한 아프는 단지 혼자서 앉아야 했습니다.

오랫동안 그는 슬픔을 가슴 깊이 감추고 혼자서 요리를 먹었기 때문에 아무도 그의 슬픔을 알아차리는 사람이 없었습니다. 그러나 이윽고 그는 더 이상 참을 수 없게 됐습니다. 그래서 어느 날 아침, 해가 뜨자 곧 일어나서 신들의 신전으로 가서 슬픔을 털어놓고 신들의 은혜를 기원했습니다.

"집으로 돌아가서 아내와 함께 자라."

하고 신들은 대답했습니다.

"그렇게 하면 틀림없이 아들을 얻을 것이다."

그런데 아프는 단순한 영혼을 가진 사람이어서 이 말을 듣자 공중을 날 듯이 부랴부랴 집으로 달려와서, 장화를 벗을 사이도 없이 침대로 뛰어올라가서 그의 아내를 불렀습니다.

아프의 아내는 이 이상한 행동을 보자 어처구니가 없었습니다. 그러나 그녀는 현명한 여자였기 때문에 곧 시녀들을 불러모아 놓고 하나하나에게 물었습니다.

"나에게 말해 달라. 저분이 이제까지 너희에게 이렇게 한 일이 있는가?"

하고 그녀는 물었습니다.

"천만에 말씀입니다."

하고 그녀들은 각각 대답했으나 모두가 새어나오는 웃음을 참을 수 없었습니다.

그래서 부인은 더 이상 어쩔 수가 없어서 아프에게 가서 옷은 모두 입은 채 옆에 누웠습니다.

"무슨 일이 있었습니까?"

하고 그녀는 물었습니다.

"도대체 이것은 무슨 뜻입니까?"

그러나 아프는 묻는 말에는 들은 척도 하지 않았습니다.

"입 닥쳐!"

하고 그는 통명스럽게 말했습니다.

"내 말대로 해. 이런 일에 관해서 여자들은 아무것도 몰라!"

이렇게 말하고 그는 부인에게 등을 돌리고 잠들어 버렸습니다.

그리고 아침이 돌아왔습니다. 마음이 단순한 아프는 의기 양양하게 눈을 뜨자 주위를 둘러보고, 눈을 끔벅거리며 다시 한 번 둘러보았습니다. 그러나 아기는 없었습니다.

"뭐가 잘못된 거야?"

하고 그는 혼자 중얼거렸습니다.

"신들의 약속은 이게 아니었어."

그래서 그는 자리에서 일어나서 눈과 같이 흰 새끼 양을 끌고, 불만을 호소한 뒤 조언을 구하기 위해서 태양신의 신전으로 곧장 달려갔습니다.

그러나 그가 목적지에 이르기 전에 이미 태양신은 하늘에서 내려다보시고 있었으며, 그가 부루퉁한 얼굴을 하고 혼자서 뚜벅뚜벅 걸어오는 것을 보셨습니다. 그래서 신은 갑자기 아름다운 젊은이로 모습을 바꾸고, 곧 큰 거리에 있는 아프 앞에 가서 섰습니다.

"안녕하오?"

하고 그는 아프가 다가오자 다정하게 말했습니다.

"이렇게 일찍 무엇을 들고 신전으로 가오? 당신의 고민을 이야기해 봐요. 내가 해결할 수 있을지 모르니까."

아프는 힘없이 싱긋 웃었습니다.

"친구여."

하고 그는 대답했습니다.

"나의 고민은 인간이 해결할 수 없는 것입니다. 신들이 나를 속이셨으니까요. 바로 어제 일입니다. 신들은 아내와 같이 자면 아들을 얻을 수 있다고 분명히 나에게 말씀하셨습니다. 물론 그렇게 했죠. 그런데 오늘 아침 일어나보니 아이는커녕 그림자도 보이지 않더군요.”

이 말을 듣자 태양신은 조금 웃음이 새어나왔습니다. 밝은 빛이 그의 눈에 비쳤습니다.

“아니, 이봐요.”

하고 그는 말했습니다.

“그것은 곧 해결할 수 있어요. 다시 한 번 집에 돌아가서 오늘 밤 부인과 같이 누워서 그녀를 끌어안고 즐겨봐요. 꼭 아들을 얻을 거요.”

그래서 아프는 집으로 돌아갔는데, 한편 태양신은 하늘로 돌아가자 불행하고 얼간이인 인간을 위하여 주선을 해 주려고 대신(大神)에게 갔습니다.

그러나 대신은 태양신이 다가오는 것을 보자 깜짝 놀라서 곧 신하들을 불러모았습니다.

“보라!”

하고 그는 소리쳤습니다.

“태양신이 이 곳으로 달려온다. 저렇게 급히, 무슨 일이 있을까? 지상에서 무슨 좋지 않은 일이 일어난 거야. 무슨 재난이 인간의 도시에 덮쳤던가, 전쟁이 터진 거야!”

그러나 그는 불안한 마음을 감추고 손님에게 음식을 대접하도록 명하고, 그를 맞아들였습니다. 그래서 태양신은 대신에게 깊이 절을 하고 아프에 관한 자초지종을 이야기를 했습니다.

“좋소!”

하고 대신은 자초지종 이야기를 다 듣고 말했습니다.

"아프에게 틀림없이 아들을 갖게 하겠소."

한편 이야기는 바뀌어서 아프는 집에 도착했습니다. 집으로 가면서 그는 낯모르는 사람이 일러준 말을 몇 번이나 마음 속으로 반복했습니다. '필시' 하고 그는 생각했습니다.

"그 사나이는 이런 일에 관해서는 신들보다도 잘 알고 있을지도 모르지."

그래서 밤이 되자 그는 자기 침상에 틀어박혀서 아내 옆에 누워 그녀를 끌어안고 즐겼습니다.

그래서 물론 다시 같은 계절이 돌아오기 전에 아프는 건강한 남자 아기의 아버지가 됐습니다. 곧 산파가 그에게 왔으며, 아기를 그의 무릎 위에 올려놓고 말했습니다.

"나리, 이름을 지으셔야죠."

아프는 아기를 끌어안고 흔들고 어르며 쓰다듬어 줬는데, 그러는 동안에 이름을 지으려고 머리를 짜서 생각했습니다. 이윽고 그의 얼굴이 환하게 밝아지면서 웃었습니다.

"지었어!"

하고 그는 소리쳤습니다.

"나무랄 데 없는 이름이야! 이 아이를 '악한이'이라 부르기로 한다."

"왜 하필 '악한이'입니까?"

하고 산파가 물었습니다.

"간단하지."

하고 이 얼간이 사나이는 기분이 좋다는 듯이 대답했습니다.

"이 아이를 얻기 전에 신들이 나쁜 장난을 나에게 했으니까!"

그런데 행운은 혼자 오는 것이 아닙니다. 이걸 어쩝니까, 몇 분이 지나지 않아서 그 아이의 아우가 태어났습니다. 다시 한 번 산파가 와서 아프의 무릎 위에 올려놓고 말했습니다.

"나리, 이름을 지어 주셔야죠."

그래서 다시 한 번 아프는 아기를 안아 들고 흔들고 어르고 쓰다듬으며 이름을 생각하려고 머리를 짰습니다. 이윽고 그는 활짝 웃었습니다.

"지었다!"

하고 그는 소리쳤습니다.

"나무랄 데 없는 이름이다! 이 아이를 '착한이'이라 부르기로 하자."

"왜 하필 '착한이'입니까?"

하고 산파가 물었습니다.

"간단하지."

하고 이 멍청한 사나이는 기분이 좋아서 대답했습니다.

"이번에는 신들이 나에게 착한 일을 하셨기 때문이야!"

그런데 아이들이 자라서 어른이 되자, 부모는 아들들에게 재산을 남기고 죽었습니다

어느 날 악한이는 아우에게 가서 한 가지 제안을 했습니다.

"아우야!"

하고 그는 말했습니다.

"무엇 때문에 우리는 이 이상 같이 살 필요가 있는가? 각각 다른 길을 가서 좋아하는 일을 하자꾸나!"

착한이는 깜짝 놀랐습니다.

"왜 그런 일을 해야지?"

하고 그는 거의 자기의 귀를 의심하며 물었습니다.

"왜냐 하면……."

그의 형은 침착하게 대답했습니다.

"그것이 이 세상의 관습이니까. 옛 노래를 생각해 봐.

산들은 사슬처럼 이어져 있어,

그러나 많은 골짜기가 그것을 갈라놓고,

강물은 모두 바다로 흘러가고,

제각기 다른 길로 흐른다.

신들은 모두 한 핏줄, 그러나 그들은

각기 자기 성에 살고 있다!

이 귀에 익은 노랫말을 듣자 착한이는 곧 알아듣고 당장 두 형제
는 부지런히 재산을 분배하기 시작했습니다. 이윽고 그들은 소를 나
누게 됐습니다. 그리고 이 때야말로 악한이가 기다리고 기다리던 순
간이었습니다.

"이건 내 거야!"

하고 악한이가 가장 윤기나는 암소를 차지하고 유쾌하다는 듯이
손은 흔들며 이별을 고했습니다.

"그렇게 서둘지 마!"

하고 그 아우가 노여움에 떨면서 소리쳤습니다.

"분배는 평등해야 해! 우린 쌍둥이가 이닌가?"

"착각은 자유야!"

하고 악한이가 반박했습니다.

"내가 형이 아닌가. 법은 어떻게 돼 있지? '장남은 많이, 다른 것들은 적게'라고 돼 있어."

착한이는 노여움으로 정신이 없었습니다.

"이 사기꾼, 나쁜 놈아!"

하고 그는 소리쳤습니다.

"뼈저리게 후회하도록 해 주겠다! 정의의 법정에 나가서 태양신에게 흑백을 가려달라고 하자!"

"마음대로 해!"

하고 악한이는 의기 양양하게 대답했습니다.

"하지만 그래도 별수가 없을걸. 법은 법이니까."

그래서 그들은 정의의 법정에 나가서 태양신 앞에 사건을 제기했습니다.

태양신은 엄숙하게 그들의 변명을 듣고, 그러고는 수염을 어루만졌습니다.

"나의 의견으로는……."

하고 그는 최후의 선언을 했습니다.

"아우 착한이가 속은 거야. 배상을 받아야지."

"속았다고요?"

하고 악한이는 악을 썼습니다.

"법률에는 뭐라고 돼 있습니까? 법은 확실히 장남이 많이 가져야 한다고 했습니다. 소를 내줄 수는 없습니다. 만약 아우 착한이가 이 일에 불만이라면 고등법원에 사건을 상소해서 하늘의 여왕에게 호소하면 될 게 아닙니까!"

이 말만을 내뱉고 그는 난폭하게 법정에서 나가 버렸습니다.

태양신은 한 마디도 말이 없었으나, 모든 것을 다 알아차린 심술 궂은 미소를 입가에 띠우고 있었습니다.

그런데 앞에서도 말한 것처럼 착한이가 가진 암소는 굶주려서 걸근거리고 있었습니다. 어느 날 태양신이 하계를 내려다보니 놀랍게도 암소가 목장의 풀을 거의 모두 먹어 버린 것이 아니겠습니까!

"암소야!"

하고 태양신이 말했습니다.

"이제 그만 먹는 게 어때? 곧 모든 것이 없어진다!"

"나의 주인님!"

하고 암소는 처량하게 말했습니다.

"보아서 아시는 것처럼 저는 뼈와 가죽만 남았습니다. 어떻게 해서든지 살이 쪄서 제 주인에게 도움이 되고 싶습니다."

이 말을 듣고 태양신은 동정심이 생겼습니다.

"걱정하지 않아도 된다."

하고 태양신이 다정하게 말했습니다.

"이제부터 놀라운 일이 생길 테니까 말이다. 그리고 너는 너의 동족을 새파랗게 질리게 할 것이다."

이 말이 떨어지자마자 그는 모든 힘을 몸에 지닌 채 내려와서 암소에게 눈부신 빛을 씌우고 갑자기 임신하게 했습니다.

아홉 달이 지난 뒤 달이 차서 암소가 분만하니 태어난 것은 송아지가 아니라 한 인간의 아기였습니다.

암소는 이 아기를 보자 너무나 놀라서 부들부들 떨며 곧 하늘이 찢어지도록 고통스럽게 소리쳤습니다.

"아! 아!"

슬픔과 놀라움으로 미친 듯이 암소는 울어댔습니다.

"내가 무슨 괴물을 낳았단 말인가! 이걸 봐, 이 아기는 다리가 둘 밖에 없어!"

암소는 미친 듯이 날뛰고 머리를 흔들며 아기를 먹어 버릴 듯이 사자처럼 덤벼들었습니다.

그러나 그 때 태양신이 하늘에서 내려와서 그 눈부신 빛이 눈을 멀게 했기 때문에 암소는 그 이상 앞을 볼 수 없게 됐고, 결국 허둥거리다가 도망쳐 버리고 말았습니다. 그래서 태양신은 아기에게 풀의 새싹을 먹이로 주었습니다. 또한 시냇물이 그 아기를 깨끗이 씻어줬습니다.

며칠이 지나서 태양신이 다시 하늘에서 내려다보니 아기는 돌봐주는 사람도 없이 목장에 누워 있었습니다. 그는 당장 하인을 불러 지상으로 내려가서 아기를 한 바위 옆에 갖다 놓으라고 명했습니다.

"저 아이에게 아무런 해가 없도록 하라."

하고 그는 명했습니다.

"독수리나 큰 독수리가 덤비면 폭풍을 일으켜서 날개를 꺾어 버려라. 그리고 어떤 뱀도 그에게 덤비지 못하게 하라!"

그래서 태양신의 하인은 지상으로 내려가서 아기를 안아서 한 바위 옆에 갖다 놨습니다.

그런데 그 바위 옆에는 강이 흐르고 있는데, 때마침 그 강가에서 한 사나이가 낚시를 하고 있었습니다. 그는 아침 일찍 그 곳에 와서 바위 옆에 물고기 바구니를 내려놓고 물 속에 들어가 있었던 것이었습니다. 이윽고 저녁이 되어 그림자가 길게 늘어지고, 돌아갈 채비를 하고 있을 때 그는 문득 눈을 들고 바위 쪽을 돌아봤습니다. 그 곳에는 무엇인지 이상한 것이 저물어가는 태양 빛에 드러나서 어쩐지 움직이고 있는 것같이 보였습니다.

그는 급히 그 자리로 달려갔습니다. 그러자 이게 웬일입니까. 그가 낚시 바구니를 놓았던 곳에 남자 아기가 누워 있으며, 딱딱한 바위 위에서 바르작거리며 훌쩍훌쩍 울고 있었습니다.

당장 이 친절한 사나이는 그 아기를 가슴에 안아 올렸습니다.

"나는 몇 번이나 언젠가 이런 기적이 일어나서 태양신이 내 바구니를 후사가 될 아들과 바꿔주시기를 마음 속으로 그 얼마나 빌었던가. 이제야 내 기도를 들어주셨구나!"

그는 아기를 무릎에 올려놓고 어르면서 중얼거렸습니다. 그리고 아기를 가슴에 꼭 안았는데, 바구니는 아무래도 상관없었습니다.

"먹을 것은 걱정할 것 없어."

하고 그는 한숨을 내쉬었습니다.

"주님은 스스로 만드신 사람에게 최선의 음식을 주실 거야!"

다정하게 한 발 한 발, 발 아래를 조심하면서 그는 우르마 도시에 있는 자기 집으로 아기를 안고 돌아왔습니다. 도착했을 때 무척 피곤했습니다. 그는 녹초가 되어 의자에 앉아 아내를 불러서 아기를 보였습니다.

"잘 들어."

하고 그는 말했습니다.

"이 아기를 안고 안쪽 방으로 가는 거야. 그리고 침대 위에 누워서 비명을 지르는 거야. 온 동네 사람들이 그 소리를 듣고 누구나 어부의 아내가 아기를 낳는다고 말 할 거야. 그리고 음식이나 옷가지를 가지고 급히 찾아올 거야. 자, 아무리 이상한 행동이라고 생각돼도 내가 시키는 대로 하는 거야. 여자의 지혜는 빈틈이 없지만, 때로는 지시를 받을 필요도 있어. 신들이 여자에게 영리한 머리를 주셨지만, 때로는 역시 남편의 충고가 도움이 될 때도 있는 거야!"

그래서 부인은 시키는 대로 아기를 안고 안쪽 방으로 가서 침대에 누워 비명을 지르기 시작했습니다. 그러자 아니나 다를까 온 동네 사람들이 그 소리를 듣고 말했습니다.

"어부의 아내가 아기를 낳고 있군."

그리고 음식과 옷가지를 선물로 들고 그의 집으로 달려왔습니다.

이 설화의 그 뒷이야기는 전해지지 않았습니다. 그러나 이런 이상한 경로로 세상에 나온 아기가 자라서 민중의 지도자나 영웅이 되고, 많은 모험을 한 뒤에 결국은 악한 욕심쟁이 형에 대한 '착한이'의 보복을 위해서 돌아온다는 것을 아무도 의심하지 않을 것입니다.

착한이와 악한이

이 설화는 희극과 모험이 조화를 이루고 있다. 아프는 전형적인 '얼간이'이며, 온 세계에서 민화의 단골 주제가 되고 웃음거리가 된다. 신들이 그에게 아내와 자면 아기가 생길 것이라고 알리자, 그는 집으로 달려가서 고지식하고 어리석게 그 말대로 한다. 그리고 아내가 그의 행동의 이유를 묻자 그는 혼자 아는 체 대답한다.

"여자들은 이런 일을 모르는 거야."

이튿날 아침, 그는 아들이 나타나지 않자 깜짝 놀란다. 뒤에 그는 어는 젊은이 —— 실은 친절한 태양신의 변신인 것은 물론이다 ——에 의하여 '생명의 진상'의 초보적인 지식을 들었다. 그리고 쌍둥이의 첫째 아기가 태어나자 그의 첫 반응은 그 아기에게 '악한이'라는 이름을 지어주는 것이었다. 그것은,

"내가 이 아기를 얻기 전에 신들은 나에게 나쁜 장난을 쳤다."

라는 이유 때문이었다. 두 번째 아기의 탄생은 이 얼간이로 하여금 그의 운명이 바뀐 것을 깨닫게 했다.

  '얼간이 신랑'이 연장자들로부터 받은 충고나 조언을 지나치게 고지식하게 실행하는 이야기는 상당히 유포되어 있으며, 모든 시대, 모든 국민들에게 웃음거리를 제공했다. 예를 들면 수프에 꼭 파슬리를 넣으라고 하면 그는 당장 그런 이름의 개를 처넣는다. 신부가 도착하여,

  "방을 정리하라."

라고 말하면 그는 당장 가구에서 부뚜막까지 밖으로 내던진다. 그녀에게,

  "양의 눈을 던져라."

라고 말하면 그는 푸줏간에서 여러 개를 사다가 그녀의 얼굴에 던진다.

  이 설화의 첫 부분은 슈둘에서의 사건이며, 원문에서는 '바다에 면한' 루루와 지방의 도시라고 했다. 다른 자료에서는 그런 도시가 없으나 루루와는 루루의 나라가 틀림없으며, 이것은 아르메니아의 고지대, 우루미아 호숫가에 살고 있던 이 국풍(異國風)의 주민들이다. '바다'라는 말은 글자 그대로 받아들일 것은 아니다. 이것은 호수를 그렇게 부른 것이며, 지금도 그렇지만 여기서는 더 막연하게 먼 나라라는 뜻으로 이해하는 것이 좋다.

  그것은 마치 중세 헤브라이의 설화에서 '바다 곁 지방'은 단순히 먼 나라를 뜻한

▲파트레의 왕인 사나토르크 1세의 상. 오른손은 들어 우호·환영을 표하고, 왼손은 신의 은총 승리를 상징하는 종려나무를 들고 있다.

것에 불과했던 것과 같다. 지상의 이 오지는 특히 단순하고 거친 민족의 고향이었다고 믿는 것도 당연하다. 우리가 쓰는 말 '이국풍(outlandish)'은 이런 생각을 잘 나타내고 있다.

이와 똑같이 그리스인은 킨메리아인과 모시노이인에 관해서 공상적인 설화를 말하고 있는데, 이 사람은 역시 멀리 떨어지고 외진 땅에 살고 있었다. 그리고 터무니없는 이야기가 멀리 인도와 에티오피아의 주민에 관해서도 유포되고 있었다.

그러므로 대체적인 의미는 '구름 저쪽'이라든가, '세계의 끝' 같은 것이며, 아프와 같은 얼간이에게 알맞은 마법의 땅이라는 것이다.

쌍둥이는 서로 적의를 갖는다는 생각도 민가나 신앙에 넘치고 있다. 야곱과에서 세토와 오리시스, 바르돌과 헤돌을 생각하면 된다. 악인과 선인 사이의 논의의 정확한 내용은 원문에 없으며, 전자는 좋은(살찐) 소를 차지하고, 여윈 소를 후자를 위해서 남겼다고 말하고 있을 뿐이다. 그러나 그들은 두 사람 모두 그 뒤의 논의를 정의의 신에게 맡기고 있기 때문에 법률의 어느 점이 관련되어 있는지 명백하다.

여기서 나는 설화의 이론적이고 극적인 요구가 합치하는 것으로서, 이것은 계승자가 쌍둥이인 경우에 재산은 어떻게 분배하는가 하는 문제가 되고, 논의의 방향은 원서판의 지금은 잃어버린 부분에 기록되어 있었을 것이라고 추정했다. 이것도 물론 완전히 추측이다. 유감스럽게도 하티 법전의 남아 있는 부분에는 계승에 관한 기록이 없다. 한편 후릴 법전은 —— 만약 이 설화가 결국은 후릴인에게서 전해졌다고 하면 이것이 들어 있었을 것이 틀림없지만 —— 이제까지는 우리에게 극히 조금밖에는 알려지고 있지 않다.

이 설화의 후반부는 두 가지의 낯익은 주제를 둘러싸고 전개된다. 그 첫째는 구원의 영웅은 동물에서 태어난다는 것이며, 동물은 신비스러운 모양으로 만들어진 것이다. 그리고 자세히 보면 이집트의 호루스는 때때로 암소신 하트홀에게서 태어난 것으로 묘사되고, 이집트의 파라오는 암소의 유방을 빨고 있는 것으로 표현된다. 라스 샤무라에서 출토한 한 가나안 신화에 바알은 암소와 부부가 된다고 말한다. 그러므로 그 의미는 착한 군주가 가진 여위고 매력 없는 소가 결국은 어느 동물에게도 주어지지 않은 최고의 영예를 획득한다는 것이다.

임신의 기적적인 형태 —— 태양에 의한 수태 —— 에 대해서 말하면, 이것은 고대 이집트의 성우(聖牛) 아피스에 관한 신앙에서 훌륭한 대비를 발견한다. 헤로도투스(Herodotus ; B. C. 480?~425?. 고대 그리스의 역사가. 서양의 역사의 아버지로 불림)는 이렇게 말하고 있다.

"이 아피스 소는 결코 두 번 새끼를 잉태할 수 없는 암소가 낳은 송아지이다. 이집트인은 햇빛이 하늘에서 떨어져서 이것에 닿아 잉태시켰다고 한다."

같은 것으로 황금의 비가 되어 다나에(Danae ; 그리스 신화에 나오는 여신으로서, 아버지인 아크리시오스가 그녀를 청동의 방에 가두자 황금의 비로 변신한 제우스가 찾아감으로써 둘 사이에 페르세우스가 태어남)에게 구애한 제우스에 관한 그리스 신화가 있다. 이것은 시베리아의 키르기스족 사이에도 대체로 비슷하게 이야

▲부르델이 묘사한 바벨탑

기되고 있는 것이다. 또한 같은 힘이 중국인·사모아인·아스태카인의 민화에서도 태양에 결부시키고 있다 그리고 세계의 많은 지방에서 청춘기가 될 때까지, 또는 30살 생일까지의 여자가 태양을 보지 않는 것은 경솔하다고 생각한다.

둘째 주제는 기아(棄兒)에 관한 것이며, 모세·아가데의 사르곤·페르세우스·에디퍼스·파라스 및 로무루스에 관한 전설에서 특히 낯익은 것이다. 라그랑주(J. l. Lagrange ; 1736~1813. 프랑스의 수학자. 변분법을 창시함) 경은 다음과 같이 지적하고 있다.

"버려지거나, 유괴되었다가 후일에 행운으로 구조된 아이의 이야기는 모든 문명의 주인이었던 신들이나 국민적 영웅을 둘러싼 설화의 주요 요소였으며, 그 예를 든다면 그리스인 사이에는 제우스·아스프레 피오스·아폴로·디오니소스 및 야손의 신화가 있으며, 브리튼 및 웨일스인 사이에는 각각 아서 및 레우 로자이프의 전설이 있다. 아이가 자주 '물가'에 버려지는 데 특히 주목해야 할 것이다. 모세는 나일강, 사르곤은 유프라테스강, 로무루스와 레무스는 티벨 강가에 말이다."

이 설화는 단편적으로 남아 있는 글에서 시작되는데, 그것은 악인이 선인과 밀접해지면 후자를 해쳐서 나쁘게 만든다고 말하는 것 같다. 이 글은 명백히 설화의 '교훈'이며, 특히 여기서 사용되고 있는 동사로 판단하면,

'썩은 사과가 좋은 것을 해치는 것처럼 악한 사람이 착한 사람과 사귀면 후자를 해친다.'
라는 것이 전체의 모양이라고 추측할 수 있다.

이렇게 해서 우리는 주지하는 중세의 격언 'Pomum compuncutum

corrupuit sibi junctum(썩은 사과는 옆의 것을 해친다)'라는 하터 원형을 안 것이다. 초기 영국형은 《인위드의 아겐바이트》(1340)에 보인다. 그 밖에 초서(G. Chaucer ; ?~1400. 영국의 시인. 영시의 아버지로 불림)의 《요리인 이야기》에도 있으며, 아니 하스트의 《할렐루야》에도 '바구니 속의 썩은 사과는 모두 다른 사과의 적이다'라고 씌어있다.

이 설화는 귀테르복에 의하여, 두 개의 다른 쐐기꼴 글자의 문서를 합한 것이다. 전반은 두 사람의 형제가 부친의 유산을 나누고, 악한이가 좋은 쪽을 차지하는 데까지이다. 후반은 제2의 서판에서 가져왔는데, 이것은 다른 일도 포함하고 있다.

그러나 이 두 가지는 잘 조화되어서 이어지는 형태가 되기는 했지만, 실제는 설화의 두 가지 다른 유포본(流布本) —— 또는 교정본 —— 에 속하는 것임을 유의할 필요가 있다. 왜냐 하면 사실 어떤 학자들(귀테르복도 지금은 명백히 여기에 속한다)은 이 두 개의 문서가 겉보기로는 이어져 있는 것 같지만, 확실히 하나의 동일한 설화를 형성하는 것인가 하는 의문을 일으키고 있기 때문이다.

가나안의 설화

하늘의 활, 천궁(天弓)자리

옛날에 하라남 도시에 다니엘이라는 왕이 있었습니다. 그는 덕이 있고 착한 왕이어서 과부를 지켜주고, 고아를 보호하고, 국민을 바르게 다스리고 있었습니다. 그에게 딸 하나가 있었으나, 그의 후계자가 되어, 효행하는 아들이 아버지에게 하는 것처럼, 수많은 자질구레한 일을 그를 위해서 해 주는 아들이 없었습니다.

그는 이것을 대단히 슬프게 여기고, 어느 날 자신이 간절히 원하는 선물을 달라고 신들에게 기도하리라고 결심했습니다. 그래서 그는 훌륭한 옷을 벗어 버리고 허술한 천을 허리에 두른 다음, 신전으로 올라가서 7일간 주방의 허드렛일을 하며 봉사했습니다.

매일 밤 그는 옥상의 한쪽 구석에 가서 별이 떠 있는 하늘 아래 눕고, 어느 신이 꿈 속에 나타나서 그의 기도에 응답해 주기를 바라며 잠이 드는 것이었습니다.

7일째 밤, 그의 신심은 응답을 받았습니다. 대신(大神) 바알이 어둠 속에서 그의 탄식과 흐느껴 우는 소리를 들으시고, 그의 기도를 잿빛 수염을 가진 하늘의 별들의 아버지이신 엘에게 알려드렸습니다.
그는 말했습니다.

"다니엘은 7일 동안 부엌의 허드렛일을 하리만큼 몸을 낮추고, 옷은 허술한 천을 두르는 것으로 대신하고, 음식을 나르고, 온갖 시중을 들어서 우리에게 봉사하고 있습니다. 하지만 그의 마음은 아들이 없기 때문에 몹시 슬퍼하고 있습니다. 그가 우리를 위해서 해 준 것만큼 그를 도와주는 자가 아무도 없습니다. 아무도 그의 가정을 지켜주는 자가 없고, 그의 손님들을 보호해 주는 자가 없으며, 그의 명예를 지켜주는 자도 없습니다. 그의 옷을 빨거나 부서진 지붕을 다시 칠해 주는 자도 없고, 그가 연회를 베풀어도 어느 누구도 그와 식탁을 같이하는 자도 없고, 유쾌하게 취해도 그의 곁에서 잡아주는 자도 없습니다. 그가 죽을 때는 후계자도 없이 죽어서 그의 이름을 이어줄 자도, 그의 무덤을 돌봐줄 자도 없을 것입니다. 그래서 그의 집은 대가 끊기고 말 것입니다. 그러니 그를 축복해 주십시오. 전인류의 아버지시여. 그리고 그의 기도를 들어주십시오!"

그래서 언제나 자비심이 깊고 친절한 엘은 하늘에서 내려와서 그의 종의 손을 잡고, 집으로 돌아가서 그의 아내를 안도록 명했습니다. "곧" 하고 그는 말했습니다.

"너는 아들을 얻을 것이다."

이 말을 듣고 다니엘은 크게 기뻐했습니다. 가슴이 뛰고, 얼굴이 달아오는 가운데, 신전에서 물러나와 집으로 돌아왔습니다. 그리고 집에 들어서자마자 그는 신하와 무희들을 불러모았습니다. 7일 동안이나 마시고 노래하는 대소동이었으며, 그 사이에 음악과 노래는 처마 밑에 떼지어 날아드는 참새 소리처럼 떠들썩했습니다.

설레는 가슴을 안고 다니엘은 달이 다 차기를 기다렸습니다. 한 달, 두 달, 석 달이 지나고, 이윽고 달이 차서 다니엘의 아내는 남자 아기를 낳았습니다. 그들은 그 아기에게 아크하트라는 이름을 지어 줬습니다.

그리고 여러 해가 지나간 어느 날, 다니엘은 탈곡장과 함께 법정으로 사용하고 있는 나무가 없는 광장에 앉아 있었는데, 눈을 들고 보니 멀리서 흙먼지가 피어오르고 있는 것을 보았습니다. 얼마 뒤에 시계가 환하게 보이자 한 사나이가 활과 화살을 들고 이쪽으로 달려오고 있는 것이 어렴풋이 보였습니다.

그 모습이 다가올수록 다니엘은 그 다가오는 것이 실은 인간이 아니라 신들의 대장장이이며, 장인으로 유명한 '빈틈없는 재주꾼'이라는 것을 알았습니다. 그는 이집트의 자기 작업장에서 '북쪽 산'에 있는 하늘의 궁전을 향해서 가고 있는 중이었습니다.

그것은 기나긴 여행이었으며, 다니엘은 여행자기 피곤해하는 것을 보고 곧 그를 자기 방으로 안내했습니다.

"빨리!"

하고 그는 아내에게 말했습니다.

"손님에게 새끼양의 고기를 준비하오. 이분은 이집트에서 오셨으니까!"

그래서 그가 말한 대로 아내는 새끼양의 고기를 식탁에 차리고 포도주를 부었습니다. 얼마 동안 주인과 손님은 연회의 요리를 맛있게 먹고, 유쾌하게 이야기하며, 십년지기처럼 서로 건강을 위해서 건배를 했습니다.

이윽고 떠날 때가 되어 손님은 얼어나서 이별을 고했습니다. 그러나 그가 문 앞에 서서 진심으로 작별 인사를 했을 때 활과 화살을 완전히 잊고 그것을 놓아둔 채 가 버렸습니다.

다니엘이 그것을 안 것은 그가 이미 멀리 가 버린 뒤였습니다. 그래서 그는 활을 들고, 그것을 그의 어린 아들에게 주며, 농담으로 너에게 주니 가지라고 말했습니다.

"그러나 기억해 둬라."

하고 그는 말했습니다.

"네가 이 활로 잡은 최초의 짐승은 신들의 것이다."

몇 년이 지났습니다. 아크하트는 씩씩하고 아름다운 청년으로 자랐습니다. 어느 날 그가 사냥을 하고 있는데, 아름다운 처녀가 갑자기 그의 앞에 나타나서 짐승 쫓는 길을 가로막았습니다.

"나는 여신 아나토다."

하고 그녀는 말했습니다.

"나는 너의 활과 화살이 필요하다. 네가 그것을 나에게 주면 그 대신 금과 은을 주겠다."

그런데 아나토는 전쟁과 사냥의 여신이며, 아크하트가 가지고 있는 활과 화살은 사실은 그녀의 것이었습니다. 그녀는 그것을 신의 대장장이에게 명해서 만든 것인데, 그 대장장이가 그것을 그녀에게 전해 주러 가다가 다니엘의 집에 잊어버리고 놓고 갔던 것입니다. 그러나 아크하트는 그런 사연을 알 리가 없었으며, 그의 앞에 서 있는 이 사랑스러운 처녀가 진짜 여신이라는 것조차 믿지 않았습니다. 그에게 있어서 그녀는 단지 속임수를 쓰려는 욕심 많은 소녀로밖에 보이지 않았습니다.

"만약 당신이 이 활을 갖고 싶으면……."

하고 그는 무뚝뚝하게 말했습니다.

"레바논에는 활을 만드는 재료가 얼마든지 있어요. 활자루에는 나무가, 현에는 황소가, 뿔피리에는 들의 염소가 말이오. 그리고 만약 이것을 달라는 분이 정말 아나토라면 왜 나에게 옵니까? 대장장이 '빈틈없는 재주꾼'에게 가면 되지 않습니까. 신들에게 무기를 바치는 것은 그의 일이지 내 일이 아니니까요!"

그러나 이 말을 듣고 여신은 더욱 간절히 욕심을 부릴 뿐입니다.

"만약 네가 활을 준다면……."

하고 그녀는 말했습니다.

"나는 다 하지 않는 생명을 너에게 주겠다. 너는 신들처럼 결코 죽지 않을 것이다! 그리고 너는 매일 바알의 식탁에서 요리를 먹고, 너의 귀에는 하늘의 음악이 울릴 것이다."

그러나 젊은이는 그래도 양보하려 하지 않았습니다.

"젊으신 부인!"

하고 그는 말했습니다.

"함부로 말하지 마시오. 그런 말은 아이에게나 하는 것입니다. 어른인 남자에게는 그런 말은 허튼 소리에 불과합니다. 지상에 있는 자는 누구나 죽음을 면할 수 없습니다. 인간은 흙으로 만든 그릇 같은 것입니다. 정해진 때에 도공(陶工)이 그것에 잿물(유약)을 입히고, 나이가 들면 희고 고은 먼지가 그것에 뿌려집니다. 나도 내가 죽어야 한다는 것을 잘 알고 있어요. 게다가……."

하고 그는 내뱉듯이 한마디 덧붙였습니다.

"왜 당신은 이 활을 가지고 싶어하죠? 이건 남자가 쓰는 물건이오.

부인께서 사냥을 하시오?”

이렇게 반문을 당하자 여신은 어이가 없어서 웃음을 터뜨리고 말았습니다. 그러나 그녀는 이미 음흉한 계획을 생각하고 있었습니다.

“조심하는 게 좋아.”

하고 그녀는 음침하게 말했습니다.

“네가 끝까지 내 말을 듣지 않으면 나는 네 앞길에 매복하여 기다리기로 하지. 그리고 네가 교만하게 걸으면 나는 너를 쓰러뜨려 주지. 네가 ‘젊으신 부인’ 하고 나를 부르면 나는 ‘잘생긴 왕자님’이라고 너를 불러주지. 하지만 그것은 아무 도움도 되지 않을 거야. 언젠가 반드시 잘생긴 왕자님이 내 발 밑에 엎드릴 때가 올 테니까 말야!”

이 말을 남기고 그녀는 떠나 버렸습니다. 그녀는 급히 신들의 아버지이신 엘에게로 달려가서 그 젊은이의 교만하고 무례한 행동을 제소하며 그를 벌해 달라고 간청했습니다. 그러나 엘은 온화하고 다정한 신이었기 때문에 이 사건을 하찮은 말다툼에 불과하다고 생각하여 간섭하려고 하지 않았습니다.

아나토는 이것을 보고 불같이 화가 났습니다. 그녀는 이미 몸을 낮추고 아버지에게 부탁만하는 순종하는 딸이 아니었습니다. 순식간에 무서운 전쟁의 여신이 되어 거만하게 반항하고 협박했습니다.

“놀리지 마세요!”

하고 그녀는 소리쳤습니다.

“활이 없다고 내게 무기가 없는 거 아녜요. 나에게는 멀리까지 닿는 팔이 있어요. 그리고 당신에게 맞서서 머리통을 부수고, 당신의 잿빛 머리카락을 피로 물들일 수도 있어요. 그러면 당신은 아크하트에게 악을 쓰고 도망가서 그가 그 활이나 자랑하는 힘으로 과연 전쟁의 여신의 손아귀에서 당신을 구해 낼 수 있을지 어떨지를 알게 되겠죠. 전쟁의 여신이 단순한 처녀에 불과하지만 말예요!"

그런데 엘은 늙고 약하고 피로했기 때문에, 이렇게 위험을 당하면 완전히 겁에 질려 버립니다. 딸의 험악한 기세에 놀라서 그는 곧 딸을 달래기 시작했습니다.

"딸아!"

하고 그는 말했습니다.

"나는 언제나 너를 착한 아이라고 생각하고 있었다. 게다가 여신들은 보통 그렇게 행동하지 않아. 말하자면 네 쪽이 옳겠지. 활은 확실히 네 것이지만 그 젊은이가 너를 속이고 빼앗았으니까. 그것만으로도 그 사나이는 비틀어 죽여도 어쩔 수 없는 거야. 어찌 됐든 그자를 네 마음대로 하렴."

부친의 승낙을 받고 용기가 나서 아나토는 서둘러 계략을 실행하기로 했습니다. 아크하트에게 돌아오자 그녀는 이번에는 가출한 말괄량이 아가씨로 변장했습니다.

"만약 당신이 내 오라버니가 돼 준다면……."

하고 그녀는 말했습니다.

"나는 당신의 누이동생이 되겠습니다. 그렇게 하면 함께 사냥을 갈 수 있어요. 아베림의 도시 근처에 좋아하는 곳이 있어요. 거기서 만나요. 그러면 두세 곳의 새로운 사냥터를 가르쳐 줄 수 있어요!"

아크하트는 닥쳐오는 위기를 알아차리지 못하고 곧 동의했습니다. 그래서 여신은 급히 그 계획을 실행했습니다.

아베림 도시에서 그리 멀지 않은 곳에 야프탄이라는 이름의 악한

이 살고 있었는데, 그는 악한 일을 꾸미는 자에게 고용되는 것을 생업으로 살고 있었습니다. 아나토는 그에게 눈독을 들이고 자기의 앞잡이로 부리려고 했습니다. 야프탄은 기꺼이 그 일을 맡았습니다. 당장 무서운 공격책을 알려줬습니다.

"사냥을 하다가……."

하고 그는 말했습니다.

"아크하트는 시장해질 것이 틀림없습니다. 그러면 들판에 앉아서 사슴 고기나 무엇을 요리하려고 할 것입니다. 그 불빛으로 그가 있는 자리를 알 수 있습니다. 그것을 목표로 해서 내가 그를 잡아 버리겠습니다."

이 계획은 간단하고 나무랄 데 없는 것처럼 보였지만, 아나토는 악한이 말하고 있는 중에도 무엇인가 불안을 느끼고, 갑자기 자기가 아름다운 이 왕자를 사랑하고 있으며, 결코 그의 죽음을 원치 않는다는 것을 깨달았습니다. 지금 그녀가 바라는 것은 오직 활을 되찾는 것뿐이었습니다.

그래서 그녀는 앞잡이의 거친 제안을 물리치고 더 부드러운 계획을 결정했습니다. "젊은이가 식사를 하려고 앉으면" 하고 그녀는 말했습니다. 이를테면 독수리나 다른 사나운 새가 그 냄새에 이끌려서 주위를 맴돌 것이 틀림없다, 야프탄을 자루 속에 감추어서 자기도 새들 속에 섞여서 날아오를 것이다. 그리고 새들이 직접 아크하트의 머리 위까지 간 최후의 순간을 잡아서 자루를 열고 야프탄을 내놓겠다, 그 때 그는 주위가 혼란한 틈을 타서 남이 알지 못하도록 젊은이의 숨을 막는다, 그리고 그를 기절시킨 채 활을 빼앗고, 그녀가 그를 철수시켜서 달아나 버리는 것을 기다린다는 그러한 계획인 것이었습니다.

이윽고 예정했던 대로 아크하트는 정말 시장기를 느끼고 식사 준비를 하려고 들판에 앉았습니다. 그러자 독수리 떼가 머리 위를 맴돌다가 먹이 위로 점점 내려와서 맴돌았습니다. 그 가운데 앞잡이 야프탄을 숨긴 부대를 메고 여신도 날고 있었습니다.

얼마 뒤에 큰 날개 소리와 함께 하늘이 어두워지고, 귀를 찢을 듯한 바람이 일어났습니다. 그리고 새들이 한 떼가 되어 덤벼들려고 할 때 부대가 열리고 야프탄이 불행한 젊은이 위에 뛰어내렸습니다. 마지막 순간이 왔습니다. 소중한 활이 바로 눈앞에 있습니다.

그러나 여기서 야프탄은 실수를 했습니다. 그가 아크하트에게 할 일은 여신이 자세하게 일러두었습니다. 그녀가 그의 목표물의 숨통을 막으라고 말한 것은 그저 그를 기절시키라는 뜻으로 했던 것입니다. 그러나 이 피에 굶주린 악한에게는 젊은 왕자를 죽여 버리라는 명령으로 들렸습니다.

그는 난폭하고 무자비하게 덤벼들었습니다. 그리고 몇 초도 걸리지 않아서 아름다운 젊은이는 목숨을 잃고 발 아래 쓰러졌으며, 활은 무사히 야프탄의 손에 들어갔습니다.

이 광경을 보고 아나토는 왁! 하고 울음을 터뜨렸습니다.

"내가 무슨 일을 저질렀단 말인가!"

하고 그녀는 소리쳤습니다.

"오, 아크하트여. 고작 활 하나 때문에 나는 너를 죽였구나! 너의 목숨을 살리는 방법은 없을까? 너를 소생시키는 방법은 없을까?"

그러나 여신의 재난은 이것으로 끝난 것이 아닙니다. 또다시 야프탄은 서투른 실수를 했습니다. 그리고 이번에는 그 결과가 더욱 중대했습니다. 아나토가 그를 데리고 살인 현장에서 피해 버렸을 때 소중한 활이 그의 손에서 미끄러져 바닷속에 떨어지는 바람에 돌이킬 수 없는 일이 돼 버렸습니다.

이제는 사랑도 수고도 모두 허사가 돼 버리고 말았습니다. 사랑하는 사람이 죽임을 당했을 뿐 아니라, 죽인 자의 손에는 아무것도 남은 것이 없었습니다. 그리고 더욱 나쁜 일이 기다리고 있었습니다. 신들에게는 오래 된 규칙이 있어서 억울한 피를 흘렸을 경우에는 농작물이 아무것도 자라지 않게 돼 있기 때문입니다. 그래서 이제는 대지가 쇠약해지고 작물이 자라지 않아서, 모든 곡물의 자태는 시들어 버리게 됐습니다.

한편 다니엘 왕은 그 때 평소와 같이 도시 교외에 있는 광장에 앉아서 사람들의 송사를 재판하는 등 국사를 돌보고 있었습니다. 갑자기 그의 딸 파그하트가 들판 쪽에서 달려왔습니다.

"저것 보세요."

하고 그녀는 소리쳤습니다.

"집 위에 독수리 떼가 있습니다. 그리고 들에서는 모든 곡식이 말라죽었습니다."

이것이 무엇을 가리키는 일인지 그녀는 잘 알고 있었습니다. 살인이 일어났고, 들에는 시체가 쓰러져 있을 것이 틀림없습니다.

그녀의 말을 듣고 다니엘은 당황하고 너무나 슬픈 나머지 옷을 찢으며 소리쳤습니다.

"그럼, 바알이 그의 은혜를 취소해 버릴 것이 틀림없다. 앞으로 7년 동안 여름의 소나기도 없고, 겨울비도 내리지 않을 것이다. 그리고 은혜의 뇌우가 불타는 더위를 식히는 일도 없을 것이다! 포도송이는 가지 위에서 말라 버리고, 강물도 말라 버릴 것이다!"

그가 말한 그대로 곡물은 모두 말라 버릴 것이고, 들에는 두세 가지의 말라비틀어진 풀이나 싹이 있을 뿐 아무것도 남아 있지 않을 것입니다.

갑자기 다니엘의 두 부하가 머리카락을 흐트러뜨리고 눈물을 흘리며 목장으로 달려오는 것이 보였습니다.

"아크하트 나리가 죽었습니다!"

하고 소리쳤습니다.

"여신 아나토가 왕자님을 죽였습니다!"

(이것은 오직 짓궂은 운명을 개탄하는 말이었습니다. 이 두 사람은 살해 현장을 본 것도 아니고, 아나토가 그 일을 꾸민 것을 알지도 못했습니다. 그들로서는 그저 왕자님이 분명히 사냥하다가 쓰러졌고, 사냥의 여신이 이렇게 해서 또 한 사람의 희생자를 가져갔다고 말하려는 것뿐이었습니다.)

이 소식을 듣고 다니엘은 너무나 놀랐습니다. 왜냐 하면 이제야 그는 머리 위를 맴돌며 울어대던 새들이 자기 아들의 시체를 파먹었으리라는 것, 그리고 어떻게 해서든지 그 시체를 가져오지 않으면 아크하트를 매장할 수 없다는 것을 깨달았기 때문입니다. 하늘을 우러러보고 그는 바알에게 기도했습니다.

"바알이시여!"

하고 그는 외쳤습니다.

"독수리가 내 발 아래 떨어지도록 당신의 바람을 보내서 그들의 날개를 꺾어 주십시오. 만약 그들의 뱃속에 살점이나 뼈가 있다면 그건 아크하트의 유해임을 알 수 있을 것입니다. 나는 그것을 모아서 대지에 깊이 묻겠습니다."

이 말이 떨어지기도 전에 강한 바람이 불기 시작해서 독수리들은 하늘에서 거꾸로 떨어졌습니다. 그는 두 번 정도 독수리의 배를 갈라 봤지만 살점도 뼈도 보이지 않았습니다. 그러나 세 번째로, 새끼를 밴 어미 독수리이며, 무리 속에서 가장 사나운 놈이 발 앞에 떨어졌습니다. 그리고 이번에야 틀림없이 인간의 살점이 발견됐습니다.

다니엘은 엄숙하게 살해된 아들의 유해를 매장했습니다.

이윽고 그는 범인을 찾기 시작했습니다. 가까운 도시들을 하나하나 찾아다니며, 만약 범인을 숨기고 있으면 무서운 저주가 쏟아질 것이라고 선언했습니다. 그러나 그는 범죄 현장에서 가장 가까운 아베림 도시에 갔는데, 어디에서도 살해자를 찾아낼 수 없었습니다.

그래서 다니엘은 집으로 돌아와서 아크하트를 위해서 7년 동안 장례를 치르도록 명했습니다. 그리고 7년이나 긴 세월 동안 궁전에는 슬픔과 조문하는 노래가 울리고, 탄식 소리는 새들의 비통한 울음소리처럼 울렸습니다.

이윽고 장례 기간이 끝나자 아크하트의 누이 파그하트는 결심을 하고 한 가지 맹세를 했습니다. 그녀는 말했습니다.

"아크하트에게는 원수를 갚아줄 형제가 없다. 그러나 만약 별들이 도와주고 신들이 나에게 축복을 내려주신다면 내가 살해자를 찾아내겠다. 그리고 찾아내면 그자를 죽이리라!"

그리고 그녀는 검과 단도로 무장하고, 다른 전사의 도구를 망토 속에 숨긴 채 원수를 갚기 위해서 여행을 떠났습니다.

저녁이 되어 해가 떨어질 무렵 그녀는 하룻밤 숙소를 찾아서 가장 가까운 야영지에 들렀습니다. 그러나 그녀가 간 곳은 뜻밖에도 다름 아닌 야프탄이 살고 있는 곳이었습니다. 그녀가 찾고 있던(그녀는 아직 그것을 모르고 있지만) 바로 그 악한이었습니다..

야프탄은 그녀의 아름다움에 마음을 빼앗겼으며, 게다가 그녀가 일을 부탁하기 위해서 온 유망한 손님이라고 생각했기 때문에, 신이 나서 맞아들여 곧 함께 술을 마시자고 했습니다.

얼마 뒤에 그는 곤드레만드레가 되자 술버릇으로 자기 자랑을 시작했습니다.

"알겠습니까!"

하고 그는 가슴을 두드리며 소리쳤습니다.

"아크하트를 죽인 이 팔은 몇 천 명의 적이라도 죽일 수 있단 말이오!"

이제야 비밀이 밝혀졌습니다. 그러나 파그하트는 빈틈없이 정신을 차렸습니다. 그녀의 마음은 사자와 같이 강하지만, 그 머리는 뱀과 같이 기민하고 총명했습니다. 기회를 보면서 그녀는 계속 술잔을 권하자 이윽고 그가 의자 위에 축 늘어졌습니다.

전광 석화처럼 빠르게 용감한 여왕은 눈에 보이지 않는 재빠른 솜씨로 검을 뽑았습니다. 그리고 한 순간에 그 악한은 목숨을 잃고 그녀의 발 아래 쓰러졌습니다.

더 이상 이 설화의 나머지 부분은 전해 오지 않습니다. 그러나 우리는 정의가 승리하자 지상에서는 저주가 걷혀서 다시 비가 내리고, 푸른 초목이 새싹을 소생시켰다고 상상해도 좋을 것입니다.

우리는 또한 다니엘 왕이 유해를 정중히 장사 지낸, 그 살해된 아크하트는, 새로운 생명이 세상에 돌아왔을 때, 결국 다시 소생했다고 믿어도 좋을 것입니다. 왜냐 하면 고대 사람들의 생각은 모든 것이 영원히 죽는 일이 없으며, 매장은 부활의 전주곡에 불과하다고 믿기 때문입니다. 그리고 공상을 마음껏 펴면 우리는 그가 끝내는 별들 사이로 옮겨지고, 맑은 밤 하늘에 '하늘의 사냥꾼'의 모습으로 지금도 볼 수 있다고 추측할 수 있을 것입니다.

귀중한 활에 관해서는, 이것도 바다 밑에서 되찾아서 하늘 높이 가져갔는지도 모릅니다. 왜냐 하면 지금 우리는 이제 그것을 볼 수는 없지만, 동방의 현인들은 일단의 별 속에서 실제로 거대한 활 모양을 봤기 때문입니다.

하늘의 활, 천궁의 자리

고대 민족들은 신이나 영웅이나 신화적인 동물 등, 그들이 신화나 설화에 의해서 친숙해진 것들의 모습을 하늘에 그려놓기를 좋아했다. 이것은 마치 달 표면에 크리스 크링글(산타 클로스), 또는 은하수에 따라 뛰어오르는 밤비의 모습을 보는 것과 같은 것이다. 하늘 자체가 이슈탈의 겉옷 또는 오딘(Odin ; 북유럽 신화에 나오는 최고신. 본래는 폭풍의 신이었으나 후에 주로 군신으로 숭앙됨)의 외투이며, 그렇지 않으면 창조의 틀에 맞춰서 신이 선을 두른 색실 무늬 천이었다.

태양은 금발의 아폴로 또는 모든 것을 꿰뚫어 보는 엄격한 정의의 신이었다. 달은 알테미스, 밤의 여왕이었다. 그리고 비는 라이마의 허리띠, 알리의 검, 올무즈드의 작은 반지였다. 프레아데스의 친숙한 별무리는 오리온에게 추방된 알테미스의 처녀 반려자들이었다. 또한 하늘에는 이집트의 왕비 베레니케의 아름다운, 말아 올린 쪽머리도 보였다.

그런데 하늘의 모든 별 중에 오늘의 오리온의 모습을 이루고 있는 것만큼 두드러지고 빛나는 것은 없다. 그래서 우리의 먼 조상이 그 중에서 특별한 친근감 있는 인물의 옆얼굴을 보려고 시도했다고 해도 지극히 자연스러운 일이었다. 그러나 그들은 그것을 누구로 할 것이냐 하는 데 있어서 의견이 일치하지 않아서 두 개의 다른 설화를 만들어 냈다.

그 중 하나에 따르면, 사냥의 여신을 노엽게 한 결과 죽음에 처해진 것은 인간 중에서도 가장 키가 크고, 가장 강하고, 가장 잘난 사람인 거인 사냥꾼이었다. 분노하게 만든 이유는 여러 가지 설이 있다. 어떤 것은 그가 사냥에서 그녀를 이기려고 했기 때문이라고 한다. 다른 설명은 그가 그녀의 정조에 도전하려고 했다. 또는 그녀의 한 종과 친해져서 그녀에게 따돌림을 당했다는 것이다. 그러나 그가 무슨 짓을 했건, 그것이 지나친 행동이었던 것은 어느 것이나 일치하는 점이며, 그래서 여신은 죽음의 선고를 내린 것이다.

여기서 다시 설화가 여러 가지로 달라진다. 어느 설화에 의하면, 그녀는 그의 기세를 꺾기 위해서 전갈을 보냈다는 것이다. 다른 설화에 의하면, 그녀는 그를 하늘에 묶어놨다고 한다. 그러나 가장 사람들의 입에 오른 이야기는, 그녀가 사냥개 무리에 의하여 그를 쫓아냈다는 것이다. 그리고 자세히 보면 실제로 그의 뒤꿈치 근처에 전갈이 있으며, 그의 거인의 모습은 별무리 띠에 감겨 있고, 그의 곁에서 짖어대는 사냥개가 있는 것을 알 수 있을 것이다.

그리고 다른 설화는 그 근거로서 사냥꾼에 관한 전승적인 이야기와 합치하지 않는 기묘한 사실을 가져온다. 즉, 1년 중 꼭 두 달간 이 독자적인 별무리가 보이지 않는 것이 그것이다. 4월 후반에 그것이 저녁 하늘에서 사라지고, 7월이 되지 않으면 아침의 지평선에서

▲이라크 서남쪽 사막의 단애에 있는 알타르 동굴군.

다시 나타나지 않는다.

그러므로 동쪽에서 그것이 사라지는 것은 마치 여름 가뭄이 시작하려고 할 때이다. 실제로 그것이 시야에서 사라지자마자 곧 비가 그치고, 강이 마르고, 대지는 생기를 잃고, 초목은 성장을 멈춘다. 고대의 수많은 영혼에게 있어서 이것은 다음에 말하는 유일한 결론으로 이끌어가는 것이었다.

그 별무리들이 그리는 모습은 풍요의 대신 —— 바빌로니아의 탄무즈나 시리아의 아도니스와 같은 신 —— 이며, 그것은 매년 초여름에 죽거나 사라지고, 가뭄이 약해지면 재생하거나 다시 돌아온다고 믿었던 것이다.

차츰 이 두 가지 설화가 혼합하여 한쪽 특징과 주제가 다른 쪽에 대담하기는 하지만 교묘하게 접합되었기 때문에 결국은 새로운 합성적인 이야기가 꽃을 피우게 된다.

이렇게 해서 만들어진 것이 가나안의 〈하늘의 활〉 이야기이다. 수식과 가감(加減)을 벗기고 보면 이 설화는 어떻게 잘생기고 젊은 사냥꾼이 사냥의 여신을 위해서 만들어진 신비스러운 활을 손에 넣게 됐는지, 어떻게 그가 냉담하게 그것을 내놓는 것을 거절했는지, 그래서 어떻게 그가 죽음에 처해졌는지를 말하고 있다. 이것은 모두 오리온 신화의 한 표현이다.

그러나 다음에 이 이야기는 어떻게 주인공의 죽음이 지상에 피해를 가져왔는가, 어떻게 그가 결국 보복을 하고 되살아났는가를 이야기하고 있다. 이 부분에서 우리는 약해진 형태이기는 하지만 '죽고 재생하는 신'의 신화를 봐도 좋지 않을까. 결합된 설화의 목적은 건기 동안 '하늘과 땅 양쪽에' 일어나고 있던 조건을 설명하기 위한 것이었음을 알게 된다.

그러나 활을 어떻게 생각할 것인가. 이 가나안의 설화는 활을 둘러싸고 벌어지는데, 고전 신화에는 그것이 나오지 않는 것은 무엇 때문일까. 그리고 다른 쪽에서는 고전 고대 이야기로 그만큼 중요한 역할을 하고 있는 사냥개에 관해서 여기서는 언급이 없는 것은 무엇 때문일까.

그 대답은 간단하면서도 복잡하다. 사실은 고대 근동의 사람들은 하늘에 큰 사냥개의 모습을 보지 못했다는 것이다. 그 대신 그들은 다른 모습의 별무리를 분별하고, 오리온 곁에 거대한 활을 봤으나 그들은 이것을 사냥의 여신의 표장(標章)으로 본 것이다.

따라서 그들의 '하늘의 사냥꾼' 이야기에서 주역을 해야 했던 것은 사냥개보다도 활이었던 것이다. 그리고 얼마나 교묘하게 마무리 지었는지를 유의해야 한다. 사냥개가 살해된 뒤에 여신은 활을 되찾지 못한다. '그것은 바닷속에 떨어진' 것이다.

이것을 별의 말로 고치면 요점은 당장 밝혀질 것이다. 활이 하늘에 나타나 있는 한 지상에서는 모든 것이 잘 되고 있는데, '사냥꾼'이 '떨어지고' 활도 떨어졌을 때는 가뭄의 계절이 시작된다. 이 양자가 원래 위치로 돌아올 때 풍요도 돌아온다.

더 초기에보다 원시적인 형태에 있어서 이 설화는 신성한 판토마임에 말을 덧붙여 이것을 설명하기 위해서 사용된 일이 없었다고 말할 수는 없다. 후자는 여름 축제에 해당하며, 하늘의 사냥꾼과 활이 다시 나타나서 신년이 시작됐다고 생각될 때 거행되었다. 이런 축제는 세계 각지방에서 볼 수 있는 것이며, 의식상의 무언극은 그것들의 공통적인 특색이다.

이 경우 설화의 기복이 있는 것은 그 때의 제례에 의하여 고안되거나 영향을 받을 것이다. 예를 들면 아크하트의 정성어린 장례, 그것에 이어지는 그에 대한 긴 애도는 작은 상(像)을 가지고, 죽고 재생하는 풍요의 영혼을 표현하며, 지금도 옛날도 같이 장사 지내고 슬퍼하며 때로는 '재생'을 반영하고 있음이 틀림없다.

이런 식으로 이집트인은 오시리스(Osiris ; 이집트 신화에 나오는 대지의 신. 이시스의 남편이며, 저승의 왕으로 사람의 죄과를 심판함)의 상(像)을 매장하는 관습이 있으며, 결국은 이것을 무덤 밖에 내놓게 됐고, 소아시아에서는 아티스(Attis ; 그리스 신화의 여신. 키벨레의 남편으로서 식물의 풍요를 상징함)를 모방한 장례가 무대에서 거행됐다. 루마니아에서는 성모 승천제 전 월요일에 소녀들이 마을에서 나가는데, 이 때 그녀들은 작은 관을 가지고 간다. 그 속에는 카로얀(아름다운 존)이라고 부르는 흙으로 만든 인형이 모셔진다. 그리고 의식적으로 슬퍼하며 매장되고, 며칠 뒤에 다시 파낸다.

같은 의식이 아부루치(이탈리아 중부 아페닌 산맥의 한 지방)에서도 거행되는데, 이 곳에서는 인간상(人間像)이 피에트로 피코(작은 피터)로 알려지고 있다. 이 설화가 이러한 배경을 가지고 독송되었다면 그것으로 첨가된 극적인 효과는 상상하기 어렵지 않다.

한편 일반적으로 문학 형식에 대한 제의적인 범형(範型)의 영향은 지금은 확립된 것으로 보아도 좋을 것이다(이것은 물론 현상에 있어서 이 설화가 단지 무언극의 극본이었다는 것을 뜻하는 것은 아니다. 그 뜻은 그 원형과 기복이 있는 대충 줄거리가 그것은 독송할 때의 분위기와 그 연출을 기도했을 때의 배우들에 의하여 조건 지어지리라는 점이다).

이 설화를 현실로 이야기하는 장면에는 주석이 필요한 민간 전승이나 관습이 많이 들어 있다.

첫째, 다니엘이 아들을 달라고 기도하기 위해서 7일간 사원에 머물러 있었다. 고대에는 신들의 은총을 기원하거나, 질병 치료를 원하는 사람은 신전에 들어가, 그 경내에서 사는 경우가 있었다. 대체로 기원자는 순례자나 종의 허름한 옷을 입었는데, 이것은 다니엘 왕이 그런 복장을 했다는 명백한 기록으로 알 수

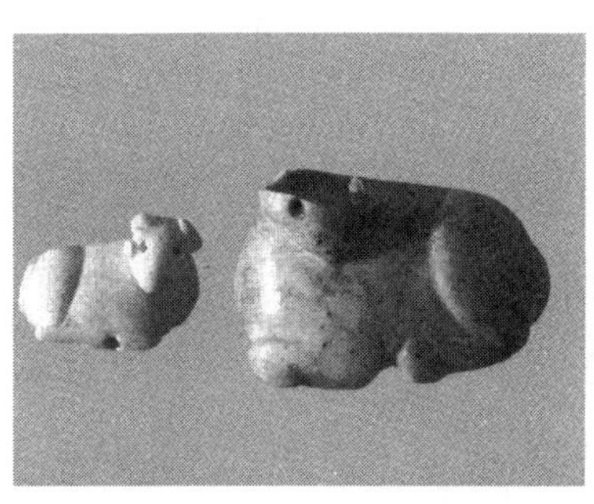

▲인도 젬테드·라스르 시대의 소 모양 스템프(텔 군바 출토)

있다.

둘째, 신의 대장장이인 '빈틈없은 재주꾼'이 이집트에서 왔다고 하는 것은 그가 민간에서 이집트의 신 푸타하와 동일시되고 있었기 때문이다. 이 신이 거처하는 방이나 일터는 멤피스 도시에 있었다. 이 동일시는 이 설화가 기록됐을 때 대량의 이집트 제품이 팔레스티나와 시리아에 유입됐다는 사실에서 알 수 있다. 그러므로 신의 대장장이 일의 본류가 이 곳이라고 보는 것이 옳은 것이다. 그것은 마치 현대의 소설가가 '파리 풍으로' 그 여주인공을 장식하는 것과 같다. 당시 다른 도제품 수입선은 크레타 섬이었는데, 이 때문에 다른 가나안 설화는 신의 장인의 작업장을 이 섬에 두고 있다.

셋째, 억울한 인간의 유혈은 땅을 더럽히고, 이 곳을 불모의 땅으로 만든다는 생각은 구약의 카인 설화에도 나타난다.

'땅이 입을 벌려 네 아우의 피를 네 손에서 받았다. 너는 저주를 받은 몸이니 이 땅에서 물러나야 한다. 네가 아무리 애써 땅을 갈아도 이 땅은 더 이상 소출을 내주지 않을 것이다.'(〈창세기〉 4 : 11~12, 또한 〈민수기〉 35장 33절의 말씀을 비교하라.)

'너희가 사는 땅을 더럽히지 말아라. 피는 땅을 더럽히는 것이다. 땅에 흘린 피는 그 피를 흘린 사람의 피가 아니고서는 그 원한을 풀어줄 길이 없다.'

모세의 노래 끝에도 '그가 당신의 종들의 피를 갚아 주시리라. 당신의 원수들에게 보복하시고, 당신의 백성이 사는 땅을 깨끗하게 해 주시리라.'(〈신명기〉 32 : 43)

같은 사고 방식이 소포클레스(Sophocles ; B. C. 496~406. 그리스의 비극 시인)의 《오이디프스 왕》 25 이하에도 나온다.

이 설화의 무대를 정확하게 추정할 수 없다. 어디에 하라남 도시가 있었는지 확실히 말할 수 있는 사람은 없다. 이 이름의 땅은 이집트의 문헌에 북시리아에 위치하는 것으로 두 번 언급되고 있다. 마찬가지로, 아크하트가 살해된 장소, 아베림의 소재도 알지 못한다.

맹세를 잊은 임금님

먼 옛날, 후부루 도시에 케레트라는 강하고 훌륭한 왕이 있었습니다. 그 왕은 나라가 넓고 부강하고 컸지만, 그는 슬픔에 차 있었습니다. 그것은 그에게 아내도 아이도 형제도 없을 뿐만 아니라, 그가 죽으면 유산을 넘겨줄 사람이 없었기 때문입니다.

고통은 일곱 겹으로 쌓여서 그에게 덮쳐 왔습니다. 그가 선택한 신부는 결혼식 전야에 도망쳤고, 그의 형제는 모두 일찍 죽었습니다. 어떤 형제는 건강하고 혈기 왕성할 때, 어떤 형제는 병으로, 어떤 형제는 상처를 입고, 어떤 형제는 재난 때문에, 그리고 어떤 형제는 칼을 맞고 쓰러졌습니다.

케레트는 이런 생각을 하면 할수록 슬퍼졌습니다. 그리고 어느 날 그는 더 이상 슬픔을 참을 수 없어서 내실로 들어가서 침대에 몸을 던지고 울었습니다. 소리를 내고 몸을 뒤틀며 울고 있는 동안에 그의 침대는 완전히 눈물로 젖어 버렸습니다. 이윽고 그는 흐느껴 울며 탄식을 하는 가운데 잠이 들고 말았습니다.

갑자기 꿈 속에서 방 전체에 환한 빛이 비치고, 침대 곁에 하늘의 왕이며 사람들의 아버지이신 대신(大神)이 몸소 나타나서 한없는 온정과 사랑에 찬 눈길로 그의 얼굴을 내려다보고 계셨습니다.

"무엇을 그리 슬퍼하고 있느냐, 케레트야?"

하고 그는 다정하게 물었습니다.

"나의 사랑하는 종이 왜 그렇게 눈물을 흘리고 있느냐? 바라는 것이 무엇이냐? 너의 나라로는 만족할 수 없고, 신의 나라만큼 넓은 나라를 갖고 싶으냐? 아니면 천상에 필적할 만큼의 큰 지배권을 원하느냐? 만약 너의 간절한 바람이 재산이라면 무엇이 부족하단 말이냐? 너의 마구간에는 말과 사륜 마차가 산처럼 많고, 부하들도 넘칠 정도로 많지 않으냐."

"그런 것이 아닙니다."

하고 케레트는 대답했습니다.

"제가 울고 있는 것은 그런 것 때문이 아닙니다. 제가 원하는 재산은 은이나 금이 아니라, 뒤를 이을 자손입니다. 제가 간절히 바라는 것은 제가 죽을 때 제 옥좌에 앉힐 한 아들입니다."

"그럼 그것을 주마."

하고 신은 대답했습니다.

"일어서서 눈물을 닦는 것이 좋다. 그리고 네 몸을 씻어서 깨끗이 하여라. 새끼양과 새끼염소와 한 쌍의 비둘기를 잡아라. 포도주를 은그릇에, 벌꿀을 금그릇에 부으라. 그리고 탑에 올라가서 성벽을 올라타라. 손은 하늘을 향해서 들어라. 나에게 먹을 것을 바치고, 바알도 내려와서 함께 식사하도록 초청하는 것이다. 그것이 끝나면 곡물 창고에서 곡물을, 나라 창고에서 밀을 꺼내도록 명령하여라. 적어도 여섯달 분의 빵을 구울 수 있게 말이다.

그리고 사람들을 군대로 소집하여라. 한 사람도 빠져서는 안 된다. 수많은 농민·귀족을 모아서 너의 군대를 300만 명의 병력을 만드는 것이다. 그리고 그들을 쏟아지는 빗방울처럼, 강물 속의 물고기 알만큼이나 많이 줄을 이어 진격하는 것이다. 독신자는 집에 자물쇠를 잠그고 참가하게 하며, 호주는 가족을 버리고 참가하게 해야 한다. 과부들은 밖에 나가서 자기의 힘으로 생계를 세우게 하여라. 병자는 스스로 몸을 돌보게 하고, 장님은 운수를 하늘에 맡기라고 말하여라. 아직 갓 결혼한 남자라도 가축을 버리듯 신부와 헤어지게 하여라. 그것이 낯모르는 타인의 것이 된다 해도 상관하지 말아라!

군대를 모두 소집했으면 엿새 동안 행진하여라. 이렛날 새벽에 너는 유딤 나라에 도착할 것이다. 그 곳을 다스리고 있는 것은 강한 바빌 왕이다. 그러나 너는 도시나 마을을 싹 쓸어 버려라. 농토를 약탈하여라. 나무꾼이나 보리 타작꾼이나 물긷는 사람들을 너의 앞에 끌어내어서 모든 생활을 중지시켜라. 그러나 네가 그 나라의 수도까지 가면 소리를 내지 말고 몰래 다가가라. 엿새 동안은 화살을 쏘아서도 안 되고, 투석기로 공격해서도 안 된다.

이렛날 새벽, 별빛이 희미해지고, 당나귀가 울기 시작하고, 파수 보는 개가 짖기 시작할 무렵, 바빌 왕은 침대에서 나와서 갑자기 너의 군대가 성벽을 둘러싸고 있는 것을 보게 될 것이다. 그 때 그는 사자를 보내어서 말할 것이다. '은이라도, 빛나는 금이라도, 부하라도, 부엌에서 일하는 하인이라도, 마구간의 말이라도, 시륜 마차라도, 원하는 만큼 가져가시오. 평화의 대가로써 그것들을 가지고, 케레토여, 나의 궁전에서 떠나가 주시오! 유딤을 공격하지 말아 주시오. 이 나라는 대신께서 나에게 주신 나라라니까요!' 라고.

이 말을 들으면 너는 이렇게 말해 줘라. '은이나 빛나는 금이 나에게 무엇이란 말인가? 부하나 하인이나 말이나 시륜 마차가 나에게 무슨 소용이 있겠는가. 그런 것은 남을 만큼 있는 것이 아닌가! 너희 부족 중에서 가장 아름다운 딸 호라야를 나에게 달라. 그녀의 아름다움은 아나토의 아름다움보다 못지 않으며, 그 덕은 아스탈테의 덕 보다 못 하지 않으며, 그녀의 눈은 루비를 둘레에 박은 룰리 돌 같이 빛나고 있다. 그녀의 눈길을 받는 행복을 나에게 달라. 왜냐 하면 인류의 아버지이신 대신이 나의 꿈 속에 나타나서 그녀를 지명하셨기 때문이다. 그리고 그녀가 나의 자손과 후사를 낳아 주리라고 말씀하셨다' 라고."

케레토는 눈을 뜨자 당장 신이 명령한 대로 했습니다. 그는 몸을 씻어서 깨끗하게 하고, 새끼양과 새끼염소와 한 쌍의 비둘기를 잡고, 포도주를 은그릇에, 벌꿀을 금그릇에 붓고, 탑 위에 올라가 성벽을 타고 손을 하늘에 벌리고, 대신과 바알에게 음식을 바쳤습니다. 그리고 그는 빵을 굽고, 꼭 여섯 달 분의 식량을 마련하도록 명하고, 군대를 소집하여 출발했습니다.

그들은 이틀 동안 진군하였는데, 마치 들판을 뒤덮은 메뚜기 떼같이 보였습니다. 셋째날 새벽에 그들은 티로스의 귀부인이며 시돈의 여신인 아슈라트의 신전 앞에 왔다는 것을 알았습니다. 옥좌에 앉아 있는 빛나는 여신상을 봤는데, 케레트는 한 가지 맹세를 하겠다고 생각했습니다.

"티로스의 아슈라트가 살아 있고, 시돈의 여신이 살아 있다면!"

하고 그는 외쳤습니다.

"만약 신부로 호라야를 맞아들인다면 나는 신부의 몸무게의 두 배의 은과 세 배의 금을 여신에게 바치겠습니다!"

그리고 그는 다시 사흘 동안 행군했습니다. 나흘째 새벽 군대는 정말 유딤의 나라에 도착했습니다. 대신이 명한 대로 그는 도시들이나 마을들을 쓸어 버리고, 농토를 약탈하고, 모든 생활을 정지시켜 버렸습니다. 나무꾼이나 타작꾼이나 물을 긷는 사람들은 무자비하게 끌어갔습니다. 이윽고 그들은 수도에 도착했습니다. 엿새 동안 그들은 성벽 밖에 머물러서 활도 쏘지 않고, 투석기도 사용하지 않았습니다. 이렛날 새벽에 별그림자가 희미해지고, 당나귀가 울기 시작하고, 문을 지키는 개가 짖기 시작할 즈음 바빌 왕은 침상에서 일어나서 밖을 내다봤습니다. 그러자 케레트의 군대가 성벽을 향해서 정렬해 있었습니다.

당장 그는 왕비를 불렀습니다.

"우리는 모르는 사이에 포위되었소."

하고 그는 소리쳤습니다.

"협상을 청할 수밖에 없소!"

그리고 그는 케레트의 진영에 사자를 보내어서 포위를 풀고 떠나 달라고 부탁했습니다.

"케레트에게 이렇게 알려라."

하고 그는 말했습니다.

"은과 빛나는 금과 평생 그의 저택에 있을 부하와 하인들 외에, 나는 마구간에서 다시 세 마리의 말과 몇 대의 사륜 마차를 바치겠다고 말이야."

그러자 사자가 가서 은과 금과 재보를 바치겠다는 그들의 주인의 말을 전했으나 케레트의 그것을 거절했습니다.

"은이 나에게 무슨 소용이 있는가!"

하고 그는 되받았습니다.

"빛나는 금이 뭐란 말인가! 부하나 하인이나 말이나 마차가 나에게 무슨 소용이 있는가! 그런 것은 남아돌고 있지 않은가! 내 집에 없는 것을 달라! 너의 부족 중에서 가장 아름다운 처녀 호라야를 나에게 달라. 그녀의 아름다움은 아나토의 아름다움만 못 하지 않고, 그녀의 덕은 아스탈테의 덕만 못 하지 않고, 그녀의 눈은 루비를 둘레에 박은 룰리 돌같이 빛나고 있는 그 처녀 말이다!"

그래서 사자는 바빌 왕에게 돌아와서 그 말을 전했습니다.

바빌은 그의 요구가 모두 거절당한 것을 알고 딸을 내줄 준비를 시켰습니다. 그리고 딸이 침략자의 진영으로 끌려가는 동안 유딤의 전국민은 그녀의 뒤를 따르며 새끼를 빼앗긴 암소나 어미를 빼앗긴 새끼양 처럼 슬프게 울었습니다.

"호라야 님은 아름답고 착한 분이었어."

하고 그들은 울부짖었습니다.

"굶주리는 자가 있으면 반드시 먹여주고, 목마른 자가 있으면 반드시 마시게 해 주었는데!"

승리에 도취한 케레트는 의기 양양하게 돌아갔습니다. 다시 그의 궁전으로 돌어오자 케레트는 아슈라트에게 이 결혼으로 태어나는 남자 자손을 그녀에게 바치겠다고 맹세했습니다. 그리고 그는 아름다운 왕녀와의 결혼을 축하하기 위해서 호화스러운 연회를 베풀라고 명령했습니다.

궁전은 모든 사람에게 개방되었고, 왕궁 주위에 오는 모든 사람을 맞아들였습니다. 초대된 것은 사람뿐이 아니었습니다. 신들의 일족도 모두 와서 기쁨을 나누었습니다. 대지에서는 바알이 왔고, 하늘에서는 달의 왕자가, 지하 세계에서는 죽은 자들의 주인인 라샤프가, 멀리 이집트에서는 신의 장인인 대장장이 '빈틈없는 재주꾼'이 그 작업장에서 찾아왔습니다.

축하연이 절정에 이르고 포도주가 폭포처럼 흐를 즈음, 하늘의 손님들은 그들 모두의 통솔자인 대신에게 제안하여 신랑 신부를 위하여 일어나서 건배를 제의했습니다. 그래서 대신이 자리에서 일어나서 술잔을 들고 다음과 같이 노래했습니다.

보라, 곧 이 처녀에게는
일고여덟의 아들이 태어날 것이다.
막내도 첫아이도 빛나리라
반인간, 반신으로서.

보라, 곧 이 처녀에게는
일고여덟의 딸이 태어날 것이다.
막내딸도 고상하게 빛나리라.
첫딸만 못지 않게.
이 신랑도 높이 오를 것이다.
천하의 모든 왕보다 훌륭하고,
통치하는 모든 사람에게 군림하고

그 영예 영원히 전해지리라.

이어서 신들도 건배를 들고 난 후 모두들 배부르게 먹고 마신 뒤에 각자의 집으로 돌아갔습니다.

얼마 뒤에 호라야는 임신하여 정말 아들과 딸을 낳았습니다. 그러나 행복과 번영이 돌아오자 케레트는 아슈라트에게 한 맹세를 잊어버리고, 점점 마시며 노래하는 생활에 빠져들게 됐습니다.

7년 동안 여신은 참고 기다렸습니다. 그런 뒤에 그녀는 대단히 화가 나서 혼자말을 했습니다.

"만약 케레트가 나를 잊을 수 있다면 나도 그를 잊을 수 있다. 나는 이 이상 그를 건강하게 내버려두지 않겠다. 그의 형제에게 일어났던 일을 그의 몸에도 일어나게 하겠다!"

그래서 그녀는 자기 자녀들을 모두 불러모아놓고 자기의 마음을 털어놓은 뒤 불경스러운 왕을 도와주지 말라고 명령했습니다. 신들도 모두 그들의 어머니가 명령한 대로 하겠다고 약속했습니다.

어느 날 케레트는 그의 나라의 영주나 귀족들을 불러서 연회를 베풀기로 결심했습니다. 그래서 그는 호라야를 불러오게 해서 가장 살찐 가축을 잡아서 요리를 만들고, 큰 술병에 포도주를 붓고 영주들을 초대하라고 말했습니다.

그러나 연회가 절정에 이르고, 손님들이 주인을 위하여 기분 좋게 건배를 들고 있을 때, 연회가 열리고 있는 객실의 큰 청동 문이 갑자기 활짝 열렸으며, 거기에는 시종이나 시동(侍童)들을 앞세우고 호라야 왕비 자신이 빛나는 아름다운 모습으로 서 있는 것이었습니다. 엄숙하고 조용하게 그 작은 행렬은 방 한가운데로 왔습니다. 그리고 호라야는 손을 들어서 침묵을 명했습니다. 불안과 기대로 손님들은 순식간에 조용해졌습니다.

"여러분!"

하고 그녀는 말을 꺼냈는데, 그 음성은 마치 옥을 굴리는 것 같았습니다.

"내가 온 것은 인사를 하기 위해서가 아니라, 나쁜 소식을 전하기 위해서입니다. 어젯밤에 나는 꿈 속에서 내 남편 케레트 님이 며칠 안에 죽을 병에 걸린다는 하늘의 계시를 받았습니다. 그러므로 당신들은 기뻐하기보다는 오히려 슬퍼하고, 웃기보다는 울어야 할 것입니다!"

귀족들은 놀라서 망연 자실하고 있었습니다. 그래서 소리가 나지 않도록 조심하며 자리에서 일어나서 나갔습니다.

그들이 소리가 들리지 않는 곳까지 나가 버리자 호라야는 맏아들에게 옆으로 오라고 말했습니다.

"내 아들아."

하고 그녀는 말했습니다.

"네 아버님은 병으로 약해지셨다. 네가 왕이 되고 네 신부가 왕비가 되도록 부왕에게 가서 왕홀을 물려받아라."

그 말대로 며칠이 안 돼서 케레트 왕은 중병에 걸렸습니다. 죽음이 다가왔다고 생각됐을 때 그의 아들들은 궁전에 모여서 그에게 마지막 인사를 했습니다. 그러나 다른 아들들은 모두 입으로 말하지는 않았지만, 재산을 분배할 때가 오기를 속으로 기다리고 있었기 때문에, 막내아들 엘하우는 부친의 침대 곁에 슬픔에 젖어서 멍멍히 서 있었습니다.

"아버지!"

하고 그는 외쳤습니다.

"왜 죽어야 하십니까? 왕은 대신과 같은 종족이 아닙니까. 보십시오. 하늘에도 땅에도 탄식의 소리가 차 있습니다. 나의 노래는 모두 슬픈 노래로 바뀌고, 내 음악은 눈물에 젖었습니다."

이윽고 그는 케레트의 이마 위에 정답게 손을 올려놓았습니다.

"아버지."

하고 그는 속삭였습니다.

"나는 아버지의 죽음을 바란 놈들과는 다릅니다. 아버지가 영원히 살아 계셔서 결코 죽지 않으시면 얼마나 좋겠습니까!"

"내 아들아!"

하고 케레트는 천천히 말했습니다.

"눈물을 흘려서는 안 된다. 우는 것은 장성한 남자에게 어울리지 않기 때문이다. 너의 막내누이동생을 불러라. 그 아이는 내가 죽은 뒤에 나를 위하여 울어줄 것이다. 그러나 지금은 내가 병들었다고 말해서는 안 된다. 그애의 눈물의 강이 때가 오기 전에 말라 버려서 마음이 슬픔으로 지치지 않도록 말이다. 해가 지기를 기다려라. 그 뒤에 그애에게 아버지가 연회를 베풀려고 하는데, 작은 북을 가지고 악사(樂士)들 사이에 끼어달라고 말한다고 알려라."

그래서 엘하우는 창을 들고 급히 달려갔습니다.

그가 세트마네트의 집에 도착했을 때는 이미 어두워지고, 누이동생은 등에 불을 켜고 있는 중이었습니다. 그녀가 문 앞에 다가가자 창끝이 번쩍거리는 것을 보고 그가 거기 있는 것을 알았습니다.

세트마네트는 그를 봤을 때 불안했습니다.

‘재난을 알리기 위한 것이 아니라면 이런 시각에 엘하우 오빠가 올 리가 없다.’

라고 생각한 것입니다. 그래서 그녀는 머리를 떨구고 울었습니다.

"아버님에게 무슨 일이 있나요?"

하고 그녀는 흐느끼며 떨리는 음성으로 물었습니다.

"우리 아버님께서 병환이신가요?"

"아니."

하고 엘하우는 대답했습니다.

"아버님은 병환이 아냐. 연회를 베풀려고 하시는데, 너도 나오라고 하시는 거야."

그러나 세트마네트는 그 말을 거의 믿을 수 없어서 그를 안으로 불러들이고 술을 권해서 입을 열게 하려고 했습니다.

결국 그는 숨길 수가 없어서 입을 열었습니다.

"그렇다. 사실이다. 아버님은 3, 4개월 전부터 병환이 계시다."

이 말을 듣고 그녀는 소리 내서 슬프게 울었습니다. 그리고 마음을 가다듬고 오라버니와 함께 왕에게로 급히 갔습니다.

그녀가 궁전으로 들어가자 악사나 가수 대신에 울고 있는 여자를 만났습니다. 그리고 연회 자리에 앉는 것이 아니라, 시체 앞에서 밤샘을 하러 온 것 같았습니다.

그런데 국토의 생명은 왕의 건강과 연결돼 있습니다. 그래서 왕이 허약해졌을 때 국토도 쇠퇴해집니다. 농부들은 불안과 기대로 늘 하늘을 쳐다보고 작물을 적셔줄 은혜의 비를 기다립니다. 그러나 비는 내리지 않았으므로 곧 모든 식량이 떨어지고 말았습니다. 곡물 궤짝은 비어 버리고, 기름병의 기름도 다 떨어졌습니다. 전국토가 멸망

직전에 있었습니다.

그러나 항상 은혜로우신 대신은, 그의 종을 망하도록 내버려두지는 않았습니다. 그래서 그는 그의 아이들을 모두 불러모으고, 그 괴로움을 풀어달라고 부탁했습니다.

먼저 그는 바알의 궁전의 집사를 불렀습니다.

"왜 지상에 비를 내려주지 않는가?"

하고 그는 소리쳤습니다.

"창을 열어서 큰비를 내려주라!"

그러나 신들은 그의 말에 따르지 않았습니다. 신들은 그들의 어머니 아슈라트와의 약속을 어기고 싶지 않았기 때문입니다.

이윽고 대신은 병든 왕을 살리도록 아들들에게 부탁했습니다.

"너희 중……."

하고 그는 소리쳤습니다.

"누가 질병을 쫓아서 고쳐줄 자는 없느냐?"

그러나 다시 신들은 그의 말에 따르지 않았습니다. 신들은 그들의 어머니 아슈라타와의 약속을 깨뜨리고 싶지 않았기 때문입니다.

일곱 번 그는 소리쳤습니다. 그래도 아무 대답이 없었습니다.

"좋다!"

하고 대신은 그들에게 엄하고 멸시하는 듯한 눈길을 보내면서 말했습니다.

"싫다면 좋다. 내가 고쳐주지! 너희가 나를 돕지 않는다면 나는 마술을 쓰기로 하겠다."

이렇게 말하면서 그는 묵직한 점토(粘土)를 들고, 그것을 반죽해서는 용의 모양을 만들었습니다. 그리고 그는 하늘의 마녀인 샤타카타

(질병을 고치는 여자)를 불러내어서 방금 만든 용상을 내어주고, 도시나 시골 위를 날아서 병을 앓고 있는 케레트에게 가라고 말했습니다. 그리고 그녀를 보낼 때 다음과 같은 주문을 외웠습니다.

"죽어라, 너 스스로 병에 걸려 쇠약해져서. 그러나 너, 하늘의 마녀여, 그 힘을 떨쳐라!"

그래서 마녀는 도시들이나 시골 위를 날아서 갔습니다. 그리고 이윽고 병상에 누워 있는 케레트 왕이 있는 곳에 이르자, 그녀의 지팡이를 케레트의 머리에 대어서 질병이 케레트에게서 쫓겨나 용의 상속에 들어가게 했습니다. 그리고 그녀는 폭포처럼 쏟아지는 그의 땀을 닦아주고, 그의 식욕을 회복시켜 주었습니다.

케레트는 곧 호라야를 불러서 사슴 고기 식사를 준비하라고 일렀습니다. 사흘이 지나자 그는 완전히 회복하여 건강해졌습니다.

그런데 케레트의 아들들은 이런 것을 전혀 모르고, 사흘째 되는 날 장남 야시브는 그의 부친이 이미 죽었으리라고 생각하고, 궁전으로 왔습니다. 그런데 이게 어쩐 일입니까. 그가 배알실에 들어가 보니 왕은 옥좌에 앉아 있는 것이 아닙니까.

야시브는 놀라며 자기의 눈을 의심했습니다.

"이럴 수는 없어!"

하고 그는 생각했습니다.

"아버님은 죽어가고 있었는데, 왕위를 지키기 위해서 마지막 사력을 다 해서 옥좌에 몸을 버티고 앉아 계시는 거야. 지금이야말로 어머니가 말한 대로 그의 손에서 왕홀을 요구할 때다."

그는 대담하게 왕에게 다가갔습니다.

"폐하!"

하고 그는 소리쳤습니다.

"당신은 늙고 약해서 정권이 당신의 손에서 떠나고 있습니다. 이미 당신은 가난한 사람을 보호하고, 학대받는 사람을 지켜줄 수 없습니다. 또한 이제 당신은 과부를 돌보고, 고아를 구해 줄 수 없습니다. 당신의 가족이나 친구들에게 당신은 이제 죽은 것이나 마찬가집니다. 이제는 병마가 당신의 유일한 가족이며, 죽음의 그림자가 당신의 유일한 친구입니다. 그러니 옥좌에서 내려와서 나를 왕으로 만드시오. 왕홀을 나에게 맡기고, 당신 대신에 내가 다스리게 하시오!"

케레트는 이 말을 듣고 옥좌에서 몸을 일으켜서 위엄에 차고 힘이 넘치는 모습으로 아들 앞에 섰습니다. 그러니 어떻겠습니까! 그는 마치 전쟁터를 달리는 젊은이 같았습니다.

"이 나쁜 놈아!"

하고 그는 소리쳤습니다. 그 눈은 분노로 이글거리고 있었습니다.

"이제부터 너는 내 아들이 아니다! 지옥 왕이 네 머리 가죽을 벗기고, 전쟁의 여신이 네 머리통을 부숴 버릴 것이다! 절벽 위에서 거꾸로 떨어져서 주먹 속에 이빨이 박혀 버려라!"

(이 설화 중 점토판에 보존돼 있는 부분은 이것으로 끝납니다. 이하는 추측으로 보충한 것입니다.)

그래서 야시브는, 대신이 실은 케레트의 편이었다는 것을 알고, 얼굴을 가리고 도망쳐 버렸습니다. 그가 나가자 연달아서 그의 아우들이 왕홀을 내놓으라고 부친에게 들이닥쳤습니다.

그러나 그들은 늙고 쇠약한 왕의 모습을 보리라고 기대하고 왔으나, 왕이 옥좌에서 위엄과 힘이 넘치는 모습으로 아들들 앞에 서서 분명하게 저주를 퍼붓고, 그들과의 인연을 끊어 버렸습니다. 그리고 형제들이 연달아 왕 앞에 나와 있는 동안 그들의 자매들은 밖에 서서 그녀들의 아버지가 죽고, 그 재산을 분배할 때가 오기를 초조하게 기다리고 있었습니다.

오직 엘하우와 세트마네트만이 슬픔과 탄식에 젖어서 자기 집에 머물러 있었습니다. 케레트는 그들이 왕국을 요구하러 오지 않은 것을 보고 사자를 보내어서 급히 궁전으로 들어오라고 명령했습니다.

"엘하우와 세트마네트야!"

그는 손을 그들의 머리 위에 올려놓고 다정하게 입맞춤을 하며 말했습니다.

"너희는 내 아들과 딸 중에서 가장 어리지만, 내 왕국과 재산을 너희에게 준다. 그것은 너희만이 나를 사랑해 주고, 나를 위해서 슬퍼해 주고, 너희의 마음만이 탐욕을 부리지 않았기 때문이다. 그러니 안심하고 가거라. 그리고 내가 죽으면 왕홀과 계승권은 너희의 것이 된다는 것을 알아라."

그대로 됐습니다. 몇 년 뒤에 케레트는 죽어서 조상들에게로 돌아갔습니다. 왕위는 엘하우에게 전해지고, 딸의 몫은 첫째로 세트마네트에게 주었습니다.

그 결과 아무도 예상하지 못했던 모습으로 대신의 약속이 이루어졌습니다. 아들들의 막내가 첫째가 되고, 가장 어린 딸이 맏딸의 몫을 상속했습니다.

그 결과 다시 대신의 뜻을 거역하려고 한 자는, 그의 정의가 완전

무결하고, 그의 의지가 하늘에서와 같이 땅에서도 이루어진다는 것을 깨닫게 했습니다.

무결하고, 그의 의지가 하늘에서와 같이 땅에서도 이루어진다는 것을 깨닫게 했습니다.

맹세를 잊은 임금님

이 설화는 기원전 1800년과 1375년 사이에 지어진 것이며, 알렉산더 대왕이나 샤들마뉴(Charlemagne ; 742~814. 프랑크 왕이자 서로마 제국의 황제)나 아서왕이나 시드(El Cid Campeadov ; 1043?~1099. 중세 에스파냐의 영웅)의 전설, 또는 중세의 무훈시(chanson de geste)와 같은 유형의 고담(古譚)으로 봐야 할 것이다. 다만 이 경우에 다음과 같은 차이가 있는 것은 확실하다. 즉 다른 자료에서 알려진 인물이 한 사람도 없다는 것, 그리고 언급된 지명으로 확실하게 지정할 수 있는 것이 없다는 것이 그것이다.

그러므로 이 이야기가 어떤 사실 근거를 가지고 있는지 결정할 수는 없다. 그러나 역사 전문가 이외에는 그것이 그리 중요한 일은 아니다. 그 근거가 어떻든 그 취급 방법이 전형적으로 소설풍이고 세부의 대부분은 민화의 공통된 이야깃거리에서 직접 가져온 것이다.

한 예를 들면 관습적인 7이라는 수의 규칙적인 사용 방법에 유의하기 바란다. 설화의 첫머리에서는 주인공 케레트가 일곱 겹의 고통을 당했다고 했다. 그는 바빌 왕의 나라를 향해서 7일간 진군하고, 다시 7일간 그 수도를 포위하였다. 여신 아슈라트는 케레트가 그의 맹세를 지키는지를 보기 위해서 7년간 기다린다. 그리고 군주가 마지막에 질병에 걸려서 벌을 받을 때 대신은 치료를 위해서 신들에게 일곱 번 부탁한다.

3이라는 수도 완전히 관습적으로 사용하고 있다. 케레트가 아슈라트의 신전에 이른 것은 출발한 지 사흘째 되는 날이었으며, 바빌 왕은 그의 대신으로 다른 것에 섞어서 세 마리의 말을 바친다.

3개월간 케레트는 병을 앓는다. 그리고 그가 기적적으로 회복한 후 사흘째 날, 뻔뻔스러운 아들 야시브가 부왕이 건강하게 살아 있는 줄도 모르고 왕위를 요구하고 나선다.

작자는 이야기를 능숙하게 말하는 솜씨와 기량, 그리고 그의 재능을 자랑스럽게 여겼을 것이 틀림없다. 그렇기는 하지만, 다른 참된 예술가와 마찬가지로, 그가 첫번째로 이야기의 보편적인 인간 가치에 관심을 가졌다는 것을 의심하는 사람도 있을 것이다. 만약 이것을 주의 깊게 읽고 그러한 가치에 주목한다면, 여기에는 두 가지의 근본적인 주제가 흐르고 있다는 것을 알게 될 것이다.

그 첫번째 주제는 성심(誠心), 더 자세히 말하면 서로 겨루는 성심을 다루는 것이다 신은 케레트에게 그가 자손을 얻어서 혈통이 끊기지 않는다는 것을 약속한다. 그런데 케레트는 여신 아슈라트에게 그의 아들들을

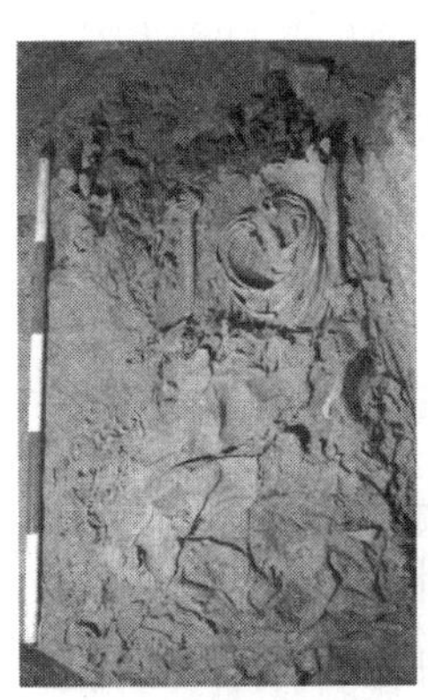

▲1~3세기경으로 추측되는, 알타르 동굴 안에서 발견된 무덤

바치기로 약속한다. 케레트는 그 맹세를 짓밟아 버리고, 그래서 여신은 그에게 죽을 병을 앓게 해서 보복한다.

그래도 그의 동반자를 멸시하는 데도 불구하고 대신은 그의 말에 거역할 수가 없다. 그래서 그는 고집이 센 군주를 어쩔 수 없이 고쳐주지만. 여기에 서로 겨루는 성심의 제1호가 있다. 다른 것은 하늘의 일족의 태도에서 볼 수 있다.

그들은 모친 아슈라트에게 그들이 그녀의 편을 들어서 그녀가 그에게 당연한 벌을 줄 때는 케레트를 돕지 않겠다고 맹세한다. 따라서 그들의 주인이며 스승이신 대신 자신이 그들에게 병을 쫓아 버리라고 호소해도 그들은 계속 모르는 체하기 때문에, 결국 그는 수상쩍은 마술로 그들의 불복종에 선수를 칠 수밖에 없었던 것이다.

신들의 성심과 대조적이고, 게다가 같은 근본 주제를 보여주는 것으로 대다수의 인물의 부실함이 있다. 케레트에 관해서 먼저 이야기되는 것은 그의 약혼녀가 결혼식 전날 밤에 도망쳐서 그를 배반했다는 것이다. 원문의 표현에 따르면, '그의 정직한 아내를 그는 구하지 못했다. 그의 정당한 신부조차도 그는 여자를 위해서 혼약금을 줬는데, 여자는 도망쳤다.' 그리고 케레트 자신이 아슈라트에게 한 맹세를 깨뜨리고 번영을 되찾자 그녀를 잊어버린다.

▲진주 귀고리를 달고, 황금관을 쓰고 있는 여왕으로 보이는 여인을 수놓은 헝겊 휘장(알타르 동굴 출토).

한편 바빌 왕은 자기의 딸에 대해서 전혀 성의가 없고 몹시 비겁했기 때문에,

그는 왕국을 유지하고 침입자와의 싸움을 피하기 위해서 한 마디의 불평도 없이 항복하는 것이다. 설화 전체에서 성심과 헌신을 보여주는 인물은 케레트의 막내아들 엘하우와 막내딸 세트마네트뿐이다. 그리고 그들은 예외적이었기 때문에 최후의 보상을 받는 인물이다.

이 설화를 일관하는 두 번째 주제는 '수수께끼의, 또는 애매 모호한 예언'이다. 신들의 말이 헛되이 나오는 일은 없고, 그들의 말은 모두 성취된다. 그것은 설사 그 의미가 오해되어 성취의 형태가 미지의 경우에도 그렇다.

이것은 수많은 민족의 민간 전승의 단골 주제이다. 그 한 예가 유대의 이야기에 있는 예루살렘에서 생을 마치리라고 한 사나이이다. 그는 예루살렘 방(웨스트민스터 사원에 있음)에서 죽었다. 다른 것은 선생에게서,

"네가 뿌린 것을 거두지 말라."

라는 기묘한 축복을 받는 학생의 이야기이며, 실제의 의미는 그의 자녀들이 그보다 먼저 죽는 일이 없으리라고 말한 것이다. 애매 모호한 신화에 관한 유사한 이야기가 아폴로드로스(Apollodoros ; 생몰 연대 미상. 기원전 2세기 무렵이 그리스 학자.《연대기》의 저자)에 의하여 스파르타인의 페로폰네소스 침입과 관련해서 이야기되고 있다. 신들은, 침입은 '제3의 파종 때'에 해야 한다고 말했다. 그러나 계획은 실패로 돌아갔는데, 이것은 실제의 의미가 제3의 '세대'였기 때문이다.

이 설화에서 주신이 케레트의 혼례에 참석했을 때, 케레트의 신성(神性)을 가진 친구는 케레트에게 술잔을 내밀라고 재촉한다. 동방 나라들의 이런 모임의 특색인 다변(多辯)을 가지고 그는 신혼의 두 사람에게 아기가 많도록 빌고,

"막내아이가 맏아이의 몫을 차지하라."

라고 덧붙인다. 케레트와 손님들이 받은 말은 이것은 단지 의례적인 과장이며,

"당신의 거위는 모두 고니가 되리라."

라는 말과 같다고 생각한다. 그러나 이 말은 더 깊은 뜻을 갖게 됐다. 왜냐 하면 불경스러운 장남에게는 유산을 나눠주지 않고, 충실한 막내아들과 딸을 아버지의 재산을 상속받기 때문이다. 만약 이 이야기가 더 남아 있다면 이런 '뜻밖의 성취'가 케레트가 아슈라트에게 한 맹세와 관련되어 있었을 것이다. 그것은 다른 아들들도 영지에서 추방되어 여신의 사당으로 피신하였고, 결국은 그 숭배자가 되지 않았다고 말할 수 없기 때문이다.

이 보편적인 가치에 비추어 볼 때 이 설화는 그리스 연극의 어떤 특징을 가지고 있다. 마찬가지로 전승에 근거하면서도 —— 필시 먼 옛날의 역사적 사건에 근거하고 있을 것이다 —— 그것은 소재를 초월하고, 그것을 폭넓은 인간적 표현으로 옮겨놓고 있다. 그런 의미에서 《길가메시 서사시》의 기교나 바알의 시의 웅대함은 없을지 모르나 걸작의 하나라고 할 수 있는 것이다.

이 설화에 나타난 민간 전승과 관습의 세 요소는 한 마디의 설명이 필요할 것이다.

첫째, 케레트가 바빌 왕의 수도를 포위하는 것은 밤에, 공격하는 것은 오직 새벽에 하라고 지시한 것은, 지금이나 옛날이나 아라비아인들이 정석으로 알고 있는 것과 일치한다. 야간 공격은 비겁하다고 여긴다. 마찬가지로 성서의 〈사사기〉(9장 32절~33절)에는 아비멜렉이 시켐 시 관리에게 임박한 반란을 쳐부수도록 다음과 같이 권하고 있

다.

"그러니 어서 휘하 군대를 몸소 이끌고 출동하여 어둠을 틈타 들에 매복하였다가 아침 일찍 동틀 때 행동을 개시하여 성을 기습하는 것이 좋겠습니다. 가알이 무리를 이끌고 대적하러 나오거든 닥치는 대로 해치우시오."

둘째, 왕이 병들었을 때 생산력이 떨어진다는 생각은 미개 문화에서 가장 널리 퍼져 있는 관념의 하나였으며, 왕은 인민들의 지배자라기보다 그들의 집단적 생활과 정신의 구현이었던 것이다.

그런 이유에서 약간의 만족(蠻族)들 사이에서는 왕이 약해진 징조가 있으면 그는 실제로 죽음에 처해지고, 또한 백성과의 생명 계약이 끝나서 갱신할 필요가 있다고 생각했을 때 —— 1년이나 그 이상의 일정 기간 후 —— 에는 폐위시키거나 처형되는 수도 있다(이런 생각은 제임스 G. 프레이저 경의 《황금 가지》의 주제가 되고 있다).

▲머리에 보석을 여기저기 박은 장식으로 치장한, 강인한 모습의 여인을 수놓은 취장(알타르 동굴 출토).

마찬가지로 만약 왕이 신들에게 복종하지 않으면 신들은 온 땅에 해충을 보내어서 보복하는 수도 있다. 이런 예는 성서에서도 볼 수 있다. 〈사무엘 하〉 21장 1절에 말하기를,

"다윗 시대에 삼 년이나 내리 흉년이 든 적이 있었다. 다윗이 야훼께 곡절을 물으니 야훼께서 사울과 그의 가문이 기브온 사람들을 죽여 살인죄를 지은 탓이라고 하셨다."

하티의 왕 무르시리스 2세(B. C.

1350년경)의 기도문에도 왕가의 죄악에 따른 20년간의 충해(蟲害)를 말한 곳이 있다.

셋째, 케레트가 치료받는 방법은 전문가에게 주문(envoutement)으로 알려져 있는 고대와 미개의 습속을 반영하고 있다. 이것은 질병이나 불행을 인간에게서 인형에게로 마력을 가지고 옮기는 것이다. 확실히 이 기법은 선의의 마법인 동시에 악의의 마법으로서도, 즉 재난을 쫓는 수단과 함께 이것을 다른 곳으로 옮기는 수단으로도 사용돼 왔다. 바빌로니아의 남아 있는 문서에는 마술적인 점토상을 만드는 방법을 말하고 있는 곳이 많다.

다음에 예거하는 것은 그 대표적인 것이다.

바다 밑에서 점토를 파왔다
네가 고치려는 사람처럼 보이게 검은 상을 만들어라
그 머리에 흰 양의 머리카락을 씌워라
그 상을 병자의 몸 위에 놓아라
유명한 에아의 주문을 되풀이하여라
병자의 얼굴을 서쪽으로 돌려라
그러면 그를 지키는 정령이 곁에 서서
그를 잡고 있는 악령이 사라지리라.

마찬가지로 에살하든(B. C. 681~68.) 시대의 아시리아의 한 서간은 말하고 있다.

"역병과 페스트가 궁전 가까이에 오지 않도록, 질병과 열병이 누구의 집 가까이에도 오지 않도록 하라. 이것을 피하기 위해서 우리는 갖가지 의식을 행했다. 아누 악마의 딸 형상을 본뜬 점토상, 또는 페스트의 관리 남탈을 본뜬 것을 우리는 치료의 신 구라의 신상 앞에 놓았다.”

그러나 지금의 경우에 특히 흥미를 끄는 것은 상이 분명히 뱀이나 용의 모양으로 만들어진 것이다. 이것은 당장 천벌을 받은 이스라엘인을 고치기 위한 수단으로써 모세를 통하여 황야에 보낸 불타는 뱀을 생각하기 때문이며, 후대의 기록자는 이것을 ‘불뱀’에게 물렸다고 말하고 있다(〈민수기〉 21장 6 - 9절).

이 상은 뒤에 우상이 되고 그래서 유대의 신앙이 돈독한 히즈기아 왕에 의하여 분쇄됐다고 한다(〈열왕기 하〉 18장 4절). 마술용 뱀상이 실제로 팔레스틴의 몇몇 고적지에서 고고학자에 의하여 발견되고 있다. 또한 호라야 왕비가 향연에 잠입한 사건과 야시브에게 부친의 옥좌를 요구하라고 부추긴 사건은 어느 정도 추측에 의한 복원이라는 것을 밝혀둔다. 왜냐 하면 원문은 이 부분이 파손돼 있기 때문이다. 그러나 이 장면에서 호라야가 등장하는 것은 명확히 보여주고 있다. 그녀의 귀족들에 대한 말도 마찬가지이다.

그 밖에는 남아 있는 단편적인 글 속에 ‘환상 중에’라든가, ‘너의 아내’라는 말 등이 보이고 있다.

바알의 설화

태초가 혼돈할 때, 신의 할 일이 정해졌을 때, 대지에는 아직 왕도 지배자도 없었습니다. 특히 두 분의 신이 지상의 지배자가 되는 명예를 겨루고 있었습니다. 한 분은 바알이며, 대기와 비의 주인이고, 또 한 분은 얌이며, 강의 물을 지배하는 용이었습니다.

"대지는 내 것이다. 내 비로 생기를 주고 있으니까!"

하고 바알은 말했습니다.

"아니, 그렇지 않다. 대지는 내 것이다. 내 강이나 샘으로 적셔주고 소생시키니까!"

하고 얌은 말했습니다.

그들은 오랫동안 심하게 논쟁했습니다. 이윽고 마지막으로 그들은 대신(大神) 앞에 나가서 일의 결말을 내달라고 말했습니다. 대신은 각자의 주장을 듣고 깊이 생각한 다음, 이윽고 마음을 정하고 신들을 모두 앞에 불렀습니다.

"대지는 얌의 것이다."

하고 그는 선언했습니다.

"왜냐 하면 물이 모든 것의 근원이니까."

그렇게 말하고 그는 신의 장인(匠人)인 '빈틈없는 재주꾼'을 불러서 얌이 왕이라는 표시로써 그를 위하여 궁전을 하나 지으라고 명령했습니다.

그러나 그 때 신들의 대열의 뒤쪽에서 웅성거리는 소리가 들리고, 몸집이 작은 신이 다른 신들을 헤치고 앞으로 나왔습니다. 그것은 신들 중에서 가장 연하인 아슈탈이며, 아직 10대의 젊은이었습니다.

"대신이여!"

하고 그는 옥좌 앞에 무릎을 꿇으며 소리쳤습니다.

"만약 할 수만 있다면 저를 왕을 삼아주십시오. 저는 시냇물의 정령이 아닙니까. 바알이 비를 거두자 강이나 호수가 말라 버려 몇 달 동안 대지는 시냇물에 의해서 축축해졌습니다. 여름 동안 지상이 메말라 죽어갈 때 대지의 생명을 유지해 준 것은 제가 아니었습니까?"

그러나 대신은 코웃음을 칠 뿐이었습니다.

"네가?"

하고 그는 조롱하는 듯한 눈을 반짝거리며 말했습니다.

"그게 무슨 말이냐. 너는 아직 장가 들 나이도 안 되지 않았느냐. 하물며 어찌 대지를 다스릴 수 있겠느냐!"

그렇게 말하고 면전에서 물러나라고 명했습니다.

그런데 얌은 그의 궁전으로 돌아가자 난폭한 행동을 하며 모든 신들이나 여신들에게 터무니없는 공물(貢物)을 바치라고 요구했습니다. 천상의 부인들이 장식으로 몸에 걸치는 목걸이까지 그의 탐욕스러운 요구로 바쳐야 했습니다.

이윽고 신들은 더는 참을 수 없어서 대책을 마련하기 위해서 회의를 열었습니다. 왜냐 하면 용은 그들보다 강해서 그와 맞설 수 있는 자는 아무도 없었기 때문입니다.

그들이 모두 입을 다물어 버렸을 때 문득 자리 한가운데에서 여신인 아스탈테가 일어서서 말을 했습니다. 그리고 그녀의 음성은 심벌과 같이 울려퍼졌습니다.

"형제 자매들이여, 제발 나를 바다에 내려보내 주세요. 나의 음악과 아름다움으로 용의 마음을 풀어주면 우리에 대한 그의 태도도 부드러워질지 모릅니다."

신들이 끄덕거리며 찬성한다는 뜻을 표시하자 아스탈테는 옷을 벗고, 머리를 틀어 올리고, 온몸에 그윽한 향료를 뿌리고, 작은 북을 손에 들고, 음유 악인(吟遊樂人)의 처녀와 같은 몸차림을 하고 바닷가로 나갔습니다.

얼마 뒤에 그녀의 음악 소리에 이끌려서 용이 물 속에서 나와서 놀라는 눈으로 그녀를 바라봤습니다.

"노래하는 처녀여!"

그는 소리쳤습니다.

"무척 조심스럽고 즐거워 보이는데, 도대체 무슨 일이지?"

"나는 아스탈테입니다."

하고 그녀는 대답했습니다.

"나의 형제나 자매들에 대해서 당신의 자비심을 구하기 위해서 왔습니다. 당신이 부과한 세금은 너무 무거워서 그들은 감당할 수가 없습니다. 아마 당신은 이를 가엾게 생각하시고 그들의 부담을 덜어주시겠죠."

그러나 그녀가 말하고 있는 중에도 용은 그녀의 아름다움에 넋을 잃고, 입에서 흘러나오는 노랫소리에 마음을 빼앗겨서, 욕망이 불타 오르기 시작했습니다.

"부인이여!"

그는 말했습니다.

"만약 당신이 당신 자신을 나에게 공물로 바친다면 나는 다른 것은 아무것도 원하지 않겠소. 돌아가서 신들과 여신들에게 말하시오. 만약 그들이 그들의 형제 자매인 그대 아스탈테를 나에게 주면 틀림없이 부담을 덜어주겠다고 말이오!"

그래서 아스탈테는 하늘의 궁정으로 돌아가서 용의 말을 그대로 전했습니다.

그녀의 말을 듣자 바알은 어느 신들보다도 격분하였으며, 당장 용에게 가서 모욕하는 말을 퍼붓었습니다.

"이 나쁜 놈아!"

하고 그는 소리쳤습니다.

"하늘의 곤봉을 맞을 놈아! 지옥 왕에게 머리를 찢기고, 전쟁의 여신에게 머리통이 박살날 놈아! 절벽에서 거꾸로 떨어져서 주먹 속에 이빨이 박혀라!"

이 말을 내뱉고는 쏜살같이 신들에게로 돌아가 버렸습니다. 그러나 이 욕을 듣고 용은 옥좌에서 벌떡 일어나 두 사자를 불러 대신의 궁전에 가서 바알과 그의 일족을 내놓으라고 요구하도록 명령했습니다. 그러나 사자들이 도착해 보니 바알이 그 곳에 있었으며, 대신 곁에 서서 충성스러운 신하처럼 그를 섬기고 있었습니다. 그리고 대신은 바알을 그의 적에게 넘겨주려고 하지 않았습니다.

"아니야!"

하고 그는 말했습니다.

"바알은 온순해서 아무리 허세를 부려도 악의는 없어. 그리고 만약 너희 주인을 공격하려고 해도 너희 주인은 그보다 강하니까 두려워할 건 없잖은가."

그러나 바알은 실은 결코 대신이 말하는 것처럼 온순하지도 얌전하지도 않았습니다. 그리고 사자가 돌아가자 당장 그의 자매인 아스탈테와 아나토 —— 위대한 두 전쟁의 여신 —— 에게 용과의 전쟁을 도와달라고 부탁했습니다.

"바알이시여!"

하고 아스탈테는 대답했습니다.

"그에게 가서 직접 싸워서는 안 됩니다. 아시다시피 그에게 맞설 수 있는 자는 없으니까요. 만약 내가 모든 창을 갈고, 내 무기를 모두 들고 나가도 아무 소용이 없을 것입니다. 우리가 함께 모든 힘을 다 해서 싸운다 해도 박살이 날 뿐입니다. 그를 쳐서 왕권을 빼앗는 방법은 하나밖에 없습니다."

이렇게 말하자 그녀는 신의 장인(匠人)인 '빈틈없는 재주꾼'을 불러서 목표를 벗어난 경우에는 저절로 주인에게도 되돌아오는 두 자루의 마법 막대기를 바알을 위해서 만들라고 명령했습니다.

"이 무기를 쓰면……."

하고 그녀는 말했습니다.

"당신은 멀리서 그를 공격할 수 있고, 끝내는 승리할 것입니다. 그리고 왕권은 영원히 당신의 것이 될 것입니다!"

그래서 신의 장인은 일터에서 두 자루의 막대기를 가지고 와서 바알에게 바쳤습니다. 그 막대기의 이름은 한쪽은 '구축자'이고, 다른 쪽은 '반발자'입니다.

바알은 '구축자'라는 막대기를 들고 다음과 같이 소리치면서 용을 향하여 던졌습니다.

"구축자야, 구축자야, 얌을 옥좌에서 내쫓아라. 바다의 왕을 옥좌에서 내쫓아라!"

그러나 막대기는 목표를 벗어났으며, 용은 상처를 입지 않고 물 속에서 몸부림쳤습니다.

그래서 바알은 '반발자'라는 막대기를 들고 다음과 같이 소리치고 용을 향해서 던졌습니다.

"반발자야, 반발자야, 얌을 옥좌에서 내쫓아라. 바다의 왕을 왕좌에서 내쫓아라!"

이번에는 막대기가 적중하여 용은 고개를 푹 떨어뜨렸습니다. 그는 안색이 변하고 힘을 잃어서 해변에 길게 쓰러졌습니다.

"보라!"

하고 그는 허덕거리며 말했습니다.

"난 이제 죽은 것이나 마찬가지다. 바알이 왕이 되는 것이 좋다!"

이 말을 듣고 바알은 승리의 기쁨에 취해서, 그의 형제 자매들의 원한을 산다는 것을 완전히 잊고, 용에게 마지막 일격을 가한다는 것도 잊었습니다. 그러나 그가 떠나려고 할 때 아스탈테의 엄하게 꾸짖는 소리가 들렸습니다.

"부끄러움을 알라!"

하고 그녀는 소리쳤습니다.

"너는 우리 모두의 원한을 갚지 않고 갈 생각이냐? 보라, 이 괴물은 우리를 노예처럼 취급하고 우리의 것을 모두 약탈했다!"

그 말을 듣고 바알은 너무나 부끄러워서 용의 이마와 목덜미를 쳤으며, 용은 결국 그의 발 아래 쓰러져서 꿈쩍도 하지 않게 됐습니다.

그러나 이것으로 얌의 지배는 끝났으나 바알의 고통이 끝난 것은 아니었습니다. 이제 그는 또 한 가지의 새로운 어려움에 부딪쳤습니다. 그는 왕이었지만 궁전이 없기 때문에 신들은 모두 그의 명령에 따르려 하지 않았습니다. 그는 누이동생 아나토에게 얌과 같은 궁전을 짓는 허가를 내주도록 대신에게 주선해 달라고 부탁했습니다.

"그러나 직접 그에게 가서는 안 된다."

라고 그는 조언했습니다.

"먼저 우리의 어머니인 왕비 아슈라트에게 가서 나의 소원을 중재해 주도록 부탁하라. 왜냐 하면 너도 알다시피 그녀의 마음에 드는 신에게는 당장 '빈틈없는 재주꾼'에게 명해서 궁전을 지어주고, 은이나 금집기와 풍부한 식사를 준비해 주니까 말이다. 그러므로 그녀의 은혜를 부탁하러 가달라."

그러나 그가 말하고 있는 동안 아나토는 계속 발 밑에 길게 쓰러져 있는 용을 보고 있었습니다. 그 용이 아직 살아 있는 것을 보고 그녀는 천을 짜는 물레의 가락북을 들어서 그를 세게 내리쳤습니다. 그리고 그녀는 긴 옷을 벗고 용을 바닷속에 처넣었으며, 자기도 그 뒤를 따라 산과 같은 파도를 헤치고 의기 양양하게 따라갔습니다.

이윽고 바닷가로 돌아오자 그녀는 선물로 바칠 값비싼 집기를 만들어서 대신의 궁전을 향하여 날아갔습니다.

왕비 아슈라트는 그 때 조용히 옥좌에 앉아 있었는데, 갑자기 지평선 저쪽에 구름 같은 흙먼지가 이는 것을 보았습니다. 그리고 곧 젊은 여신이 엄숙하게 그녀 쪽을 향해서 오는 것을 보았습니다. 그런데 그것은 아나토라는 전쟁의 여신이었습니다. 연로한 왕비는 그녀가 다가오는 것을 보자 두려움에 사로잡혀서 떨기 시작했습니다. 신들의 가족 사이에서 무슨 싸움이 일어난 것이 아닌가 하고 두려워했기 때문입니다.

"이렇게 급히 무슨 일이 있느냐?"

하고 그녀는 물었습니다.

"하늘의 일족에 무슨 귀찮은 일이라도 있었느냐?"

그러나 젊은 여신이 더 가까이 오자 아슈라트는 그녀가 은과 금의 선물을 들고 있는 것을 보고 두려움은 가라앉았습니다.

"이리 오라!"

하고 그녀는 말했습니다.

"먹고 마시고 한 다음에 네 소원을 말하라."

그래서 아나토는 바알의 불만을 어머니에게 털어놓고, 신들이 모두 얼마나 그에게 무례하게 행하고, 그의 식탁에 쓰레기를 놓거나 오물이 든 잔을 권하거나 하는지를 이야기했습니다.

"좋다!"

하고 왕비는 다정하게 말했습니다.

"너의 소원대로 해 주마. 그러나 우선은, 우리는 용이 되살아나서 다시 공격해 오지 못하도록 막아야 할 것이다."

이렇게 말하고 그녀는 '빈틈없는 재주꾼'을 불러서 큰 우리를 만들어서 괴물을 가두도록 명했습니다.

이어서 그녀는 하인 '신성한 복'에게, 대신의 특별 구역 안으로 여행할 수 있도록 망아지에게 정장을 입히라고 명했습니다. 하인은 그

대로 했으며, 그녀를 화려하게 장식한 마구 위에 올려 앉히자 그녀는 출발했으며, 아나토와 바알은 걸어서 그 뒤를 따랐습니다.

여행은 길고 지루했으나 이윽고 그들은 먼 지평선에 도착했습니다. 그 곳에서는 지상의 강이 지하의 강과 합쳐서 흐르고 있었습니다. 그리고 신성한 '북방 언덕' 위에 신이 사는 곳이 있었습니다. 바알과 하인을 산 아래 남겨두고, 두 여신은 대신의 궁정을 향해 갔습니다. 그러나 그녀들이 궁전 안으로 들어서자 아나토도 밖에서 기다리라는 명을 받고, 아슈라트가 혼자서 망아지를 타고 그녀의 남편이 있는 곳으로 들어가서 그 앞에 앉았습니다.

"대신이시여!"

그의 환영과 대접이 끝나자 그녀가 말을 꺼냈습니다.

"끝없는 생명과 마찬가지로 지혜는 당신의 것입니다. 바알이 이제 위에 서는 자가 없는 최고의 왕이 되고, 견줄 자가 없는 주인이 된 것도 지혜에 이끌려서 당신이 그것을 허락하셨기 때문입니다. 그러나 그는 대지를 다스리고 그의 가족을 살게 할 궁전이 없습니다. 당신이 자신의 궁전 안에 그의 아이들을 살게 하고, 한편 그의 아름다운 세 아내는 내 집의 방을 빌려줘야 할 형편입니다. 부탁이니 그를 위해서 궁전을 짓도록 허락해 주십시오."

이 말을 듣자 대신의 얼굴에는 선의에 넘치는 미소가 흘러나왔습니다.

"물론 그래야지!"

하고 그는 큰 목소리로 말했습니다.

"바알이 궁전을 가져서는 안 된다는 이유가 어디 있어. 하지만 궁전은 스스로 짓는 거야. 그런데 그는 나 대신이 무슨 노동자나 되고,

당신 아슈라트가 무슨 하녀라도 되는 줄 알고 있는 모양이지. 바알 폐하를 위해서 우리가 벽돌을 쌓고 삼태기라도 들고나서야 한다고 생각하는 것은 아니겠지?"

"원 별 말씀을!"

하고 여신은 말했습니다.

"그런 일이라면 그가 기꺼이 하겠죠. 그리고 왕이신 대신이시여, 당신은 다시 한 번 당신의 지혜를 보여주셨습니다. 그것은 바알이 일단 지상에 살면 그는 대지로 옮겨가서 직접 눈으로 볼 수 있고, 그렇게 되면 필요에 따라서 대지에 선물이 되기 때문입니다. 앞으로 그가 비를 내려주는 경우는 바른 계절에 비를 내려줄 것이고, 적당한 때에 눈이 내리게 될 것입니다!"

그리고 그녀는 급히 아나토가 있는 곳에 가서 기쁜 소식을 알려줬습니다.

"바알에게 가라."

하고 그녀는 말했습니다. 그리고 레바논에 사자를 보내서 최상의 삼나무를 고르고, 산에서는 은을, 언덕에서는 금을 캐내도록 명하고, 궁전을 장식할 보석을 운반하게 했습니다.

준비가 모둔 끝나자 바알은 신의 장인 '빈틈없는 재주꾼'을 불렀습니다.

"재료는 여기 있다."

라고 그는 말했습니다.

"이번에는 서둘러서 나에게 궁정을 지어달라. 신성한 '북방의 산'에 그것을 짓고 1만 명이 거주할 수 있는 넓이의 도시를 궁전으로 채우는 것이다!"

그러나 장인은 자신의 계획을 가지고 있었습니다.

"바알이시여!"

하고 그는 말했습니다.

"당신의 소망대로 궁정을 지어 드리겠습니다. 그리고 거기에 훌륭한 창을 하나 달겠습니다."

"아니, 아니!"

하고 바알은 말했습니다.

"내 궁정에는 창은 필요 없다!"

"그러나 바알이시여!"

하고 장인은 고집했습니다.

"내가 그렇게 말하는 데는 까닭이 있습니다. 곧 당신도 알게 될 것입니다!"

"상관없어!"

하고 바알이 상기해서 말했습니다.

"나에게도 까닭이 있어, 만약 궁전에 창을 달면 용이 타고 올라와서 내 아내들을 채 갈 거야. 그래서 나를 웃음거리로 만들 거야!"

장인은 어깨를 씰룩거렸습니다.

"그럼 마음대로!"

하고 그는 탄식했습니다.

"그러나 언젠가는 생각을 바꾸게 될 것입니다."

그래서 건축이 시작되고, 7일이 지나자 거의 완공됐습니다. 이어서 바알은 신들이나 여신들을 모두 불러모아 놓고 호화스러운 연회를 열었습니다. 그러나 주연이 한창일 때 어떤 무서운 생각이 마음에 스쳤습니다.

"용은 죽지 않았어!"

하고 그는 중얼거렸습니다.

"우리 밖으로 도망쳐서 이 궁정을 습격할지도 몰라. 그러면 결국 나는 왕국을 잃게 될 거야!"

그래서 손님들이 술을 마시며 떠들고 있는 사이에 그는 바닷가로 내려가서, 용이 우리 속에 갇혀서 쓰러져 있는 곳으로 갔습니다. 그리고 번개의 상징인 그의 삼지창(三枝槍)을 치켜들어 용의 머리를 후려쳐서 완전히 숨통을 끊어 버렸습니다.

바알은 이 도시에서 저 도시로, 이 마을에서 저 마을로 대지 위를 빈틈없이 돌아다니며, 그 하나하나를 그의 소유로 만들고, 자기가 왕이라고 선언했습니다.

마지막으로 그는 연회 자리로 돌아와서 손님들의 한가운데에 자리를 잡자 장인을 곁으로 불러왔습니다.

"재주꾼이여!"

하고 그는 말했습니다.

"위험은 사라졌다. 이제는 궁전에 창을 달아도 좋다. 그것은 한 가지 용도를 발견했기 때문이다. 언제나 창을 열면 그것은 대지에 비가 필요하다는 신호로 삼고, 그 순간에 하늘의 창들을 모두 열어서 비를 내리게 할 것이다."

이 말을 듣고 장인은 기쁨을 감추지 못하고 대답했습니다.

"그것이 나의 처음부터의 계획이었습니다. 나는 당신의 생각이 머지않아 바뀔 것이라고 말씀 드리지 않았습니까?"

이렇게 말하면서 그는 옛 찬가 한 구절을 불렀습니다.

신성한 바알의 목소리가 울리고
바알의 천둥이 울릴 때
대지는 흔들리고, 산들은 떨고
고지는 울려 펴진다.

그의 적들은 산허리에 매달리고
숲 속으로 도망쳐서
동쪽에서 서쪽으로 쩔쩔매며
그의 면전에서 도망친다.

그러자 바알도 그의 종이 노래한 시구를 받아서 자기도 노래하고
싶은 기분을 참을 수 없었습니다. 그래서 그는 소리 높이 장단을 맞
추어 이 귀에 익은 노래를 끝맺는 시구를 이어서 노래했습니다.

말하라, 바알의 적들아
무엇 때문에 그리도 떠는가?
그의 눈은 아무것도 놓치지 않으며
그의 손은 강하게 내리치기 때문에.

그의 명령을 무시하는 자는
결국 타도된다
강한 삼나무 고목도 말라 쓰러진다
미친 듯이 사나운 그의 돌풍에 날려서.

그는 거기에서 한 호흡 쉬고 주위에 모인 신들이나 여신들을 둘러 봤습니다. 만족하는 미소가 입술에 떠오르고 있습니다.

"앞으로!"

하고 그는 말했습니다.

"오직 나만이 신들이나 인간들을 다스린다. 왕도, 백성도, 나의 주권에 이러쿵저러쿵 말해서는 안 된다. 이제부터 대지는 내 영토이며, 누구도 이것에 손을 대게 하지 않겠다!"

그러나 갑자기 그의 표정이 변했습니다. 그것은 그의 적 모토가 생각났기 때문입니다. 모토는 지하계와 메마른 곳에 사는 무서운 죽음과 가뭄의 정령이었으므로, 바알을 일부러 그를 연회에 초대하지 않았던 것입니다.

"아마 지금도……."

하고 그는 생각에 잠겼습니다.

"모토는 반란을 꾸미고 나의 영토에 침입하려고 계획하고 있을지 모른다."

그래서 그는 포도원의 정령과 목장의 정령을 사자로 보내어서 멀리 세상 끝에 여행하도록 명했습니다.

"그 곳에는 두 봉우리를 가진 산이 있을 것이다."

하고 그는 말했습니다.

"그 아래는 죽음의 왕국, 모토의 영토다. 그 산을 너희 손으로 들어올려서 아래로 내려가라. 무덤 속에 들어가는 죽은 자처럼 되어 내 말을 모토에게 전하라. 그러나 그의 옥좌에 너무 가까이 가지는 말아라. 그에게 잡혀서 새끼양처럼 잡아먹히면 안 되니까. 그에게 떨어져 서서 내 말을 외쳐 줘라. 그의 본래의 영토는 지하의 어둠 속과 지상의 뜨거운 사막이며, 그 밖으로 나와서는 안 된다고 말야!"

이렇게 전하는 말을 듣자 모토는 화가 났습니다.

"무슨 소리야, 건방진 자가!"

하고 그는 악을 썼습니다.

"그럼 바알이 하늘의 옷을 걸치고 뻔뻔스럽게 옥좌에 앉아 있는 동안 나는 이 음침한 어둠 속에서 흙탕을 먹고 오물이나 마시고 있으라는 거야? 돌아가서 네 주인에게 말해라. 만약 그자가 나를 손님으로 부르고 싶지 않으면 내 쪽에서 초대해 주겠다고 말야! 그를 이곳까지 내려오라 해라. 그렇게 하면 기꺼이 대접해 주겠다! 그자가 이제까지 맛본 적이 없는 진수 성찬을 무진장 먹여주마!"

그래서 사자는 바알에게 돌아와서 모토의 말을 전했습니다. 바알은 그 말을 듣고 두려웠습니다.

"아니, 아니!"

그는 소리쳤습니다.

"난 내려가지 않겠어. 모토는 큰 일을 꾸미고 기다리고 있으며, 틀림없이 나를 잡아먹을 테니까 말야. 하지만 내가 산해 진미와 진기한 포도주를 보내주면 그의 노여움도 가라앉을지 모르지."

그래서 그는 다시 사자를 불러서 이번에는 고기와 술을 산더미만큼 많이 선물로 모토에게 가지고 가라고 명했습니다.

"애교를 떨어서라도 그의 비위를 맞추는 거야."

하고 그는 말했습니다.

"바알은 그의 종이며, 그의 충직한 노예라고 말해 주는 거야!"

그러나 모토는 그의 적이 단지 그를 매수하려 하고 있으며, 정면으로 그와 마주치는 것을 무서워하고 있다는 것을 알고, 전보다도 더욱 화를 내고 모욕하는 말을 퍼붓기 시작했습니다.

"그럼 너희 주인이 나를 무서워하고 있구나!"

하고 그는 사자가 가까이 갈수록 소리쳤습니다.

"그럼 바알은 나를 모욕하려는 것이구나? 그에게 용기를 가지고 내려오라고 해. 난 선물 따위는 원치 않아."

그 말을 듣고 바알은 자신의 계획이 모두 허사였다는 것, 이제는 그의 적과 정면으로 대결해야 한다는 것을 깨달았습니다. 그래서 그는 전차를 준비하고, 자신의 구름과 바람과 비를 거느리고, 부하들과 종자를 불러모아서 죽음의 힘에 대한 주술로써 적토(赤土)를 몸에 바른 뒤에 모토가 초대한 진수 성찬을 받기 위해서 지하 세계로 내려갔습니다.

그러나 바알은 누구나 죽음의 음식을 맛본 자는 두 번 다시 인간 세계로 돌아올 수 없다는 것을 잊어버렸습니다. 그리고 그가 빵을 입에 넣자마자 그는 모토에게 잡혀서 어둠의 왕국의 포로가 되고 말았습니다.

당장 대지는 쇠퇴하기 시작했습니다. 왜냐 하면 한 방울의 비도 내리지 않아서 모든 초목이 말라 버렸기 때문입니다. 그리고 곧 두 사자가 헐레벌떡 흐트러진 몸매로 천상에 나타나서 대신의 옥좌 앞에 엎드렸습니다.

"대신이시여!"

하고 그는 외쳤습니다.

"우리는 지하에 내려가서 바알이 즐겨 가는 아름답고 푸른 목초지에 들어갔습니다. 그런데 어떻게 된 일인지 그의 모습이 보이지 않았습니다! 바알은 지하 세계에 떨어져 버린 것입니다!"

이 말을 듣고 대신은 옥좌에서 내려와서 발판에 앉았다가, 다시 발판에서 내려와서 바닥에 앉았습니다. 그리고 그는 머리에 재를 쓰고, 왕의 옷을 벗고, 상복을 입었습니다. 그리고 슬픔으로 몸을 비틀며 큰 소리로,

"바알이 죽었구나!"

하고 소리치면서 언덕과 골짜기를 헤매고 다녔습니다.

처녀 아나토는 이 말을 듣고 슬픔으로 넋을 잃었습니다. 망아지를 잃은 암소처럼, 그리고 새끼양을 잃은 암양처럼 그녀는 오라버니의 모습을 찾아서 언덕과 골짜기를 헤매고, 슬픔으로 몸을 비틀며 큰 소리로,

"바알이 죽었다."

라고 울부짖었습니다. 이윽고 황혼이 다가올 무렵 어둠이 깔리고 지하 세계로 떨어져내리려고 하는 태양에게로 갔습니다.

"태양의 여신이시여!"

하고 그녀는 소리쳤습니다.

"모든 신들 중에서 오직 당신만이 지하의 세계로 내려갔다가 다시 돌아올 수 있습니다. 부탁이니 다음에는 당신이 돌아올 때, 나의 오라버니 바알을 데리고 와서 내 어깨 위에 올려놓아 주십시오. 그렇게 하면 나는 그를 '북방의 산'으로 데리고 가서 성지(聖地)에 단정하게 매장할 수 있겠습니다."

태양은 아나토를 동정했습니다. 그래서 태양은 새벽에 지하의 세계에서 돌아올 때 바알의 몸을 가지고 와서 아나토의 어깨 위에 올려놓았습니다. 두 여신은 함께 '북방의 산'으로 가서 슬픔으로 소리 높여 울며, 바알의 장례에 대비해서 많은 짐승을 잡았습니다.

이윽고 아나토는 대신 앞에 나갔습니다. 그 곳에는 하늘의 일족이 모두 모였습니다. 그녀는 소리 높이 울었습니다.

"오, 왕비와 하늘의 일족이시여!"

하고 그녀는 소리쳤습니다.

"이럴 때에 가히 즐거운 얼굴을 하고 있군요. 자, 보십시오. 강한 바알이 죽었는데, 고귀한 대지의 왕이 이제는 없는데!"

그러나 일어난 일을 확실히 알게 된 지금은 대신도 아무 소용도 없는 슬픔에 그 이상 빠져 있을 수는 없었습니다. 그는 곧 그의 아내쪽을 돌아봤습니다.

"아슈라트여!"

하고 그는 말했습니다.

"바알이 죽은 이상 그 후계자를 지명해야겠소. 누군가 다른 아들의 이름을 들어주시오. 그 아이를 대지의 왕으로 삼겠소!"

"그러나 확인하고 싶군요."

하고 왕비는 말했습니다.

"너무 몸이 커져서 우리를 깔볼 염려가 있는 아이는 지명하지 않도록 하세요!"

"그렇군."

하고 그녀의 남편은 말했습니다.

"하지만 약골은 지명하지 않는다는 것도 확인해 둡시다. 우리가 선택한 자는 적어도 바알과 같이 사냥을 잘 하고, 바알과 같이 창을 잘 쓰고, 또 그보다 못지 않은 잘난 아들이어야 하겠소!"

잠시 동안 아슈라트는 생각에 잠겼습니다. 이윽고 그녀는 얼굴을 들었으나 그 눈에는 이상한 빛이 돌았습니다.

"최선의 길은!"

하고 그녀는 말했습니다.

"결국 이슈탈에게 왕위를 넘겨줘야 할지도 몰라요. 그가 용감한 젊은이라는 것은 틀림없습니다. 이슈탈을 왕으로 삼읍시다!"

그래서 이슈탈은 대지의 왕, 신들의 지배자의 지위에 오르기 위해서 바알의 옥좌에 올라갔습니다. 그러나 그가 옥좌에 앉고 보니 그의 머리는 의자 꼭대기까지 가지도 않고, 그의 발은 발판에 닿지도 않았습니다. 왜냐 하면 그는 아직 어렸으니까요. 그러나 '북방의 산'에 있는 바알의 옥좌에 앉으려면 작기는 하지만 이슈탈은 대지에 내려가서 왕으로서 대지를 다스려야 했습니다.

한편 아나토는 대지를 이리저리 방황하며 바알을 지하 세계에 끌어들인 적을 찾아다니고 있었습니다. 몇 달이 지나간 뒤에 그녀는 결국 목초지 사이를 어정거리고 있는 모토를 만났습니다.

"이번에는 내가 저놈을 함정에 처넣어 주겠다."

하고 그녀는 생각했습니다.

"내가 이미 어둠의 영토에서 내 오라버니를 찾아온 것을, 저자는 모를 테니까."

그래서 그녀는 그의 옷자락을 잡고 애원하기 시작했습니다.

"모토여!"

하고 그녀는 탄원했습니다.

"내 오라버니를 돌려주시오!"

그러나 모토는 어깨를 씰룩거릴 뿐이었습니다.

"이것 봐!"

하고 그는 말했습니다.

"왜 나를 잡고 이러는 거야? 난 이 곳을 산책하면서 전원의 풍경을 즐기고 있을 뿐이야. 그런데……."

하고 음흉하게 덧붙여 말했습니다.

"지금 네 형제의 이야기를 하니 경고해 두겠는데, 만약 앞으로 다시 그자를 만나면 그자를 잡아먹어 버릴 테다!"

아나토는 한 마디도 말하지 않고 그 자리를 떠났습니다. 며칠 몇 달이나 그녀는 언덕과 골짜기를 헤매고 다녔으며, 그러는 중에 송아지를 잃은 암소나 새끼양을 잃은 암양처럼 슬퍼했습니다. 결국 그녀는 다시 목초지를 어슬렁거리고 있는 모토를 만났습니다.

그러나 이번에는 아무런 말이 필요 없었습니다. 그녀는 사납게 그의 어깨를 잡고 검으로 베어서 그 살을 불에 구은 다음 그 살점에 곡물을 섞고 절구에 찧어서 그것을 대지에 뿌렸습니다.

그날 밤 아나토는 이상한 꿈을 꾸었습니다. 그것은 몇 달 동안이나 말라 있던 강바닥에 갑자기 벌꿀이 가득 차고, 한편 하늘에서는 비가 아니라 기름이 쏟아지는 꿈을 꾸었습니다. 눈을 떴을 때 아나토는 그 꿈이 어떤 징조라는 것을 알고 곧바로 대신에게 가서 그 꿈 이야기를 했습니다.

"틀림없습니다."

하고 그녀는 말했습니다.

"바알은 살아 있고 우리가 매장하기 위해서 '신성한 언덕'에 운구해 간 것은 시체가 아니었습니다. 바알은 확실히 소생하였고, 산에 내려와서 어딘가 지상에 있는 것입니다!"

이 말을 듣고 대신은 크게 기뻐하며 당장 태양을 불러서 낮 동안 여행을 하면서 바알을 찾아내라고 명령했습니다.

한편 바알은 사실 다시 소생해서 지상으로 내려왔던 것입니다. 그리고 이제는 그의 불행을 이용해서 대지를 다스리고 있는 아슈탈과의 사이의 결말을 내기로 결심했습니다. 그래서 그는 막대기를 들고 아슈탈을 때려눕혔습니다. 그리고 그는 '북방의 산'으로 돌아가서 다시 한 번 왕의 옥좌에 앉았습니다.

6년 동안 바알은 평화롭게 옥좌에 앉아 있었습니다. 그러나 7년이 되는 해에 이상한 일이 생겼습니다. 아나토가 그렇게 조심스럽게 대지 속에 뿌린 모토의 살점이, 갑자기 생명이 되살아나기 시작했으며, 얼마 있다가 그 살점들이 하나로 뭉쳐지고 다시 옛날과 같이 힘을 가진 신으로 나타나서 바알에게 도전해 온 것입니다.

모토는 소리쳤습니다.

"내가 수모를 당하고, 칼을 맞고, 불에 타고, 절구에 찧여져서 들판에 뿌려진 것은 너 때문이다. 이윽고 나에게 운이 돌아왔다. 이번에는 내가 너를 잡아먹겠다!"

바알은 그의 종자들을 모아서 싸움을 시작하고 순식간에 모토의 모든 군대는 그의 발 아래 쓰러졌습니다. 그러나 그것을 보고도 모토는 끄떡도 하지 않고 분노에 불타서 그의 적에게 덤벼들었습니다. 전투는 격렬하게 지속됐으며, 그들은 영양처럼 날뛰고, 황소처럼 부딪치고, 종마처럼 돌진하고, 뱀처럼 서로 찔렀습니다. 지금은 모토가 우세하다고 생각하면 다음엔 바알이 이기는 것 같았습니다.

그러나 싸움이 최고조에 달했을 때 갑자기 태양이 높은 곳에서 그들을 발견하고, 하늘에서 모토에게 소리쳐서 항복하라고 명했습니다.

"네가 감히 바알에게 도전하다니!"

하고 그녀는 소리쳤습니다.

"너의 행위가 대신의 귀에 들리지 않도록 조심해라! 대신은 틀림 없이 너의 궁전의 대들보를 뽑아 버리고, 너의 옥좌를 뒤집어엎고, 왕홀을 벼락으로 부숴 버릴 거다!"

이 말에 모토는 완전히 겁을 먹었습니다.

"바알을 왕으로 하시오!"

하고 그는 짓눌려 있던 땅바닥에서 몸을 일으키며 헐떡거렸습니다.

"바알이 옥좌에 앉게 하시오!"

그래서 바알은 그의 궁전으로 돌아와서 위엄 있게 옥좌에 앉았습니다. 그리고 그는 태양을 불렀습니다.

"태양의 여신이시여!"

하고 그는 선언했습니다.

"당신에게는 보답을 하겠습니다. 당신에게 힘을 내는 빵을 주고, 위로의 술을 주겠습니다! 당신의 광휘(光輝)는 하늘과 땅 끝까지 닿을 것이고, 신도 인간도 마찬가지로 증인으로서 당신의 힘을 증명할 것입니다! 당신이 멀리 가려고 할 때는 반드시 '빈틈없는 재주꾼'이 따르며 당신을 호위할 것이오. 용을 쳐서 바닷속으로 격퇴시키는 데 도움을 준 것처럼 하늘의 용이 당신을 덮치려고 할 때는 언제나 당신을 도울 것입니다!"

이어서 모든 신들이 다시 한 번 바알을 찬양하기 위해서 모였습니다. 살찐 가축을 잡고 큰 술병이 그들 앞에 놓였습니다. 그것은 이제까지 어느 주부도 본 적이 없는 술병이었으며, 그 병들 속에는 1만 잔의 술이 들어 있었습니다. 그리고 그가 먹고 마시는 사이에 한 아름다운 목소리의 젊은이가 그의 곁에 서서 노래를 불러 그를 즐겁게 하고 심벌을 흔들고 있었습니다.

그러나 아나토는 조금도 즐거운 마음이 아니었습니다.

"바알로서는……."

하고 그녀는 생각했습니다.

"신들을 대접하는 편이 중요하다고 생각할지도 모르지만, 그러나 역시 인간들과 결말을 내는 일을 생각하지 않으면 안 됩니다. 왜냐 하면 그가 대지를 비우고 있는 사이에 인간들은 당장 아슈라트나 모토에게 충성을 바치려 하지 않았습니까."

그래서 밤이 되자 그녀는 궁전 문을 걸어 잠그고 무서운 복수심에 불타서 거칠게 멀리 걸어갔습니다.

발 가는 대로 동에서 서로, 북에서 남으로, 산 위나 골짜기에서 그녀는 마주치는 모든 것을 베어 버리고, 이윽고 그녀는 피 속에 허리까지 빠져서 걸어갔습니다.

그러나 그녀는 아직도 성에 차지 않았습니다. 그리고 마지막으로 자기 집으로 돌아갔을 때, 그녀의 마음은 살기로 가득 차 있었기 때문에, 가구나 집기까지가 어둠 속에서 사람처럼 보였습니다. 그녀는 거칠게 손을 들어서 식탁이나 의자나 발판을 검으로 내리치고 미친 듯이 돌진하여 그것들을 뒤엎어 산산이 부숴 버렸습니다. 실제로 그녀는 마치 공격해 오는 적군을 쳐부수는 기세였으며, 뒤엎어진 그릇에서 기름이 흘러 마룻바닥에 시내를 이루었으며, 그녀는 마치 피바다 위를 걷고 있는 것처럼 보였습니다.

이윽고 날이 밝아오고, 하늘이 장밋빛으로 물들었습니다. 아나토는 궁전에서 나와 아침 이슬로 목욕하고, 청결한 옷을 입은 다음, 값비싼 향료를 온몸에 발랐습니다.

바알은 눈을 뜨고 주위의 광경을 보니 마음이 무척 산란했습니다.

"난 지금 편안하다."

라고 그는 생각했습니다.

"내 왕국은 안정돼 있고, 아내들은 애 곁에서 안전하게 살고 있다. 그러나 아나토는 지금도 복수하기를 좋아하고, 마음에는 지금도 싸우려는 생각을 가지고 있는 모양이다."

그래서 그는 두 사자를 불렀습니다.

"아나토에게 가라!"

하고 말했습니다.

"그녀에게 인사하고, 바알은 대지에 평화와 선의의 시대를 이루려고 하니까, 전쟁을 할 시대는 지나갔다고 말하라. 노여움을 풀라고 말해라. 앞으로는 책략이나 음모의 그물을 칠 것이 아니라, 오히려 인류를 포용하는 사랑의 그물을 짜는 것이 그녀가 할 일이다. 그녀에게는 또한 전속력으로 이 곳으로 오라고 말해라. 왜냐 하면 보라, 나는 '신성한 언덕'에서 나의 능력을 보여주려고 한다."

그래서 사자는 급히 출발했습니다. 그러나 아나토는 그들이 오는 것을 보자 불안해졌습니다.

"저걸 봐!"

하고 그녀는 자신을 향해서 중얼거렸습니다.

"바알에게 무슨 새로운 적이 나타난 것이다. 그래서 나에게 도움을 청하려고 사자를 보낸 것이다."

그리고 사자가 아직 한 마디도 꺼내기 전에 그녀는 소리를 높여서 거칠고 야만스러운 전쟁의 노래를 불렀습니다. 이것이 그녀가 부른 노래입니다.

넓은 하늘에 마차를 모는 신을
감히 무시하는 적은 누구냐?
바알의 힘과 통치를 거역하려는 자는
모두 목숨을 아끼는 게 좋다!

대신이 택한 자였으나
나는 바다의 지배자를 때려눕혔다.
그는 위대하고 강한 군주였으나
나는 그의 능력에 최후의 일격을 가했다!

일곱 머리를 가진 괴물, 저 음흉한 용도
내가 숨통을 끊었다.
그는 입을 크게 벌리고 먹이를 기다렸으나
나는 두 번 다시 입을 벌리지 못하게 했다!

어쩔 도리가 없는 놈들은 모두 내가 잡아 묶었다.
뛰어다니는 송아지도, 사나운 개도
성질이 고약하고 흉포하게 기어다니는 뱀도
마찬가지로 내가 해치웠다.

바알을 옥좌에서 내쫓으려는 자
그의 통치에 거역하려는 자
그의 명령에 따르지 않는 자는
모두 이렇게 내가 정복하리라.

그들이 강하고 커도 나는 끝까지 싸우리라
그리고 다시 한 번 전리품을 빼앗으리라!

사자들은 이 노래를 듣고 아연 실색했습니다. 그러나 곧 정신을 차리고 그녀에게 인사를 하고, 바알에게 무슨 적이 나타난 것은 아니라고 안심시키고, 자기들은 바알의 이름으로 기쁜 소식을 전한다고 알렸습니다. 그렇게 말하는 동시에 그들은 아나토의 야만스러운 노래에 화답해서 그들의 노래를 부르고, 그 노래로 바알의 말을 전했습니다. 바알이 말을 전하는 노래는 이러했습니다.

들으시오. 강한 바알의 말을
구름을 헤치고 전차를 모는 그의 말.
이제 대지에서 전란이 걷히고
국토에 사랑을 심기 바란다.
이제 더 이상 미움의 실을 뽑지 말고
오히려 평화의 실을 짜자.
내 희망은 음모의 그물이 아니라
사랑의 실다발을 국토에 둘러치는 것!

이제는 급히 달려오라.
나에게, 가질 것도 갖지 말고.
나에게는 너에게 도와줄 말이 있다.
그 말은 나무가 바람에게 되풀이하는 말
시내의 자갈돌이 부르는 노래

마치 슬픈 노래의 속삭임처럼
하늘이 땅에게 반복하고
대지의 깊은 뜻이 별들에게 호소하는 말

보라, 나는 '북방 언덕'의 신의 옥좌에 앉아서
하늘도 보지 못한 것 같은 번개와
사람들이 들은 적 없는 천둥으로
인류의 모든 상상을 초월한 큰 음향을
그 언덕 위에서 만드리라.

보라, 누이야, 나는 그 거룩한 언덕에서
나의 빛을 비추리라.
그 언덕은 영원히 내 자손의 것
그 아름다운 장소는 영원히
내 힘이 머무르는 산이다!

이 말을 듣자 아나토의 마음은 일시에 진정되고, 그들이 그것을
알리자 그녀는 곧 사자 일행에 가담하였으며, 그들 셋은 '거룩한 언
덕'을 향해서 날아갔습니다.

그들이 언덕 밑에 이르렀을 때 그들은 황홀한 광경을 보았습니다.
하늘 전체가 진동하는 듯이 보이고, 끊임없이 구름은 번쩍이는 번갯
불에 찢겨지고, 무서운 천둥 소리가 바위에서 바위로 메아리쳤습니
다.

그 때 아나토는 바알이 참으로 왕이라는 것을 알았습니다. 왜냐

하면 하늘은 그 영광을 외치고, 그가 만든 작품을 보여주고 있었기
때문입니다.

바알의 설화

이 설화는 본래 자연 신화이다. 바알은 비의 힘을, 얌은 바다와 강의 힘을, 모토는 사막과 지하계의 힘을 나타낸다. 아라비아어는 빗물을 받은 흙을 지금도 '바알의 흙'이라 부르고, 불모의 황무지는 마와트(mawat), 즉 '죽음의 땅'이라고 하는데, 이것은 모토의 이름과 같은 어원을 가진 말이다.

이슈탈은 그가 두 번 땅의 주인이 되기를 바랐으며, 두 번 이 직책을 갖는 데 실패하는데, 이것은 인공적인 관개(灌漑)의 힘이다. 이렇게 해서 물을 얻은 땅은 아라비아어로 아스타리(athari)라고 하는데, 이것은 같은 말의 한 형태이다.

그리고 이 설화가 말하고 있는 것은 시리아 파레스티아에 있어서의 한 해의 계절이 교체되는 것이다. 첫째로 9월의 끝을 향하여 누가 정당한 땅의 주인인가에 관해서, 비와 강이 싸우는 것이다. 왜냐하면 동방의 법률에서는 관수(灌水)와 그 촉진이라는 사실에 의하여 주권이 결정되기 때문이다.

다음으로 강이 굽어서 비의 힘이 최고가 되는 시기, 후자가 이번에는 —— 5월 마지막 즈음 —— 가뭄의 도전을 받는다. 가뭄은 비를 지하계로 유인하고, 여름의 몇 달 동안 그 자신이 대지를 지배한다. 마지막으로 번개와 천둥을 동반한 폭풍이 등장하고, 비가 다시 와서 왕좌를 요구한다. 즉 가뭄은 끝나고, 주기가 다시 시작된다.

본래 이 설화는 우기가 다시 오는 것과 농경의 해가 시작되는 것을 알리는 가을 축제를 위해서 고안됐을 수도 있다. 이 축제는 가나안에 본래 있었던 헤르라이의 추수제였을 것이다. 전자는 지금도 유대인에 의하여 초막절(草幕節)로 지켜지고 있다. 고대 근동의 종교에 공통된 형태에 따라서 왕은 일시적으로 폐위되었다가 다시 특별한 궁전이나 초막에 모셔졌을 것이다. 그 절차는 신하인 민중이 단체 생활의 일시적인 어둠과 갱신을 상징하는 것이다.

이 설화의 목적은 이 의식을 보편적인 말로 해설하는 것이다. 왕은 신으로 대치되고 있다. 그리고 그 다양한 삽화는 그렇게 해서 종교상의 진행 절차를 반영하고, 때로는 '투영' 하고 있을 것이다. 이 기초에 서서 예를 들어, 바알이 추방과 아슈탈에 의한 그의 왕좌의 일시적인 점령은 한 해의 마지막 날들에 '임시 왕'(interrex)을 지명한 공통의 미개 관습을 반영하거나 투영하고 있는 것인지도 모른다. 이 때가 되면 평상시의 삶의 기간이 다 한 것으로 생각하고, 게다가 다음 상태는 아직 시작되지 않은 것이다.

마찬가지로 바알을 위한 궁전의 건축은 왕을 위한 특별한 초막의 건축을 반영 또는 투영하고 있을 것이다. 이것도 바빌로니아의 《신들의 전쟁》속에 기록돼 있는 하나의 특징이다. 그리고 궁전에 창을 달아야 하느냐 하는 지루한 논의도, 이 창들은 규칙적인 비의 공급을 확실하게 한다는 설명도, 이 계절에 있어서의 첫째 필요는 다음 해의 적절한 강우를 확실히 하는 것이었다고 하는 사실을 반영 또는 투영하고 있음이 틀림없다.

계절적인 형태의 폭넓은 배경을 가지면서도 설화는 자기의 방향에 따라 발전하고, 민간 전승의 친근감을 가진 약간의 주제를 포함하고 있는데, 그것들은 주석과 설명이 필요한 것이다.

바알이 얌과 싸울 때 그는 신의 대장장이가 만든 두 개의 막대기를 갖게 된다. 이것은 호루스가 어떻게 세트와 싸웠는지를 말하는 이집트 신화 속에서도 나온다. 여기서는 호루스가 신들의 장인 푸타하가 만든 특별한 무기를 주고 있다.

마찬가지로 베타 신화에서는 인드라가 악룡 브리드라에게 도전할 때 그는 공예의 신 트바슈트리가 특별히 고안한 '윙윙 우는 화살'을 가지고 있었다. 신학자들에 의하여 이런 무기는 천둥 번개를 나타낸다는 것이 대체로 인정되고 있다. 게다가 막대기가(원문에서),

"바알의 손에서 날아간다."

라고 말한 것을 보아서, 또한 그는 용과 마주칠 위험을 피하기 위해서 이런 막대기를 가지고 있는 것이 명백하기 때문에 그런 것은 토올의 망치처럼 만약 그 행방을 몰라도 자동적으로 사용자에게 돌아오는 능력을 가진 마법의 무기로 보았을 수도 있다. 이런 생각은 민간 설화에서 결코 드문 일이 아니다.

▲가우라 시기의 눈알의 심벌
 (텔 무샤리퍼 출토).

그리고 아슈탈이 추방된 바알을 승계하도록 지명됐을 때, 그는 그 왕위를 차지하기 위해서는 신체가 너무 왜소하다는 이유 때문에 실격한다. 그래서 그는 하늘의 왕권 대신에 지상으로 한정된 지배로 만족해야 했다.

여기에는 미묘한 점이 있다. 그것은 고대와 미개 민족에 있어서 왕권의 첫째 요건은, 그것을 원하는 사람은 다른 누구보다도 키가 커야 했기 때문이다. 예를 들어 사물을 보면 그는 명백히 그의 '용모와 키'(〈사무엘 상〉 16 : 7) 때문에 이스라엘은 그를 택했다고 했다. 그리고 헤로도토스는 크세르크세스가 전체 페르시아인 중에서 가장 키가 컸다고 말하고 있다.

또한 바알의 후계자는 '상당히 잘나고 우아해야' 하며, 그는 민첩하고 강건해야 한다고 말하고 있다. 이것도 미개 인간의 왕권의 조건이었다. 예를 들면 콘데의 왕은 즉위하기까지 엄중한 감시를 받고, 국가의 위협이 되는 약질이 아니라는 확인을 받아야 한다.

또한 바로즈웨(쇼나족)에서는 몸에 상처가 없는 것이 왕이 되는 절대 조건으로 생각되고 있다. 그 이유는 말할 것도 없이, 왕은 백성들이 단체 생활을 의인화(擬人化)하고 요약하는 것이기 때문이다. 이것은 그가 질병이나 노년의 징후를 보이면 당장 그를 죽음에 처하는 세계 각지의 관습을 설명한다.

바알이 지하계에 내려가는 것도 역시 민간 전승에 따른 것이다. 그 요점은 이 세상 —— 또는 반대의 저 세상 —— 의 빵을 먹는 사람은 인간 세계로 돌아올 수 없다는 통념에 있다. 예를 들면 페르세포네는 하디스에서 지상으로 돌아올 수 없도록 자크로의 열매를 먹였다. 마찬가지로 핀이 카레와라에서는 주인공 웨이네메이넨이 그런

▲니에베 5시기의 마스타바 모양의 유구가 출토(텔 휘스나 발굴)

이유로 마라나 섬에서 함께 마시기를 거절한다.

같은 속신이 현재의 미개 민족에게도 있다. 남아프리카의 주르족과 아마퉁가족은 죽은 자의 영혼이 명계에서 음식을 먹으면 그는 결코 지상으로 돌아오지 못한다고 생각했다. 모토는 바알이 차려준 향연에서 제외되고, 그와 식사를 같이하기 위하여 경솔한 적을 명계에 초대해서 원수를 갚는 것이다.

바알의 사자는 모토가 있는 곳까지, 가장 북쪽에 있는 쌍둥이 산에 가야 했다. 원문에는 다만 '타르크지자 산과 샬마기 산까지' 그들은 여행했다고 말하고 있다. 그런 산은 알려져 있지 않으나 타르크와 샬마는 소아시아, 즉 가나안 북쪽 나라에서 숭배하는 신들의 이름이다. 여기서 마물을 북쪽 나라에, 즉 세계의 끝에 산다고 하는 귀에 익은 생각의 다른 예를 볼 수 있다. 이 속신은 고대 이란인·만데인·인도인·유대인·그리스인, 그 밖의 많은 민족 속에 이어지고 있다. 그러므로 이 흔적은 영국의 시작품 속에서도 발견된다. 밀튼의 《실락원》에 반역한 천사는 북쪽에 모인다고 했으며, 셰익스피어의 《헨리 6세》 제1부에서는 라 피셀(처녀)이 '북국의 주권들'에게 정령의 도움을 청한다.

모토가 바알의 초대를 받고 떠날 때, 그는 다음과 같은 것을 불만으로 생각한다. 즉 그는 명계에 살면서 흙탕을 먹는 것으로 생각했는데, 적은 편안히 있으며, '하늘의 옷을 입고 있다'는 것이다.

여기에도 하늘은 신이 입은 옷이라는 관념이 있다. 이 생각은 〈시편〉 작자가 신에게 하는 말 '두루마기처럼 빛을 휘감고, 하늘을 차일처럼 펼치시며'(〈시편〉 104 : 2) 이래, 많은 독자들에게 낯익은 말이다. 마찬가지로 고대 인도 신화에서는 신 마즈다는,

"하늘을 별로 장식하고 황금으로 짠 옷을 입었다."

라고 했으며, 또한 5세기의 그리스 시인 논노스는 '티로스의 헤라클레스(즉 바알)'는 '별을 뿌린 겉옷'을 입고, 밤에는 하늘을 밝히는 옷을 입었다고 했다. 오딘도 또한 하늘을 나타내는 푸른색의 망토를 입었다고 했다.

바알이 갑작스럽게 돌아온 것은 누이동생 아나토가 꿈에 보이고, 여기서 그녀는 말라 버린 강바닥에 갑자기 벌꿀이 넘치고, 한편 기름이 하늘에서 쏟아지는 것을 본다. 이것은 민간 전승에서 각각 '황금 시대'와 '지상 낙원'의 전형적인 묘사이다. 바로 성서에 나오는 '젖과 꿀이 흐르는' 땅으로 묘사되고 있는 약속의 땅은, 이 후자의 생각과 연결되는 것이다.

한편 켈트의 전설에서는 신 마난난이 인간의 섬을 '강에 꿀을 붓는' 곳이라고 자랑하고 있다. 마찬가지로 그리스의 시인 에우리피데스가 처음으로 인간에게 모습을 나타냈을 때 '강에는 꿀이 흘렀다'고 노래하고 있다.

마지막으로 바알이 태양 여신에게 도움을 부탁했을 때, 그녀는 의연히 바다에 용을 던져서 도운 '빈틈없는 재주꾼'을 그 뒤의 호위로 삼아서 잘못되는 일이 없도록 했다. 이 말의 요점은 일식이나 월식은 그것을 삼켜 버리는 하늘의 용의 난폭함 때문이라는 고대의 속신에 있다.

예를 들면 인도의 속신에서는 그것을 정기적으로 삼켜 버리는 것은 라프나 스발바푼이라는 용이며, 또 공자의 《춘추(春秋)》에서 기원전 610년 4월 20일의 일식에 '식(食)'자를 사용하고 있다. 마찬가지로 스칸디나비아의 전승에서는 태양은 스코루루라는 이름의 늑대에게 계속 쫓기고 있다고 믿고 있으며, 또한 추바슈의 타타르족은 일식을 '마물이 먹었다'는 말로 표현하고 있다.

바이칼호 남쪽에서는 지옥왕은 달은 삼킨다고 말하고, 유대의 민간 전승에서는 큰 물고기가 태양을 먹이로 한다고 했다. 그러므로 바알이 태양 여신을 구하기로 약속한 것은 이러한 인연이 있기 때문이다.

이 설화의 주요 부분은 시리아의 라스 샤므라는 우가리트에서 출토된 점토판에 있는 것인데, 큰 결함 부분을 지금은 뉴욕의 몰간이 수집 중에 있는 B. C. 1550~1200년경의 단편적인 이집트어 파피루스에서 보충했다는 것을 덧붙여 두어야 할 것이다. 그 문서는 아스탈테 파피루스로 알려져 있으며, 이 이야기의 이집트판의 일부로 보

고 있다. 얌의 첫번째 신들의 압박, 아스탈테의 모욕과 바알이 벼르
고 있던 도전을 포함하는 이 보충은 이야기의 진향에 맥락과 일관성
을 주기 위해서 필요한 것이다.

역자의 후기

이 책은 다음 책의 전역이다.

Gaser, Th, H. 《The Oldest Stories in the World》(New York, 1952 : The Viking Press).

저자 가스터는 만년이 되어서도 많은 활동을 하고 있었으며, 저명한 종교·민속학·고대 오리엔트 전문가의 한 사람으로 알려져 있다. 1906년에 런던에서 태어나 이 곳에서 교육을 받고 '36년 콜럼비아 대학에서 박사 학위를 받았으며, '43년 필라델피아의 드롭시 칼리지에서 비교종교학을 강의하고, '44년부터 뉴욕 대학이 셈 문화 강사가 되고, '45년 이후 라이브러리 콩르레스의 헤브라이부 주임, '45~'50년에 아시아 연구소 객원 교수, '47~'49년에 시카고 대학 조교수, '51년에는 플로리 후라이트 교수로서 로마에 갔으며, 54~56년 콜럼비아 대학 조교수, 1959년 영국의 리드 대학 교수가 됐다.

여기에 수록된 13편의 고대 오리엔트 설화는 바빌로니아·하티·

가나안의 각 언어로 기록된 것이며, 이 세 가지 말 중에서 바빌로니아어와 가나안어는 같은 계통이지만, 하티어는 이른바 인도 — 유럽 어족에 속하며, 앞의 두 가지가 속하는 셈어족과는 크게 다르다. 게다가 앞의 두 가지에도 상당한 차이가 있다.

이 세 가지는 어느 것이나 쐐기꼴 글자로 기록됐다는 점에서 일치하고 있다. 이 문서가 해독된 과정은 이 책의 서론에서 말하고 있으나, 그것들이 기록된 점토판이 완전히 보존돼 있지 못하거나, 말이나 문법이 아직 명확하지 못한 점이 있기 때문에 모든 기록을 알고 있는 것은 아니다.

가스터 교수는 이런 문제는 넓게 생각하면 모든 해석에 따라다니는 것이라고 말하며, 현대의 문예론으로까지 논의되고 있으나, 이것은 특히 번역이라는 문제와 얽혀서 대단히 흥미 있는 일이다.

문서의 잊혀진 부분을 복원하기 위해서 가스터 교수는 이 책 이외에 같은 일로서 《사해 사본(死海寫本)》을 영역하고 있다. 이 일에는 당시까지 발견된 주요 고대 헤브라이어 텍스트가 모두 포함되며, 상세한 주해가 붙고 있다. 이 번역본에 대해서 지금도 문제가 많은 사본의 해석이 다소 지나치게 대담하다는 소리도 있다.

그러나 이 책의 경우와 마찬가지로 일반인들을 접근시키기 위한 것이라는 의도를 고려하면 대단히 뜻있는 일이라고 생각해도 좋을 것이다. 가장 과학적이기 위해서는 결함 부분이 있는 원문을 그대로 읽는 노력을 할 수밖에 없으며, 번역은 불가능하다고 버려둘 수밖에 다른 방법이 없다. 그렇게 해서는 중요한 문서가 특별한 언어학자의 소유물에 지니지 않고, 역사학자도 민족학자도 문학자도, 또는 지식을 요구하는 일반 사람들도 그것을 알 수 없게 될 것이다.

　이 책에 들어 있는 설화도 상당히 대담한 복원을 했다는 것은 각 해설을 읽으면 곧 알 수 있는데, 이런 식으로 이해해야 한다. 고대의 고전(그리스·라틴)의 문헌을 번역하는 경우, 기록돼 있지 않은 것은 말하지 않는다는 명분 때문에 대단히 엄밀하게 하고 있다는 것은 잘 알고 있다. 고대 오리엔트의 각 텍스트의 경우도 원문의 본문을 비판한다는 점에서는 그것과 같은 과학성을 가지고 있다는 것은 강조해도 좋을 것이다. 유감이지만 결함 부분이 너무 많은 것이다.

1999년 여름

카네기 인생론

삶에 대한 모든 물음은 우리 스스로 체득할 수밖에 없을 것이다.

삶에 대한 어떤 설명도 우리 자신의 삶에 지침이 되기에는 어렵기 때문이다.

이 책은 막연한 설명이 아니라 구체적인 제시를 한다.

우리가 어디에서나 부딪히는 삶의 현장에서 함께 이야기하고자 하기 때문이다.

카네기 출세론

이 세상을 살면서 주어진 삶에 충실하다는 것은 모든 이들의 소망이다.

그리고 가능한 모든 일을 이루어 낸다는 것은 유능한 사람들의 의무이다.

이 책은 유능한 사람들이 나아가야 할 바를 참으로 절실하게 제시해 주고 있다.

또 유능해지고자 하는 모든 이들의 삶을 위하여 봉사하고자 하고 있다.

카네기 지도론

참다운 지도는 함께 나아가는 것이다. 무엇을 제시하거나 지시하기 전에 피지도자가 무엇을 하고자 하는가, 무엇을 할 수 있는가를 알아서 그것을 이끌어주고, 또 그것이 이루어지도록 함께 노력하는 것이다.

이 책은 무엇이 참다운 지도인가를, 즉 어떻게 함께 나아갈 것인가를 그려내 보여주고 있다.

카네기 대화술

올바른 언어의 선택은 의사소통을 보다 원활하게 한다. 훌륭한 대화는 인간행위의 가장 승화된 형태라고 할 것이다.

이 책은 청중을 향하여 효과적으로 이야기하는 방법이 제시되어 있으며, 화술 훈련에 임하면서 경험한 실례를 중심으로 쓰여졌다.

현재를 출발점으로 당신은 효과적인 화술 방법을 통해 자신의 무한한 능력을 깨닫게 될 것이다.

카네기 처세론

최고의 처세라는 것은 우선 최선의 목표를 정하고 그 성취에 이르는 길을 갈고 닦는 것이다. 거기에다 자기를 세우고, 삶을 키워내고, 세상을 이끌어 갈 수 있는 힘을 닦는 것이다.

이 책은 거기에 있는 불후불굴의 조언을 새겨주고 있다.

카네기 자서전

노동자들은 온정에 보답하려는 깨끗한 마음을 갖고 있다. 적어도 진실로써 다른 사람을 대하고 어떤 문제가 발생했을 때 성의를 다해서 전력한다면 그들이 사용자에게 어떻게 대할 것인가 하는 염려 같은 것은 전혀 할 필요가 없다. 그러므로 덕은 외롭지 않다. 덕을 베풀면 반드시 그에 대한 결과가 있기 때문이다. 그리고 사업에 성공할 수 있는 가장 큰 원인은 완전한 계산을 통하여 금전과 자재 등의 책임을 충분히 인식시키는데 있다

신념의 마력

인간은 마음 먹기에 따라서 세상의 모습을 바꾸어 놓을 수 있다.

인간이 지닌 많은 힘 가운데 가장 큰 힘이 마음의 힘인 것이다.

신념은 일상생활을 통하여 우리의 이상을 그려낼 수 있는 강한 추진력이다.

이 추진력을 바탕으로 우리는 우리의 생활을 삶을 뜻대로 이루어 갈 수 있는 것이다.

정상에서 만납시다

미국의 유명한 저술가이며 자기개발 성공학의 권위자인 지그지글라가 진정한 성공에 다다를 수 있는 가장 빠른 방법을 제시하고 있다.

29년에 걸친 판매 경험과 인간개발 경험을 살려 각계 각층에서 활약하고 있는 최고 전문가들의 성공철학을 파악, 여섯 단계로 그 비결을 밝혔다.

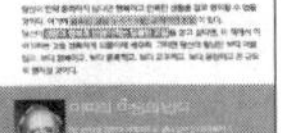

머피의 마음만 먹으면 당신도 부자가 된다

당신이 만약 풍족하지 않다면 행복하고 만족한 생활을 결코 영위할 수 없을 것이다. 여기에 풍족한 삶을 누리기 위한 과학적인 방법이 있다. 당신이 성공과 행복과 번영이라는 달콤한 과일을 얻고 싶다면, 이 책에서 이야기하는 것을 정확하게 되풀이해 배우라. 그러면 당신의 앞날을 보다 아름답고, 보다 행복하고, 보다 풍족하고, 보다 고귀하고, 보다 웅장하고 큰 규모로 펼쳐질 것이다.

머피의 잠자면서 성공한다

머피의 이론을 바탕으로 하면 자기가 바라는 바 지위나 돈을 어떻게 얻을 것인가, 또는 우호적인 인간관계를 어떻게 실현할 것인가를 터득할 수 있다. 따라서 이 책에 명시된 대로 따르기만 하면 당신은 인생 전반에 걸쳐 기적적인 효과를 얻을 수 있다.

머피의 인생을 마음대로 바꾼다

이 책 속에는 당신의 인생을 변하게 하는 마법과도 같은 방법이 제시되어 있다. 다시 말해 기적이라고 할 만한 이야기들이 가득 차 있다. 당신의 마음속에 내재되어 있는 마법과도 같은 잠재의식을 어떻게 사용해야만 당신이 인생에서 성공할 수 있는지 흥미진진한 실례들을 통해 상세하게 알려주고 있다.

오사카 상인의 지독한 돈벌기 76가지 방법

오사카 상인의 13대 후손이며 미쓰비시 은행의 상무를 역임한 저자가 오늘날 일본 경제를 일군 오사카 상인들의 정신을 분석 수록했다. 무일푼으로 출발하여 그들만의 돈벌이 노하우와 끈질긴 생존능력, 아이디어를 바탕으로 세계적으로 유명한 유태상인과 어깨를 겨룰만큼 성장한 오사카 상인들의 경영 비법을 바탕으로 부와 성공을 이룰 수 있는 방법이 자세히 제시되어 있다.

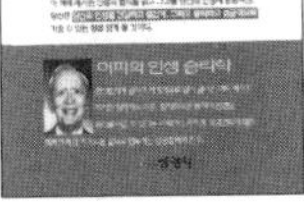

머피의 승리의 길은 열린다

당신은 이 책에서. '인생은 마음먹기에 따라 달라진다'는 평범한 진리가 당신의 인생에 있어서 얼마나 중요한가를 실감하게 될 것이다. 이 책에 제시된 인생의 법칙을 읽고 그것을 당신의 인생에 응용하면, 당신은 당신의 인생을 건강하고 즐겁게. 그리고 유익하고 성공적으로 가꿀 수 있는 힘을 얻게 될 것이다.

중국 상인의 성공하는 기질 74가지

미국, 일본의 뒤를 이어 세계 3대 경제대국으로 뛰어오른 중국의 숨은 잠재력, 서서히 일본의 경제를 위협하는 존재로까지 급부상한 그들에게 끈질긴 생명력과 강력한 경제력을 지닌 화교 사회는 중국 대륙의 비밀 병기였다.

그들이 성공하기까지 철저히 지켜지는 상인 정신의 기본 자세를 배워 현재의 어려움을 극복하는 지혜를 배운다.

머피의 인생에 기적을 일으킨다

마음의 힘에 관해서는 많은 책 속에 여러 가지로 쓰여 있으나, 이 책에서는 당신의 모든 생활을 변환하기 위하여 이 힘을 어떻게 이용할 것인가, 건설적이며 성공할 수 있는 사고방식. 그리고 자신의 생활을 보다 풍족히 할 수 있는 방법 등을 기록했다.

유태상인의 지독한 돈벌기 74가지 방법

유태인들은 화교와 함께 세계 제일의 상인으로 손꼽히고 있다.

그것은 2천 년 동안 국가도 없이 흩어져 살면서 수없이 쏟아지는 박해와 압박을 견디며 일군 끈질긴 민족성의 승리였다. 그들은 열악한 환경 속에서도 자신들만의 독특한 상술을 발휘하여 오늘날 세계 경제를 좌지우지하는 지위에까지 오르게 된 것이다.

머피의 100가지 성공법칙

인생에서 성공한 사람들을 보면 하나같이 이 잠재의식의 법칙을 실천했던 사람들이다. 만일 당신이 지금 충분히 행복하지 않고, 충분히 부유하지 않으면, 충분히 성공하지 못했다면 그것은 당신이 잠재의식을 충분히 이용하지 못하기 때문이다. 이 책에는 당신이 가고자 하는 성공의 길, 부자가 되는 길. 인생을 한껏 즐길 수 있는 기술이 감추어져 있다.

임어당의 웃음

우리의 심리적 소질 가운데는 진보와 개혁을 저해하는 어떤 요소가 존재하고 있다. 즉 모든 이상을 웃어넘기고 죄악 그 자체조차 인생의 필요한 부분으로 미소로서 바라보는 유머임을 발견한다.

중국인의 특성의 장점과 단점이 흥미진진한 소재와 감동적인 문체로 전해지는 임어당 문학의 진수!

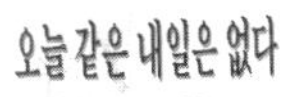

오늘 같은 내일은 없다

동화 속 샘처럼 맑은 영혼을 가진 헤세가 열에 들뜬 내 눈동자에 가까이다가와 옛 노래의 추억을 속삭여 줍니다.

가장 달콤하고 이상적인 충고, 세월이 흐른 지금도 그의 이야기는 멋진 동화책처럼 우리들 앞에 펼쳐져 생생하게 될살아납니다.

인디언 우화

동물과 인간의 구분도 없고 생물과 무생물도 구별 할 줄 모르는 그래서 어쩌면 첨단을 달리는 현대과학의 분위기와 맛을 그대로 간직한 채 우주 속에서 살았던 북아메리카 인디언들의 이야기들은 오늘날 잊혀져버린 인간의식의 고향을 찾을 수 있는 오솔길이 될 것이다.

주역 김승호 ●대하소설

1권/연진인의 천명재판

세상과는 멀리 떨어진 깊은 산, 범상한 신통력과 전생을 간직한 사람들의 마을, 지존한 신선들의 은밀한 행보는 지상으로 향하고, 정마을은 상상조차 할 수 없었던 기이한 사건의 소용돌이 속으로 휘말려 드는데……. 연이은 긴박한 사건 속에 속세에서 폭력에 맞섰던 한 사나이가 정마을로 숨어든다.

2권/평허선공, 염라전에 들다

정마을 촌장의 기이한 행적으로 인한 의문은 쌓여만 가고, 건영이의 신비한 힘이 주역을 통해서 서서히 드러난다. 이 때 천계에서는 우주의 이상현상에 대한 답을 구하기 위해 특사가 파견되지만 요녀들의 방해로 죽임을 당해 뜻을 이루지 못한다. 한편 정마을을 떠난 촌장 풍곡선은 천계에서 심문을 받고 …….

3권/종잡을 수 없는 천지의 운행

천계에서 서선 연행이었던 전생의 기억을 회복한 남씨는 숙영이 어머니와의 이루지 못한 슬픈 사랑에 가슴 아파한다. 우주의 이상현상의 하나로 나타난 혼마 강리는 정마을 사람들을 위협하고, 천계의 대선관 소지선은 평허선공을 피해 하계로 숨어 버린다.

4권/단정궁의 중요 회의

우주의 혼란을 바로잡을 방법을 구하기 위해 단정궁에 파견된 특사는 아리따운 총관 본유의 유혹에 넘어가 정력을 소진한 채 자멸하고 만다. 한편 지상에 나타난 혼마 강리는 땅벌파에게 무술을 가르쳐 세상을 지배하려 한다. 그러나 풍곡선의 부탁을 받아 그를 뒤쫓던 검의 명수 좌설과 일전을 치르는데 …….

5권/선혈로 물든 인연의 늪

정마을 주변에서는 또 한번의 기이한 일이 발생한다. 빗자루를 든 괴노인이 나타나 닥치는 대로 사람을 죽이고 서울로 향하는 인규를 위협한다. 정마을이 지원하는 조합장측과 혼마 강리가 지원하는 땅벌파 간의 오랜 이권 다툼 끝에 드디어 협상이 이루어져 새로운 전기가 마련된다. 천계에서는 동화궁과 남선부 간에 전쟁이 일어나 아수라장이 되어 버린다.

6권/옥황부의 긴급 사태

건영이는 하루가 다르게 도를 깨우치고 혼마 강리도 극강의 힘을 얻기 위해 땅벌파를 동원해 여체를 찾아 나선다. 그들은 드디어 무척 날쌔며 힘이 장사인 미친 여자를 만난다. 그러나 혼마는 뒤쫓던 좌설과 능인의 일격을 당해 중상을 입는다. 이 결투로 능인도 목숨을 잃을 위기를 당하지만 때마침 천계에서 건영이를 만나러 내려온 염라대왕의 도움으로 살아난다.

7권/여인의 숭고한 질투

빗자루 괴인은 마침내 정마을로 쳐들어오고 이를 미리 알아챈 건영이는 마을 사람들을 산으로 대피시킨다. 건영이는 염파를 보내 괴인을 자신에게로 이끌어 전생에 역성 정우였음을 밝히며 주역에 대해 문답을 나누어 위기를 넘긴다. 한숨 돌린 건영이는 또다시 천계에서 내려온 염라대왕을 만나 우주의 이변에 대해 상세히 진단을 내려준다.

8권/기습당한 옥황상제

좌설과의 결투로 중상을 당한 혼마 강리는 거지 무덕의 덕으로 목숨을 구했을 뿐만 아니라 극강의 힘을 향해 치달렸다. 이에 강리는 조합장측에 도움을 주고 있는 정마을의 위치를 알아내 단번에 섬멸해 버리기 위해 땅벌파들을 지방으로 내려 보낸다. 한편 정마을의 남씨는 전생에 천계에서 친구였던 수지선의 방문을 받는다.

9권/다가오는 정마을의 위기

풍곡선은 평허선공의 추적을 뿌리치기 위해 옥황부의 특사가 되어 요녀들이 들끓는 단정궁으로 향한다. 평허선공은 염라전에 나타나 염라대왕과 일전을 벌이는데 ……. 지상의 혼마 강리는 드디어 무덕의 신통력으로 극강의 힘을 얻고 정마을을 정복하기 위해 땅벌파와 함께 춘천으로 떠난다.

10권/슬픈 운명

정마을로 침투하려던 강리 앞에 수지선이 나타나 결투를 벌인다. 극강의 힘을 발출하며 강물 위에서까지 혈투를 벌인 끝에 강리가 생을 마감하여 바람처럼 사라져 버린다. 한편 천계에서는 평허선공의 사주를 받은 동화궁의 선인들이 옥황부로 쳐들어가고, 살상은 계속되었다. 지상과 천계의 이변을 수습할 방법은 없는 것일까? 그리고 단정궁으로 떠난 풍곡선의 운명은 …….

주역의 진리를 과학적으로 밝혀 놓은 세계 최초의 책

주역 원론

1. 시간과 공간

공자가 평생을 두고 연구했던 주역의 신비가 오늘날에 와서 차츰 풀리고 있는 중이다. 이는 주역에 대한 인류의 관심이 증대된 데 기인하지만, 실은 20세기에 들어서서 인류의 지성이 발전했기 때문일 뿐이다. 인류는 이제서야 주역을 이해하기 시작했다.

주역에는 오늘날 인류의 첨단 과학인 양자 역학 · 위상 수학 · 카오스 이론 · 프랙탈, 카타스트로피 · 생명 창발 등 모든 것이 들어있으며, 우주의 시작과 끝, 그리고 그 과정을 낱낱이 설명하고 있다. 이로써 신의 섭리를 엿볼 수 있을 것이다.

20세기 최대의 과학자인 아인슈타인은 그의 과학적 원리의 핵심을 주역에서 얻었고, 양자 역학의 창시자인 닐스 보어도 그 원리를 주역에서 얻었다. 먼 옛날, 신출 귀몰했던 제갈공명도 그의 위대한 병법 원리를 바로 주역을 통해 깨달을 수 있었던 것이다. 주역을 알면 귀신도 부릴 수 있다는 말이 있는데, 어찌 귀신 뿐이겠는가. 주역의 섭리에 따라 인간이 앞서면 하늘도 이를 어기지 않는 법이다.

2. 질서와 혼돈

시간이라는 존재는 인류의 최대 관심사가 아닐 수 없다. 시간의 세계는 공간의 세계처럼 망원경 등으로 내다볼 수 없는 신비의 영역인바, 이러한 세계를 다루는 것이 주역이다. 주역은 당초 시간의 비밀을 풀어 인류의 생활에 이바지하도록 만들어진 것이다.

주역을 이해하기 위해서는 발달된 과학적 지성이 절대로 필요하다. 이로써 시간의 비밀은 그 모습을 드러낼 것이다. 과학적으로 바르게 규명된 주역이 인류 발전에 크게 이바지할 것은 더 말할 나위가 없다. 주역은 원자 문명만큼이나 인류에게 중요한 학문인 것이다. 그것은 바로 시간의 문제이기 때문이다. 앞으로 인류는 시간을 이해하고 정복해야 한다. 시간을 이해하는 데에는 주역만큼 심오한 학문이 없다.

인류는 주역을 통해 시간을 정복할 것이다. 과학자인 닐스 보어는 노벨 물리학상을 타는 자리에 8괘 무늬의 옷을 입고 등장했는데, 그는 자연의 모든 법칙이 주역에서 나온다는 것을 알았던 것이다. 만일 초문명을 가진 우주인이 등장한다 하더라도 그들의 문명 원리는 반드시 주역의 원리와 합치할 것이다.

3. 자연의 대조직

주역이 만들어진 지는 실로 7천 년이나 된다. 그 당시 인류는 글자도 없었고, 농사도 지을 줄 몰랐으며, 집도 없이 동굴이나 숲에 살았었다. 이러한 시대에 돌연 주역이 등장했던 것이다.

주역에는 온 우주의 원리와 성인의 섭리, 초자연의 비밀이 담겨 있는데, 이 같은 신의 지혜가 인간에게 다급히 전해진 까닭은 무엇일까?

우리는 인류와 우주에 있어 우선 이 까닭을 규명하여야 할 것이다. 주역은 하늘이 내린 것인지 성인이 만들었는지, 또는 초문명의 우주인이 남겨둔 것인지 증명할 수는 없다. 하지만 우리 앞에 일찍이 출현한 주역은 엄청난 내용을 전개하고 있다. 그것은 과학의 극한을 넘어서 있으며 인간을 초월하여 신의 세계를 깨닫게 한다. 주역은 하늘이 인간에게 베푼 최대의 은혜가 아닐 수 없다.

인간은 주역의 지혜를 획득하여 영원한 세계를 보다 행복하고 안전하게 살아갈 수 있을 것이다.

4. 신의 지혜

아인슈타인은 언젠가 인류의 지혜가 좀더 발전한다면 시간의 미래를 완전히 알 수 있는 해법을 찾을 수 있을 것이라고 생각했다. 하지만 이미 수천 년 전에 그러한 해법이 존재했던 것이다. 주역이 바로 그것이다. 오늘날 인류는 주역의 지혜를 통해 시간의 미래를 예측하는 것이 가능한 시점에 이르고 있다. 만일 현대의 초고속 슈퍼 컴퓨터의 기능과, 주역의 이론이 합쳐진다면 일기 예보처럼 사건 예보가 이루어질 수 있을 것이다. 물론 주역의 이론이 당장 시간의 미래를 세세하게 예보하는 데 이르지 않는다 해도 주역이 갖는 광대한 지혜는 인류의 복지를 크게 증진시킬 것이 틀림없다.

현대에 와서 세계의 많은 과학자들이 주역의 연구에 몰두하는 것은 실은 이러한 배경이 있는 것이다. 이는 인류의 급격한 지성 발달을 위해 크게 바람직한 일이 아닐 수 없다. 다만 애석한 일이 있다면 오늘날 우리 나라의 경우 주역의 과학적 연구가 이루어지고 있지 않다는 것이다. 이러한 상황에서 본 저서는 우리 나라의 주역 과학 발전에 원동력을 제공해 줄 것이라고 믿는다.

5. 사물의 운명

인류의 문명에는 수많은 신비가 있다. 피라미드를 필두로 해서 스핑크스 · 모아이 · 잉카제국 · 만리장성 등등이 그것이다. 그런데 그것들은 모두 건축물에 국한되어 있다. 인류에게 건축 말고 다른 신비는 없단 말인가. 결코 그렇지 않다. 신비란 원래 물질보다는 정신에 존재하는 법이다. 그렇다고 할 때 인류의 모든 신비를 통틀어 주역에 필적할 만한 것이 없다. 주역의 섭리는 성인의 지혜나 과학자의 지혜를 능가하고 있는 것이다.

신이 우주를 창조했다 하더라도 그 원리는 주역의 법칙을 넘어서지 않는다. 실로 주역은 자연의 모든 비밀을 함유하고 있는바, 이를 떠나서 더한 신비는 있을 수 없다. 인류는 5천 년간이나 주역의 깊은 비밀을 모르고 있었지만 이제서야 그것이 풀리고 있다.

이 책은 현대의 첨단 과학을 통해 주역의 신비를 파헤치고 있다.

6. 무한을 넘어서

오늘날 인류는 물질의 궁극에 도전하고 있는 중이다. 이는 우주가 어떻게 만들어져 있는지, 또한 그 안에 있는 물질의 구조가 어떻게 되어 있는가를 완전히 파헤치려는 것이다. 그렇게 되면 우주 자연의 비밀이 모두 풀리게 되는 것일까? 실은 그렇지 않다.

우리가 사는 이 세계는 물질뿐 아니라 초물질 · 생명 · 영혼 · 세계이전, 시공의 끝, 초법칙 등 알 수 없는 신비로 가득 차 있다.

인류는 아직 이러한 영역에 발을 들여놓지 못하고 있는 것이다. 하지만 주역은 오천 년 전부터 이미 자연과 초자연의 모든 비밀을 간직하고 있었다.

인류는 주역을 통해 극한적인 지혜를 습득할 수 있을 것이다. 우리가 사는 세계에 주역이 있다는 것은 하늘의 더할 수 없는 축복이다.

한자 학습 시리즈

부수로 배우는 상식 한자

우리는 오랫동안 한글 전용이라는 명분에 묶여 한자를 제대로 가르치지도 않으면서, 현실적으로는 한자를 강요하는 이중 언어 구조 속에서 살아왔다. 현실은 한자 병용인데 교육은 한글 전용에 치중해 온 절름발이 교육이었던 것이다.

이 책에서는 기존에 나와 있는 책들과는 틀리기 쉬우면서도 깊이 있게 만들었다.

청학동 고사 성어

각각의 고사 성어가 생기게 된 유래와 그림을 곁들여 보다 흥미롭고 쉽게 이해할 수 있도록 꾸민 학습서로, 한문 고전에 담긴 전통 사상을 접할 수 있을 것이다.

그러나 학습적인 차원뿐만 아니라 최근의 일상 생활에서 많이 쓰이는 고사 성어와 잡지에서 자주 사용되는 한자를 수록하여 실생활에서도 도움이 되도록 꾸몄다.

동방 명언집

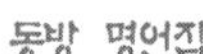

중국 고전인 소학·논어·채근담·대학·중용·노자·장자·맹자 등에서 명구절(名句節)만 발췌해서 엮은 책으로, 올바른 삶의 방법이 제시되어 있으며, 충효 사상 및 경로 사상 등 정신 수양에 필요한 원리가 담겨 있어 도덕성 상실의 시대에 꼭 필요한 책이다.

새 맹자 해설집

공자의 인(仁) 사상을 발전시켰으며 인간의 본성은 착하다는 성선설을 주장한 맹자의 언론을 모아 엮은 이 책은, 논어·대학·중용과 더불어 사서(四書)의 하나로서 유교 경전으로 추존되고 있다. 유교를 공맹지교(孔孟之敎)라 일컫는 것 또한 유교 정통 사상으로서의 공자와 맹자의 사상을 중히 여긴 까닭이다.

청학동 명심 보감

명심보감은 말 그대로 우리의 마음을 밝게 비추어 주는 보배로운 거울과 같은 귀중한 책으로, 올바른 처세를 위한 좌우명, 인생에 지혜가 될 만한 말씀들을 다양하게 수록하였다.

이 책은 인생을 천리(天理)에 순응시켜 선악을 분별하여 몸가짐을 올바르게 닦도록 우리를 이끌 것이다.

청학동 채근담

채근담은 지금부터 3백 수십 년 전, 중국 명대(明代)의 홍자성(洪自誠)이 사람은 어떻게 살아가야 옳은가를 여러 각도에서 논한 인생 지침서이다. 많은 사람들은 이 책을 유(儒)·불(佛)·도(道)의 삼교를 근간으로 한 채근담의 진수를 체득해서 일상 생활의 지침으로 하기 위해 연구한 책이다.

고문진보 해설집

《고문진보》는 양(梁)나라의 소명태자(昭明太子)가 편찬한 문선(文選), 송(宋)나라의 사첩산(謝疊山)이 편찬한 《문장궤범(文章軌範)》과 아울러 문장의 모범으로 가장 많이 읽혀져 온 책이다. 중국 고대의 유명한 시(詩)와 문장(文章)만을 엄선하여 편찬한 책으로 중국 고전을 이해하는데 매우 귀중한 자료가 된다.

우리 고전 소설

각 작품마다 대표 이본(異本)을 중심으로 한 전체 작품 수록 및 완전 주해(註解)! 이 '우리고전소설' 시리즈는 교과서에 수록된 작품을 총망라하고, 우리 고전 소설을 대표할 수 있는 작품만을 골라 여러 이본(異本)들 중 그 대표적인 것을 선택하여 국내 최초로 작품 전체를 수록, 그 동안 대부분 초록(秒錄)으로만 소개하여 잘못 인식되어 왔던 우리 고전의 진면목을 보여 줌으로써 보다 쉽게 독자를로 하여금 고전의 세계에 다가갈 수 있도록 했다. 또한 어렵게만 여겨 왔던 작품 속의 한자어, 고사성어, 인·지명, 역사 사건 등에 상세한 주해(註解)를 달아 누구든지 매 작품을 완전히 이해하고 감상할 수 있도록 했으며, 각 작품마다 상세한 작품 해설을 덧붙여 한층 더 총체적으로 작품을 감상할 수 있도록 했다.

제1권 금오신화/양반전/허생전/호질/옹고집전/임진록
제2권 홍길동전/춘향전/심청전/숙향전
제3권 장화홍련전/임경업전/구운몽/사씨남정기
제4권 배비장전/조웅전/운영전/유충렬전
제5권 이춘풍전/오유란전/박씨전/전우치전/한중록

전 5 권 각 7,500원

선영 심리학 선서

프로이트 심리학 해설

S.프로이트 / C.G.홀

참다운 자아를 발견하고 삶의 행로를 찾아 나서는 이들을 위하여, 또한 인간과 그 심리 세계를 탐구하려는 이들을 위하여, 인간 심리의 틀을 밝혀주는 프로이트의 심리학의 해설서. 인간이 인간답게 살아갈 수 있도록, 심리학에 입문할 수 있도록 인도하는 최고의 명저.

정신 분석과 유물론

E.프롬 / R.오스본

인간의 정신을 의식·무의식의 메커니즘으로 파악하는 프로이트 사상과 철저한 일원론적 자세로 설명하는 마르크스 사상이 어떻게 영합하고, 어떻게 상반되며, 그리고 무엇을 문제로 빚는가를 사회 사상적 입장에서 논한, 우리 시대 최대의 관심사에 관한 해설서.

융 심리학 해설

C.G.홀 / J.야코비

인간의 깨어 있는 의식의 뿌리를 캐며, 아득한 무의식 속에 깊숙이 감춰 있는 세계까지 탐색하고, 그 심대한 체계를 세운 융 사상의 깊이와 요체를 밝혀주는 해설서. 무한한 세계까지 헤아리는 융 심리학의 금자탑. 그리고 인간 생활에서의 실제와 응용을 명쾌하게 설명해 주는 최고의 입문 참고서.

인간의 마음 무엇인 문제인가?(1)

K.메닝거

현대 정신 의학의 거장 메닝거 박사가 이야기하듯 밝혀주는 인간 심리의 미로, 그 행로의 이상(異常)과 극복의 메세지. 소외와 불안과 갈등과 알력과 스트레스 속에서 온갖 마음의 문제를 안고 사는 이들의 자아 발견과 자기 확인 및 정신 건강을 위한 일상의 지침서.

무의식 분석

C.G.융

프로이트의 《정신 분석의 입문》과 쌍벽을 이루며, 또 어느 누구도 따를 수 없는 독보적인 폭과 깊이를 담고 있는 융의 '무의식의 심리'에 관한 최고의 걸작. 인간의 정신 세계에의 연구에 있어서 끝없는 시야를 제시하는, 그리고 미지의 무의식 세계를 개발하려는 융 심리학의 핵심 해설서.

인간의 마음 무엇인 문제인가?(2)

K.메닝거

제1권에 이어 관능편·실용편·철학편 등이 실려 있는 메닝거 박사의 정신 의학의 명저. 필연적으로 약점과 결점을 지닐 수밖에 없는 인간의 마음에서 빚어지는 갖가지 정신적 문제들에 대처할 수 있는 메닝거식(式) 퇴치법이 수록되어 있다.

프로이트 심리학 비판

H.마르쿠제 / E.프롬

인간의 정신 세계의 틀을 제시하는 프로이트 사상의 근거와 사회적 영향을 검토하고 검증하려는 비판서(이 책을 통하여 우리는 프로이트 심리학의 출발과 실제와 한계를 생각할 수 있다). 우리가 프로이트 심리학에 무엇을 기대하며, 무엇을 문제시해야 할 것인가를 말해 주는 명저.

정신 분석 입문

S.프로이트

노이로제 이론에 있어서 새로운 영역을 개척함과 아울러, 거기에서 획득할 수 있는 번뜩이는 혜안과 견해를 프로이트는 스물여덟 번의 강의에서 총망라해 다루고 있다. 인간의 외부 생활과 내부 생활과의 부조화로 인해 빚어지는 갖가지 문제점들이 경이롭게 파헤쳐지는 정신 분석의 정통 입문서.

아들러 심리학의 해설

A.아들러 / H.오글러

프로이트의 본능 심리학과 융의 심리학과 함께 꼭 주지되어야 하는 것이 아들러의 개인 심리학이라고 볼 때, 그 개인 심리학이 논구하여 설명하려는 개개인의 의식 세계를 또 다른 시각으로 설파해 주는 해설서. 개인의 의식 세계에 대한 간결하고도 이해하기 쉬운, 이 시대 최고의 저술.

꿈의 해석

S.프로이트

꿈이란 어떤 형태의 것이든 소망 충족의 수단이며, 꿈을 꾸는 사람은 그 자신이면서도 현실의 자신과는 완전히 단절되어 있다는 꿈의 비논리적 성질을 예리하게 갈파해 주는 꿈 해석 이론의 핵심 입문서이며, 프로이트 자신의 명성을 전세계에 드높인 이 시대 최고의 명저.

선영사
Sun Young Publishing Co.

도선영사
Sun Young Publishing Co.